- 赛 事 篇·全媒时代中国校园体育赛事媒介推广路径研究
- 技 术 篇·技术创新驱动下体育赛事转播现状及趋势发展研究
- 短视频篇·大型体育赛事在短视频平台的传播研究
- 现 场 篇·全媒体背景下奥运赛事传播"现场性"的营造策略研究

理论+案例
研究+分析

体育赛事传播研究

李岭涛 王金慧 主编

林胜概 邢雨露 黄媛媛 副主编

中国广播影视出版社

图书在版编目（CIP）数据

体育赛事传播研究/李岭涛，王金慧主编. -- 北京：中国广播影视出版社，2023.11
ISBN 978-7-5043-9014-1

Ⅰ.①体… Ⅱ.①李…②王… Ⅲ.①体育运动－运动竞赛－传播－研究 Ⅳ.① G80-05

中国国家版本馆 CIP 数据核字（2023）第 068163 号

体育赛事传播研究

李岭涛　王金慧　主编

责任编辑	毛冬梅
封面设计	文人雅士
责任校对	龚　晨

出版发行	中国广播影视出版社
电　　话	010-86093580　010-86093583
社　　址	北京市西城区真武庙二条9号
邮　　编	100045
网　　址	www.crtp.com.cn
电子邮箱	crtp8@sina.com

| 经　　销 | 全国各地新华书店 |
| 印　　刷 | 廊坊市海涛印刷有限公司 |

开　　本	710毫米×1000毫米　1/16
字　　数	265（千）字
印　　张	17.5
版　　次	2023年11月第1版　2023年11月第1次印刷
书　　号	ISBN 978-7-5043-9014-1
定　　价	78.00元

（版权所有　翻印必究·印装有误　负责调换）

目 录

赛事篇
全媒时代中国校园体育赛事媒介推广路径研究

第一章 研究缘起与基础	3
一、研究背景	3
二、研究方法	6
三、研究现状	7
四、文献综述	8
第二章 中国校园篮球联赛CUBA媒介推广表现分析	26
一、CUBA主体分析	26
二、CUBA媒体平台表现	29
三、商业化运营	40
四、受众生态建设	45
五、文化生态建设	50
第三章 中国校园篮球联赛CUBA媒介推广实现优势分析	55
一、CUBA媒介推广创建良好外部环境	55
二、CUBA媒介推广坚持移动优先战略	55
三、CUBA媒介推广具有平台优势	56
四、CUBA媒介推广为赛事品牌赋能	57

第四章　中国校园篮球联赛 CUBA 的媒介推广特征分析　58
　　一、传播高效性　58
　　二、互动社会化　59
　　三、模式资本化　59
　　四、交互符号化　60

第五章　中国校园篮球联赛 CUBA 媒介推广的探讨与问题　61
　　一、基于校园体育的 CUBA 媒介推广探讨　61
　　二、CUBA 媒介推广存在问题　63

第六章　中国校园篮球联赛 CUBA 媒介推广的启示与建议　66
　　一、CUBA 媒介推广实践启示　66
　　二、CUBA 媒介推广实践建议　67

技术篇
技术创新驱动下体育赛事转播现状及趋势发展研究

第一章　研究缘起与基础　73
　　一、研究背景　73
　　二、研究方法　75
　　三、研究现状　75
　　四、文献综述　77

第二章　体育赛事转播的演进　87
　　一、前大众传播时代　87
　　二、大众传播时代　89
　　三、数字时代　93
　　四、小结　94

第三章 技术创新与体育赛事转播的出发点 …… 96
一、受众生理需求 …… 97
二、受众心理需求 …… 98

第四章 技术创新满足并激发受众需求 …… 101
一、个性化需求 …… 101
二、社交性需求 …… 106
三、互动性需求 …… 108
四、拓展性需求 …… 110
五、专业化需求 …… 113
六、便携化需求 …… 115

第五章 技术创新驱动下体育赛事转播的制约因素 …… 117
一、"技术决定论"误区 …… 117
二、缺乏对技术与受众互动规律的把握 …… 117
三、技术带来的伦理问题 …… 118

第六章 技术创新驱动下体育赛事转播的趋势 …… 119
一、视角选择：自由化 …… 120
二、收听体验：沉浸式 …… 120
三、感官接触：综合化 …… 121
四、信息获取：全程化 …… 122

第七章 体育赛事转播领域技术创新应用的建议 …… 123

短视频篇
大型体育赛事在短视频平台的传播研究

第一章 研究缘起与基础 …… 127

一、研究背景 ……………………………………………………… 127
　　二、研究方法 ……………………………………………………… 128
　　三、研究现状 ……………………………………………………… 130
　　四、文献综述 ……………………………………………………… 132

第二章　大型体育赛事传播的媒介转向 …………………………………… 139
　　一、印刷媒介：提升内容广度与思想深度 ……………………… 139
　　二、电子媒介：媒介仪式形塑集体记忆 ………………………… 140
　　三、网络媒介：从长视频到短视频的平台竞技 ………………… 140

第三章　快手短视频平台成为大型体育赛事传播的重要载体 …………… 143
　　一、受众需求的变化使然 ………………………………………… 143
　　二、社交属性的禀赋使然 ………………………………………… 144
　　三、技术创新的引领使然 ………………………………………… 145

第四章　快手短视频平台成为大型体育赛事的策略探析 ………………… 147
　　一、内容呈现：优质赛事资源与衍生节目相辅相成 …………… 147
　　二、破圈传播：挖掘运动员的核心价值 ………………………… 153
　　三、社区共建：多元主体实现价值共创 ………………………… 155
　　四、用户本位：互动仪式链视角下的全民参与 ………………… 158

第五章　快手短视频平台在大型体育赛事中存在的问题 ………………… 163
　　一、缺乏对用户需求的规律性把握 ……………………………… 163
　　二、盗播侵权现象泛滥，版权意识匮乏 ………………………… 165
　　三、内容同质化严重，制造爆款能力不足 ……………………… 167
　　四、宣传力度不足，陷入"自嗨"窘境 ………………………… 167

第六章　快手短视频平台成为大型体育赛事的现状总结及优化建议 …… 169
　　一、快手短视频平台传播大型体育赛事的现状总结 …………… 169
　　二、快手短视频平台传播大型体育赛事的优化建议 …………… 169

现场篇
全媒体背景下奥运赛事传播"现场性"的营造策略研究

第一章　研究缘起与基础 ·············· 177
　一、研究背景 ························· 177
　二、研究对象和研究方法 ··············· 181
　三、研究理论支撑及相关研究概念 ······· 182
　四、文献综述 ························· 187

第二章　奥运赛事传播的主体概述 ······ 199
　一、奥运赛事的基本特点 ··············· 199
　二、奥运与媒体的紧密联系 ············· 200

第三章　奥运赛事传播"现场性"的内涵 ·· 201
　一、还原：技术再现现场 ··············· 201
　二、再传播：多主体延伸现场 ··········· 202

第四章　东京奥运会赛事传播"现场性"的表征概述 ············ 203
　一、媒体覆盖赛事 ····················· 203
　二、多元主体交互 ····················· 204
　三、技术实践驱动 ····················· 204
　四、视听体验丰富 ····················· 205
　五、小结 ····························· 205

第五章　全媒体背景下东京奥运会赛事传播"现场性"的营造策略 ······ 207
　一、时间维度：全流程覆盖 ············· 207
　二、空间维度：跨时空参与 ············· 213
　三、技术维度：全场景建构 ············· 216
　四、感官维度：视听觉主导 ············· 222

第六章　东京奥运会赛事传播中"现场性"营造面临的局限……227
一、赛事内容局限……227
二、参与主体受限……228
三、技术应用局限……228
四、感官体验有限……229

第七章　对奥运赛事传播"现场性"营造策略的优化建议……230
一、把握全程：打造无缝传播……230
二、受众中心，促进全员互动……231
三、技术创新，实现全息营造……232
四、效能扩张：推动具身传播……233

第八章　结　语……235

附　录……237

参考文献……245

后　记……269

01 | 赛事篇

全媒时代中国校园体育赛事媒介推广路径研究

第一章 研究缘起与基础

一、研究背景

（一）体育赛事如火如荼，成为体育强国重要内容

体育强则国家强，国运兴则体育兴。《"十四五"体育发展规划》[①]进一步点明了未来十年体育强国的主要目标和发展远景，其中对高等院校体育发展提出战略性指导建议。发展规划的制定为大学生体育赛事提出新的要求，从优化战略发展目标、创新管理模式和深化体育文化理念等方面，将体育赛事发展与体育强国目标紧密相连。

2019年8月，国务院办公厅印发《体育强国建设纲要》[②]明确提出加强体育人才队伍建设，构建中国特色竞赛体系，让体育所具有的文化感召力、凝聚力和影响力发挥作用。我国将体育文化与影响力等方面上升到较高的位置，体育领域的建设和发展迎来新的曙光，为大学生校园联赛的发展起到保驾护航的作用。世界大学生运动会（FISU World University Games，以下简称"FISU"）是国际大学生体育联合会主办，只限大学生与毕业两年内的大学生参加的世界大型综合性运动会。FISU最早举办于1959年，也常被称为"小奥运会"。2018年12月13日，国家大体联于葡萄牙宣布中国获得2021年第31届世界大学生运动会举办权，定于2021年8月18日至29日在成都举办。此外，这次世界大学

[①] 体育总局. 体育总局关于印发《"十四五"体育发展规划》的通知[EB/OL].（2021.10.08）. http://www.gov.cn/zhengce/zhengceku/2021—10/26/content_5644891.htm.

[②] 国务院办公厅. 国务院办公厅关于印发体育强国建设纲要的通知[EB/OL].（2019.09.02）. http://www.gov.cn/zhengce/content/2019—09/02/content_5426485.htm.

生夏季运动会是继2001年北京大运会和2011年深圳大运会后,在中国第三次举办。每年中国大学生体育协会在CUBA中挑选国内顶尖大学生运动员参与到FISU赛事中,并以世界大学生运动会为媒介,促进各国之间的体育文化交流,同时,也为我国大学生体育组织办赛与管理上提供了新的思路。

(二)校园体育风生水起,促进了体育事业的发展

校园体育的发展对提升学生综合素质与我国体育事业的发展起到很大助推作用。在中国大学生体育协会的组织领导下,目前我国已经发展了很多具有代表性的大学生赛事。比如,中国大学生篮球联赛(Chinese University Basketball Association,简称CUBA)是中国大学生体育协会为高校学生专门搭建的一个篮球赛事平台,创办于1998年;中国大学生足球联赛(China University Football Association,简称CUFA)是中国国内高校竞技水平最高、影响最大的足球联赛,创办于2000年;中国大学生田径锦标赛是检阅全国大学生田径训练成果、选拔田径运动人才的体育盛会,创办于2000年;全国大学生冰球联赛创办于2019年,对我国冰雪运动的普及发展具有重要作用。我国体育后备人才体系的建设使体教融合得到实质性的进展,通过"以体育人"的理念,带动人的综合素质全面提升。从体育精神的培养与传承的角度来看,大学生体育项目对体育强国的大目标具有重要作用。

CUBA每年超过10亿人次通过电视、电脑和手机端收看比赛直播,现场观赛观众也超过了200万人次,其影响力仅次于CBA,也被称为中国版"NCAA"。从1998年开始,男女组分别设有一级联赛、二级联赛、三级联赛,覆盖中国32个省市自治区,参赛队伍超过1600支。从我国体育发展现代化视角和体育发展规划布局来看,篮球作为最受欢迎、参与度最高的高等院校体育项目之一,有助于塑造健全人格、培育坚毅品格、促进身心健康以及推动我国体育事业的建设与发展。

(三)媒介技术更新迭代,为体育赛事注入新活力

在体育赛事的发展中,媒体与体育赛事的结合为其发展注入了活力,尤其是CUBA的媒介实践让更多的人接触篮球、接触体育。回望CUBA的发展历

程，2013年、2018年是两个重要发展节点。2013年之前，CUBA的赛事运营归恒华集团管理，其理念是力求实现资源共享、合作共建，以育人为宗旨，打造CUBA品牌和文化特色。期间，恒华集团与CCTV-5达成转播合作，对重点场次进行转播，央视的强大受众基础为CUBA传播赋予了广泛关注度；2013～2018年间，非凡中国体育开始对CUBA进行商务运营，以深挖优质IP作为运营出发点，孕育明星球队、球员及啦啦队，将赛事娱乐化融入其中，开始打造CUBA赛场上的独特风景线，从传统体育赛事运营向多领域扩散；2018年，阿里体育以10个亿拿下CUBA未来7年的独家商务运营资格（2018～2025年），融合各方媒体资源对CUBA进行直播报道，借助多媒体融合、社群互动等玩法新颖的传播方式，提升赛事的多元化价值，引领大学生校园体育文化建设。此外，还通过阿里支付宝平台进行小程序建设，搭建"CUBA我的主场"一体化赛事传播模块，吸纳并整合支付宝用户，形成赛事联动机制。CUBA赛事管理模式的变化，反映出赛事传播从传统媒体机制正在向数字化传播新格局转变。

在疫情常态化背景下，媒介的传播方式和以科技赋能的参与方式，并没有影响到媒介传播的表现，反而成为一个积极的驱动外力。2018年，CUBA独家商务运营服务采购竞标流程结束后，阿里体育获得2018年9月至2025年9月期间CUBA独家运营权。随后，对赛事制作进行技术优化和流程更新，还将获艾美奖提名的远程制作等技术手段应用于直播，实现了CUBA史上最全赛事直播，直播数达到305场。①阿里体育接手CUBA之后，利用抖音、微博等社交媒体流量池，为不同球员提供流量支持、创作手段支持和内容支持。除此之外，阿里体育对CUBA赛事采取以下几方面变革：多元化平台联动、改良互动机制、注重文化价值输出等，对大学生校园篮球赛事传播产生了深远影响。

媒介研究为国内传播研究带来新的启示，为国内传播学和社会学领域的研究提供了新的视角。体育领域之中的媒介研究分析仍然相对匮乏，缺少以过程性思维去考察体育赛事的传播。本研究希望从媒介推广角度，将媒介视为载体

---

① 界面新闻. 继续进军校园，校园体育超10亿元拿下未来七季CUBA独家运营权[EB/OL].（2018.08.06）. https://baijiahao.baidu.com/s?id=1608035224040984293&wfr=spider&for=pc.

与载体之间、人与载体之间、人与人之间的一种社会互动关系,审视媒介体育空间形态的生成。媒介推广的过程丰富了体育赛事分析维度,整合了媒介传播的渠道,强化了赛事传播的影响力,提升了赛事传播价值。因此,在体育强国发展目标、校园体育事业发展愿景和媒介技术更迭三种背景的影响下,从媒介研究与CUBA体育赛事传播的自适性中去探寻体育赛事媒介推广带来的社会影响。

二、研究方法

(一)网络民族志

网络民族志是伴随网络文化现象而产生的研究方法,对于研究网络环境下体育赛事的媒介推广路径具有一定的借鉴和启示意义。网络民族志以解决问题为导向,方法比较灵活,既可用"游击民族志"的方式串联起不同平台而不丢失问题,也可以用民族志访谈和问卷作为辅助,对观察的结果进行多重验证。本研究以微博、微信和抖音官方账号进行研究对象,将网络传播平台看成特殊语境,分析视听媒体下的传播现状、媒体互动、文化建构及其校园联赛所携带的社会影响力。

(二)文本分析法

文本分析法是从文本的表层深入到文本深层,发现不能被普遍认知的深层意义。由表及里,由浅入深,可以将其看成是"庖丁解牛"的过程,将事物或者问题拆分开来,对能指和所指符号进行考察。本研究通过文本分析法来解读阿里体育平台下,CUBA在不同视听媒体特殊语境下的潜在意义。以CUBA为案例,将其看成表意系统,抓取线上赛事传播媒体、传播商业模式、传播互动、传播话语表征等,从特定的文化背景之下对生产出的意义进行分析。媒介分析过程中,不仅要体现媒介选择、媒介表述、转述和过程呈现,还需要寻找受众在媒介环境对于CUBA校园体育的态度与认同。

(三)参与式观察法

参与式观察法作为较为纯粹的定性研究方法,对于现象的描述和解释具有重要意义，且有利于收集数据，形成研究假设，并对研究对象进行描述和解释。本人深入到阿里体育实习，对CUBA赛事运作体系和媒体传播逻辑有了实操性的认识。为了更好地考察CUBA赛事传播影响力，笔者在第20届与21届东北赛区和四强赛阶段随队去到办赛点，与北京大学、清华大学、北京师范大学、天津财经大学的男女篮队员进行交流，展开参与式观察。笔者与各领队和队长进行深入交流，了解赛季的安排及流程，一同参加开幕式与闭幕式，亲临现场去感受观赛的热情与观众的状态和行为，与球队流量担当了解自媒体运营状态，与观众交流使用视听平台带来的一些利弊，受众对于App的选择、对校园篮球赛事的一些期待。此外，与中国大学生体育协会领导、阿里体育赛事运营负责人进行深入访谈，了解CUBA目前媒体运作流程与传播效果及后期规划。

（四）访谈法

访谈法，是研究者和指定研究对象通过口头交流方式进行资料搜集的工作。本研究对CUBA校园篮球赛事的媒介推广路径进行研究，分析媒介传播逻辑，并对其赛事发展与良好传播起到正向积极意义。根据赛事举办方、承办方和相关商业赞助等，邀请北京市篮协相关负责人、大学生体育协会相关负责人、阿里体育赛事部门相关负责人、CUBA教练员与运动员、品牌赞助商等参与访谈。希望通过多方持有的主观态度与媒体呈现现象对比分析，为CUBA赛事的传播发展提供可借鉴的一些思路。

三、研究现状

从历史文献中看，体育不是纯粹的，必须借助媒介来实现自身的社会关系。媒介作为一种居间性的存在，为体育领域的媒介实践提供了新的社会学视角，建立起智媒传播图景下的关系联结。体育媒介推广表征对于媒体具有一定的依赖性，决定了媒介新型互动空间的双向互动与制约性。人的行为与媒介进行嵌合，依托于场景、物质体验和主观感受，体育与媒介在一定空间语境下的媒介实践中相互交融。在国内，媒介研究更多地观照纯理论研究、影视文化和国际政治等面向，对于体育领域的关注者较少。CUBA借助不同媒体平台进行传播，媒介逻辑与体育传播的自适性将带动体育赛事在跨文化传播研究中的探索发现。本文将在现代化媒体进程中进一步探寻体育媒介实践的可能性。

随着通信网络、媒体内容和设备的融合，数字化传播技术、视频订阅点播、小程序智能化等视听媒体形式得到普遍应用。CUBA媒介推广路径下的赛事主体、媒体实践、商业化模式、受众、文化逻辑等，无不彰显着全媒体时代的传播功能。媒介新生态空间聚集着新的社群生态空间，一定意义上各自拥有自身运行规则，实现了生产要素的全域赋能，促进了技术的进步和商业模式的成熟，有利于把握视听媒体运行机制，拓展了全方位协作传播平台的新格局。

通过爬梳文献资料可以看到，在体育传播研究领域中，很少有研究从媒介视角对体育传播进行观照。然而，随着全球化进程加速、科技进步，媒介进程越来越凸显它的生命力。在国内，媒介研究更多地观照纯理论研究、影视文化和国际政治等方面，对于体育领域的关注者较少。CUBA借助不同媒体平台进行传播，媒介逻辑与体育传播的自适性将带动体育赛事在跨文化传播研究中的探索发现。本文将在现代化媒体进程中进一步探寻体育媒介实践的可能性，从社会与文化的层面考察媒介体育在社会中的角色与功能，在一定程度上进一步挖掘和探索媒介推广路径的纬度和深度。

四、文献综述

（一）国外研究现状分析

1. 关于媒介研究的文献综述

国外媒介研究主要通过CNKI、Web of Science等数据库进行搜索，检索主题目Media和Media Sports，研究方向精炼聚焦于Communication和Sports，其中CNKI结果144条、Web of Science 598条，共采集742篇国外研究文献。结合本研究的需要，将从历史维度对相关文献进行总结梳理。早期媒介研究是在西方的一个说法，也常常作为一种传播研究，而中国将其称之为传播学。随着媒介研究进程的深入，新的社会媒介生态环境被建构起来，学者们开始重新定义媒介和媒介关系，反思媒介与社会生活之间的多种关系。

McLuhan M.[①]（1994）强调"人是媒介的延伸""媒介即信息"的观点，将交通工具、广播、电视、衣服、房屋等全部看成是媒介，延伸了人体的功能。Thompson J B.[②]（1995）较早注意到媒介与现代性的关系，认为多种媒介形式将会逐步开拓新的社会空间，连接新的社会互动与行为，形成新的集体关系，并在不同空间中连接他者与自我。Hjavard S.[③]（2008）认为不能只关注技术逻辑，需要多加关注媒介"介入"社会实践的过程。Couldry N 与Hepp A.[④]（2013）认为社会互动需要在特定媒介下的具体情境展开，从而构建非强制性的情境空间。Wenner L. A. 提到"媒介是关于权利的"，[⑤]在他看来，应当提高体育在市场的有效性和接受度。Wenner L. A.[⑥]（2013）意识到批判和文化研究的重要性，对体育传播与社会文化的重要性进行反思，并期望研究人员关注机构、组织和受众的研究，补充体育媒体文本和叙事批判性的内容。Schulz W.[⑦]（2014）强调了媒体传播过程中的三个功能：中继功能（通过媒体技术服务与时间与空间）、符号学功能（处理一些适合受众的信息）和经济功能（媒体产品的标准化生产）。Baudrillard J.[⑧]（2001）认为媒介化不是指媒介形式下所展现出的内容，而是一种经由符号形式的再阐释，与其特定模式相互勾连，通

---

① McLuhan M. Understanding media: The extensions of man[M]. MIT press, 1994.

② Thompson J. B. The media and modernity: A social theory of the media[M]. America:Stanford University Press, 1995.

③ Hjavard S. The mediatization of society[J]. Nordicom review, 2008, 29(2): 105—134.

④ Couldry N, Hepp A. Conceptualizing mediatization: Contexts, traditions, arguments[J]. Communication theory, 2013, 23(3): 191—202.

⑤ Wenner L. A. At the Buzzer: Parting Shots on Communication and Sport[J]. Communication&Sport, 2021, 9(6): 859—864.

⑥ Wenner L. A. Reflections on communication and sport: On reading sport and narrative ethics[J]. Communication&Sport, 2013, 1(1-2): 188—199.

⑦ Schulz W. Reconstructing Mediatization as an Analytical Concept[J]. European Journal of Communication, 2004, 19(1): 87—101.

⑧ Baudrillard J. Simulacra and simulation[M]. America: University of Michiga press,1994.

过符码来掌控现实。Hepp A，Hjarvard S，Lundby K.[①]（2015）认为媒介化概念将会成为媒体和传播研究中范式转变的一部分。Carwile A. M.[②]（2015）指出，媒介有自己的媒介逻辑。表面上，媒介服务于某一种传播需求，实际上早已把自身媒介逻辑灌注到了被传播之物上，让传播主体和人内化于这种逻辑。

媒介理论学者Asp K.[③]（2018）认为个人与机构要不断适应变化的媒介环境。Lovheim M.和Hjarvard S.[④]（2019）强调过去十年的媒介发展路程，指出媒介对于政治、经济、文化和宗教等一些领域的影响。Hepp A.认为媒体具有"塑造作用"，这种塑造代表了传播的重构。Gureeva A. N.[⑤]（2020）将俄罗斯政治的媒体话语转型作为研究对象，认为代际冲突有可能以新技术和新传播模式来颠覆原始的话语权力。Gureeva A. N.[⑥]（2021）认为社会领域和媒体之间存在相互的关系。通过对国外媒介研究现状进行梳理，发现媒介研究多数集中于媒介特征分析、媒介功能、媒介研究转向、媒介逻辑、媒介化对于体育传播与社会文化研究的重要性等。随着社会文明的演进与传播技术的变迁，媒介研究领域逐渐提出新的理论概念和研究视角。从20世纪50年代的媒介环境学到80年代的媒介学，再到20世纪90年代的媒介研究（Mediatization Research），其相同点在于将媒介技术与社会影响当作研究对象，不同点在于媒介视角聚焦与媒介逻辑对于社会制度和社会互动方式的影响，兼具着历史和空间的维度。

---

① Hepp A, Hjarvard S, Lundby K. Mediatization: theorizing the interplay between media, culture and society[J]. Media Culture&Society, 2015, 32(2): 314—324.

② Carwile A. M. Book Review: Media Edge: Media Logic and Social Reality, by David L. Altheide[J]. Journalism&Mass Communication Quarterly, 2015, 92(4): 1068.

③ Asp Kent. News media logic in a New Institutional perspective[J]. London: Journalism Studies, 2014, 15(3): 256—270.

④ Lvheim M, Hjarvard S. The Mediatized Conditions of Contemporary Religion: Critical Status and Future Directions[J]. Journal of Religion Media and Digital Culture, 2019, 8(3): 206—225.

⑤ Gureeva A. N. Transformation of Mediacommunication between the State and Youth in Russia in the Context of Mediatization of Politics[J]. Moscow: Vestnik Moskovskogo Universiteta. Seriya, 2020, 12(1): 160—181.

⑥ Gureeva A, Kuznetsova V. Key Theoretical Approaches to Conceptualizing Mediatization of Politics[J]. Theoretical and Practical Issues of Journalism, 2021, 10(1): 191—205.

Raswell H.① （2013）在《社会传播的结构与功能》中，将传播过程看成传播主体、传播内容、传播媒介、传播对象和传播效果。拉斯韦尔对媒介功能做出了补充，认为媒介还为大众提供了娱乐功能。由于媒介为人们提供信息的同时辅助视听体验，给予了不同的感知能量，赋予了可视性更强、传播效果更好的场景效应，为受众带来更好的感官体验和享受。结合特点与共性，从传播的本质来讲，传播的过程包括信源、信道、信宿，也就是发出者、传输渠道和接收者。发出者与接收者之间的关系取决于信息的中转地，也就是媒介推广选择。

2. 关于体育媒介研究的文献综述

Bellamy R V.② （2009）提出体育是一种媒介，并且与大众媒介之间保持紧密联系，以传播媒介的形态存在。Klatell D A，Marcus N.③ （1988）中提出了体育媒介论的研究框架，通过媒介属性与功能等方面来指明体育商业化与产业化的行为，以及两者之间的规范与制约等相互关系。이익주.④ （2009）指出媒体体育的接触动机、接受态度与体育价值三者之间相互影响。Brett Hutchins，David Rowe.⑤ （2012）将在线经济和文化内容视为体育媒体中非常关键的组成部分，指出电视不再是传递体育信息和新闻的唯一屏幕，手机和计算机等其他数字媒体在体育媒体的生产和消费中越来越重要。

Rowe⑥ （2014）在过去十年的研究里，发现数字化的媒介体育进程极大

---

① Raswell H. The structure and function of social communication[J]. L, 2013.

② Bellamy R V.Sports media: A modern institution[M]. Handbook of sports and media. Routledge, 2009: 66—79.

③ Ramon Xavier, Rojas Torrijos José Luis.Public service media, sports and cultural citizenship in the age of social media: An analysis of BBC Sport agenda diversity on Twitter[J]. International Review for the Sociology of Sport, 2022, 57(6).

④ 이익주. Research on Media Sports in Sports Sociology Field in Korea: Establishment of Concept and Classification of Research[J]. Korean Society for the Sociology of Sport, 2009, 22(4).

⑤ Brett Hutchins，David Rowe. Sport Beyond Television[M]. Taylor and Francis: 2012—04—27.

⑥ Rowe. Media and culture: Movement across the decades[J]. International Journal of Media&Cultural Politics, 2014, 10(2).

地改变了媒体的生产、消费和使用，并在社会化媒体的文化领域中占有特殊位置。David Rowe[①]（2015）认为不断变化的媒体体育景观要求我们重新关注消费和创新。Hibai Lopez-Gonzalez, Christopher D. Tulloch.[②]（2015）探讨了数字化平台下对传统行为者之间的关系会重新配置，并以足球比赛的运作方式举例，指出数字化生态环境下的在线赌博业危及赛事的完整性。Shon, Jae-Hyun.[③]（2016）指出体育话语决定了体育实践的方式，并认为在体育过剩的社会中，不可能知道媒体是如何改变体育，但不应该忽视体育的本质价值。Rodek, Jelena.[④]（2018）分析媒体体育渗透下受众情感变化，阐释了体育媒体研究的现实意义与价值。Brett Hutchins.[⑤]（2019）认为移动媒体揭示了正在加速的商品化形式，移动媒体研究为媒体体育学术提供了潜力，而媒介研究者常常忽视移动媒体的影响与意义。Ramon Xavier, Rojas Torrijos José Luis.[⑥]（2022）指出媒介以构建体育产品的方式来培养公民的文化意识。媒介内容在供给上存在长期不平衡的特点，在公共服务媒体、社交媒体和体育之间存在着十分细微的关系。此外，还指出BBC Sports中关于足球赛事的议程基本为男性主导，在社交媒体战略中存在偏向性。综上，国外体育媒介研究中指出移动媒体下体育赛事研究的迫切性和重要意义。文献中发现，媒介研究涉及概念、制度和社会变革等层面，根据研究需要，笔者认为媒介推广是一个动态的过程，基于不同的时间有不同的时代任务，在特定媒介逻辑下会彰显出其实践关系与价值。

---

① David Rowe. Afterword: Media Sport-Coming to a Screen near and on You[J]. Media International Australia, 2015, 155(1).

② Hibai Lopez-Gonzalez, Christopher D. Tulloch. Enhancing Media Sport Consumption: Online Gambling in European Football[J]. Media International Australia, 2015, 155(1).

③ Shon, Jae-Hyun.Sports Excess Society: Discourse Formation of Media Sports[J]. Korean Journal of Sports Science, 2016, 25(6).

④ Rodek, Jelena. Sport and Media[J]. Školski vjesnik: časopis za pedagogijsku teoriju i praksu, 2018.

⑤ Brett Hutchins. Mobile Media Sport: The Case for Building a Mobile Media and Communications Research Agenda[J]. Communication&Sport, 2019, 7(4).

⑥ D A, Marcus N. Sports for sale: Television, money, and the fans[M]. 1988.

体育作为现代化社会的重要组成部分，与媒介的关系越来越密切。媒介体育与体育媒介相辅相成，后者带动着前者的发展。20世纪末，人们开始注意到媒介逻辑与体育赛事共生存在的关系，也由此引发学界的关注。Altheide D. 和 Snow R. 最早将媒介体育的概念体现于《媒介逻辑》[1]一书中，其中讨论了体育的本体论、体育文化、体育经济以及媒介体育的影响。Wenner L. A. 在《媒介体育》[2]中，以"mediasport"一词体现了媒介与体育之间的密不可分。此外，Rowe D.将媒介体育看成是一种仪式景观，将其称之为"sports-scape"。Hutchins B.[3]（2009）用网络媒体体育来看待重塑媒体体育文化综合体的问题，认为体育的职业化和媒体化出于同一种渴望和动机。以集网络化与商业化模式为一体的My Football Club（MFC）为考察对象，认为应当减少体育与媒体之间的长期思考，更多地将体育视为媒体本身。Wenner，L. A.[4]（2010）认识到体育语言的特点是对中介的体育话语中废话的分析，以至于作为中介力量的解说和迈克尔乔丹之后的NBA"贫民逻辑"对于社会文化影响深远。Rowe D.[5]（2010）以2006年德国世界杯为研究对象，分析决赛期间法国队长齐达内用头撞向意大利人马尔科—马特拉齐的事件，将其视为媒体体育政治共鸣和影响力的例子。Bailey K.[6]（2017）指出新媒体下体育赛事的影响力削

---

[1] Altheide D L, Snow R.P. Media Logic[M]. America: Society/SAGE Publications, 1979: 210—216.

[2] Wenner L.A. Media Sport[M]. America: Society /SAGE Publications, 1998: 221—231.

[3] Hutchins B, Rowe D. Sport Beyond Television: The Internet, Digital Media and the Rise of Networked Media Sport[J]. International Review for the Sociology of Sport, 2012, 7(2): 279—281.

[4] Wenner L. A. Sport, Communication, and the Culture of Consumption: On Evolving and Emerging Markets[J]. American Behavioral Scientist, 2010, 53(10): 1451—1453.

[5] Rowe D. Stages of the global: Media, sport, racialization and the last temptation of Zinedine Zidane[J]. International Review for the Sociology of Sport, 2010, 45(3): 355—371.

[6] Bailey K, Oliver R, Gaffney C, et al. Negotiating "new" narratives: Rio de Janeiro and the "media geography" of the 2014 FIFA World Cup[J]. Journal of Sport and Social Issues, 2017, 41(1): 70—93.

弱了社会实际生活的发展。Devlin M B，Brown K A，Brown-Devlin N，etc.[①]（2020）通过考察国际体育赛事受民族主义描述的影响，发现媒体消费会增加民族主义情感。Geurin A N，Naraine M L.[②]（2020）通过研究1999～2018年间的奥运媒体状况，从媒体框架、议程设置框架和内容分析方法几个角度来分析问题。Ahmad N，Thorpe H.[③]（2020）指明标签的政治使用和日常的多样化政治呈现，成为一种空间文化上的代理政治。他解释女性运动员如何利用社交媒体挑战主流话语并建立起联系，以文化上的特定方式表现在体育生活的各个方面。研究发现，性别之间存在明显不同。男性更以参赛球员为中心，注重竞争性质；而女性，更在乎媒体联系。Kovacs A，etc.[④]（2020）分析了奥运会运动员社交媒体使用情况、社交媒体的使用态度以及社交媒体为运动员和采访者之间关系产生的作用。

Hepp A.[⑤]（2021）认为运动类新闻报道的公共话语建构中，运动和实践不是原本理解的自我授权和自我推理，而是随着数字媒体技术发展过程，具有灵活可变性。Lewis N.[⑥]（2021）调查观看体育直播的行为，发现体育迷与游戏呈正相关的关系。观看赛事时一般与第二现场的屏幕活动相关，一些是基于

---

① Devlin M B, Brown K A, Brown-Devlin N, et al. "My Country is Better Than Yours": Delineating Differences Between Six Countries' National Identity, Fan Identity, and Media Consumption During the 2018 Olympic Games[J]. Sociology of Sport Journal, 2020, 37(3): 254—263.

② Geurin A N, Naraine M L. 20 years of Olympic media research: trends and future directions[J]. Frontiers in Sports and Active Living, 2020, 27(3): 129.

③ Ahmad N, Thorpe H. Muslim sportswomen as digital space invaders: Hashtag politics and everyday visibilities[J]. Communication&Sport, 2020, 8(4-5): 668—691.

④ Kovacs A, Doczi T, Antunovic D. Social media use among Olympians and sport journalists in Hungary[J]. International Journal of Sport Communication, 2020, 13(2): 181—199.

⑤ Hepp A, Alpen S, Simon P. Beyond empowerment, experimentation and reasoning: The public discourse around the Quantified Self movement[J]. Communications, 2021, 46(1): 27—51.

⑥ Lewis N, Gantz W, Wenner L A. What we do when we watch live sports: An Analysis of concurrent viewing behaviors[J]. International Journal of Sport Communication, 2021, 14(2): 153—167.

体育赛事本身，另外一些则是基于社会生活中的责任感。Burton N.[①]（2021）考察了奥运会和残奥会的赞助商如何激活他们的伙伴关系，以及残奥会和残疾人运动员在赞助商营销中的形象。他认为赞助商的激活作用在很大程度上是缺失的，揭示了社交媒体参与对赞助商的潜在价值。Devlin M B，Brown K A，Brown-Devlin N，etc.[②]（2021）认为社交媒体的使用情况使得社会资本增加、社会感性成分增强以及影响着粉丝对于赛事本身的认同。Johnson R G，Romney M，Hull K，Pegoraro A.[③]（2022）指出，数字社交媒体平台（SMPs）在奥运会广播公司的内容分享和观众接触之间存在一定联系。两性报道在传统报道中向男性倾斜，而在数字媒体报道中趋于平衡。Wenner L.A.和Billings A.在《体育、媒介与重大事件》[④]中提出媒介过程中体育事件的影响力具有渗透力，将媒介化视为体育的必经之路，并且认为体育的媒介化不是体育本身也不是媒介的体现，而是一种相互作用的合力。

基于以上文献，体育赛事媒介研究经历了技术演变且不断完善的过程，从媒介发展到媒介融合，从媒介体育产品到媒介传播逻辑，依托于公共话语的建构对人们日常生活产生着深远影响，本研究将对CUBA甲级联赛不同阶段的传播模式进行比较，从数字化技术呈现、特定语境下的传播逻辑和媒介空间文化建设来拓展CUBA的研究视角。

（二）国内研究现状分析

1. 关于媒介研究的文献综述

国内媒介研究主要通过CNKI数据库，以"媒介""体育媒介"为关键词

[①] Burton N, Naraine M, Scott O .Exploring Paralympic Digital Sponsorship Strategy: An Analysis of Social Media Activation[J]. Managing Sport and Leisure, 2021, 29(1): 135—140.

[②] Devlin M B, Brown K A, Brown-Devlin N, et al. "My Country is Better Than Yours": Delineating Differences Between Six Countries' National Identity, Fan Identity, and Media Consumption During the 2018 Olympic Games[J]. Sociology of Sport Journal, 2020, 37(3): 254—263.

[③] Johnson R G, Romney M, Hull K, etc .Shared Space: How North American Olympic Broadcasters Framed Gender on Instagram[J]. Communication&Sport, 2022, 10(1):6—29.

[④] Wenner L A, Andrew C.Billings, etc.Sport, media and mega-events[M]. London: Routledge, 2017: 77—79.

进行检索，共采集了5813篇文献，与体育媒介相关的仅有99篇。以下综述根据所研究领域的历史脉络来做介绍与分析。

早期，国内的媒介研究经历了两次引进，奠定了传播学的发展基点。第一次是20世纪初期，杜威访华（1919年～1921年）和帕克在燕京大学教书（1932年），两人一方面介绍了传播在社会中的功能与意义，另一方面则从社会学的视角对公众意见和群体意识等进行了介绍。当时，中国学者缺少对媒介传播研究的整体认识，在原创性上缺少思想朝气与活力。第二次是在1949年新中国成立之后，美国基于冷战的政治背景，学术研究与发达资本主义的消费主义、大众文化和商品化经济相契合。中国高等教育与配套基础设施恢复后，迎来了美国传播学的跨学科视角媒介是传播学的重要概念之一，在本质上起到信息交流与沟通的作用。在媒介传播的过程中，依托于载体来进行交互形成一种可感知的符号，将这种传递符号的物质称之为媒介。

人类传播媒介的发展经历了从口语时期—印刷时期—电子传播—网络传播，电子媒介之前，口语可以被印刷代替，但是电子媒介之后，口语以新的形式生存。社会发展伴随着媒介形式的演变而不断推进，这个过程中，媒介特征与特定的传播环境的重要性愈加凸显。媒介研究使得人们意识到社会现实的多样性和多维拓展的可能，更多地关注媒介嵌入社会生活的进程。体育媒介与媒介的要素具有高度契合性。采取批判路径的学者蔡骐、刘维红[1]（2005）指出，媒介变迁以一种消费主义的形式塑造了人的日常活动，媒介和消费主义观念呈现共谋现象。石义彬等[2]（2008）指出，媒介本身也正在逐渐演变为一种仪式，以符号权力空间化的方式，内化于人们的日常情感体验与实践之中。吴靖[3]（2005）指明每一种媒介都需要按照其不同的方式来进行考虑，对于任何一种媒介都要认识到其所具有的媒介特征，这也是媒介分析中解码过程的核

---

[1] 尹金凤. 大众媒介偶像塑造的伦理问题研究[D]. 湖南：湖南师范大学，2010：17—18.

[2] 石义彬，熊慧. 媒介仪式，空间与文化认同：符号权力的批判性观照与诠释[J]. 湖北社会科学，2008（2）：171—174.

[3] 利萨，泰勒，吴靖，等. 媒介研究：文本，机构与受众[J]. 新闻与写作，2005（8）：18.

心部分。其次,可以从中发现,媒介是事实的再现,是经过二次加工的媒介产物。因此,在媒介研究的过程中发现,受众会依据媒介的具体呈现方式产生"刻板印象",也从中反映出媒介权力在媒介研究中起到举足轻重的作用。闫慧[1](2010)指出列维斯特劳斯提出的"漂浮的能指",表明了人们对能指的把握能力超过对所指的寻找。陈卫星[2](2015)新兴媒体节点化和去中心化的传播实践,不过是制度管控下的媒介逻辑的延伸。新媒体技术之下的大众实践过程,话语象征着权力,并通过一个象征性交换的过程,从而形成认同。

李彬[3](2012)曾说"媒介就是传递信息的载体,是各类介质的总称。媒介组织就是经营媒介的机构"。由此可见,媒介在传播环境中具有几个特点,一是大规模信息的承载力,二是传递信息内容,三是作为信息的载体。在媒介的功能与作用分析中,可以分析出体育媒介具有几方面的功能性:(1)社会雷达;(2)社会连接;(3)体育精神文化。唐士哲(Shih-Che Tang)[4](2014)媒介研究强调以一种媒介形式介入社会生活,关注当下被建构的社会实践。潘忠党[5](2014)指出媒介制约传播结构和意识形态,媒介化社会对社会生活具有推动力量,但需要创造更多有利于发展和传承的可能性。黄旦[6](2015)指出,经由媒介逻辑的渗透,对媒介情境下的新闻建构需要新的制度进行重塑。戴宇辰[7](2016)关注现代传播活动何以在特定媒介进程中展开,对这种仪式情景下的社会文化进行分析,指出了某种采取行动的可能性,并认

---

[1] 闫慧. 列维—斯特劳斯的人类学结构主义[J]. 大众文艺,2010(17):99—100.

[2] 陈卫星. 从漂浮的能指到符号的资本——论符号学的方法论演变[J]. 中外文化与文论,2015(3):20—28.

[3] 李彬,关琮严. 空间媒介化与媒介空间化——论媒介进化及其研究的空间转向[J]. 国际新闻界,2012,34(5):38—42.

[4] 唐士哲(Shih-Che Tang). 重构媒介?"中介"与"媒介化"概念爬梳[J]. 新闻学研究,2014(121):1—39.

[5] 潘忠党. "玩转我的iPhone,搞掂我的世界!"——探讨新传媒技术应用中的"中介化"和"驯化"[J]. 苏州大学学报(哲学社会科学版),2014,35(4):153—162.

[6] 黄旦. 重造新闻学——网络化关系的视角[J]. 国际新闻界,2015,37(1):14.

[7] 戴宇辰. 走向媒介中心的社会本体论?——对欧洲"媒介化学派"的一个批判性考察[J]. 新闻与传播研究,2016(5):11.

为媒介塑造的社会情境常以个人认知为评判标准。姜红、印心悦[①]（2019）指出，视听媒体时代的政治领域格局必然发生改变，"讲故事"成为主要政治传播方式，信息权力稀释是媒介融合发展演变历程中的必然。任何事物一旦形成常规，便会异化其本性。李玉鑫[②]（2020）指出，1905年抵制美货运动正是基于媒介催生的公众跨时空互动才得以发生。

媒介形象塑造参与者的社会认同，他们也成为特定媒介逻辑之下的媒介认知维护者，个体从而获得归属感。束晓舒[③]（2019）认为媒介信息被裹挟着某种标签通过不同渠道扩散开向个体进行传播，从而对个体认同与个体行为产生影响。袁星洁[④]（2021）认为媒介逻辑解构个体对地方的认同与存在，重新建立起地方性再生产。传统的地方是指一个人的实体现实存在，而现代化语境下的地方是指全球各个角落的人进行连接的空间。

彭兰[⑤]（2020）提到移动时代的传播具有"在场感"和"现场进入"两个特质，两种特质相互依存：其一，在场个体由其存在感形成主体视角；其二，现场中还存在"幕后感"。在传播、社交和服务三个网络节点之上进行观察，从人—人、人—内容和人—服务三个角度去重新看待媒介的构成和影响。新媒体下的数字化生存给予用户新的存在感和存在方式，需要我们通过不同镜像去审视现实社会和自我。胡翼青[⑥]（2020）指出，传统媒体处于再媒介化的进程之中，新旧媒介之间存在竞合框架下的博弈，使得过度重视技术分发，而轻视

---

① 姜红，印心悦. "讲故事"：一种政治传播的媒介化实践[J]. 现代传播（中国传媒大学学报），2019，41（1）：37—41.

② 李玉鑫. 中国媒介化抗争的兴起[D]. 江苏：南京大学，2020：36—37.

③ 束晓舒. 媒介化的"健康"——以马拉松运动为例[J]. 当代传播，2019（2）：4.

④ 袁星洁，赵墨. "再造地方性"：媒介化理论视角下地方媒体的传播创新[J]. 湖南师范大学社会科学学报，2021，50（6）：7.

⑤ 苏涛，彭兰. 热点与趋势：技术逻辑导向下的媒介生态变革——2019年新媒体研究述评[J]. 国际新闻界，2020，42（1）：21.

⑥ 胡翼青，李璟. "第四堵墙"：媒介化视角下的传统媒体媒介融合进程[J]. 新闻界，2020（4）：57—64.

了文本的质量。周敏、郅慧和喻国明[①]（2021）强调媒介化进程在被塑造着的认知传播过程中塑造个体认知和内外认知。陈杏兰[②]（2021）认为媒介逻辑逐渐嵌入社会生活并重建社会关系、交往样态、社会形态和社会文化。朱婧雯[③]（2022）指出，媒介化下的知识将重塑参与主体的认知逻辑，以主体主动寻求—知识转化认知—知识达成一致性，创造多元感知下的共鸣，从而促进社群共建和集体融入下的社会交往行为。

通过历史脉络来看，媒介研究作为一种中介化的表达，在每一次传播过程中都以媒介形式嵌入社会生活和实践之中。无论是戴宇辰将重新认识媒介作为核心，还是黄旦将媒介逻辑作为媒介情景下的制度性建构，都在强调媒介逻辑下产生的穿透力和互动性。媒介研究之下，媒介实践对于个体参与认知具有重塑性，从而促进了社会交往与集体共建。现实空间中用于承载信息传播的手段和方式随技术展演的进程越来越丰富，通过媒介推广实践与参与式观察的方式，有助于更加详实地了解内在关系。

现代化进程中，受众对于媒介的过度接触，产生了强烈的文化认同感。视听媒体的网络社区再建和"媒介地方"抑或是"集体"的形成，再一次反哺这种认同，在特殊的语境之下，连接不同时空下具有共鸣的个体。媒介力量之下的权力和资源愈显重要，通过符码和常规阐释系统来维持媒介进程和符号传播，其具有的穿透力带来新的信息社会逻辑，使学者们反思媒介与社会生活之间的关系。

2. 关于体育媒介研究的文献综述

在我国，体育媒介相关学术研究较少。随着数字时代场景概念到来，学者逐渐地意识到媒介研究的重要性，这也再一次印证了技术变革对社会具有重要影响。移动设备、传感器、定位系统和大数据等产品对生活领域的渗透，带

---

① 周敏，郅慧，喻国明，等. 共振、融通、调试：媒介化视阈下国际传播能力体系构建与创新[J]. 对外传播，2021（8）：62—67.

② 陈杏兰. 传播学研究"媒介化"转向的"元"思考[J]. 中国出版，2021（24）：39—42.

③ 朱婧雯. 建构主义视域下媒介化知识传播与社会认知[J]. 中州学刊，2022（1）：7.

来新的媒介逻辑，使媒介推广的形式具有多样性。卢元镇[①]（1996）提出体育媒介对于人们的态度、行为以及社会环境都产生重大影响。随着技术的进步，媒介不断地变革自身形态与运营机制，塑造着人们的日常生活形态。程绍[②]（1999）指明了媒介塑造了无数辉煌的体育形象，为体育商业化开辟了道路。张立[③]（2000）在《体育媒介市场研究》中，将体育媒介看成将商业信息和媒体所发生的一系列联系，如体育人物、体育组织、体育赛事和体育精神等，都称之为体育媒介。纪宁[④]（2008）在《体育媒介》中提出体育媒介具有媒介依附的特征，将体育媒介称之为"第六媒体"。

郝勤[⑤]（2018）指出中国从20世纪八九十年代开始，体育媒介向媒介体育转变的进程十分缓慢，国内体育行政化条块的分割严重，滞后其发展并阻碍了两者的融合。魏伟[⑥]（2019）认为媒介与体育之间存在一种神话关系。媒介体育赛事的权力跨层导致受众的快乐源自于叙述层提供的认知差。樊水科[⑦]（2011）指出"分享"（Sharing）"参与"（Participation）"联合"（Association）"团体"（Fellowship）"有共同信仰"（The possession of a common faith）等与传播本身有着密切联系。他将传播仪式观和仪式传播区分开来，指明了凯瑞将仪式作为传播隐喻是由于仪式本身就是一种文化。左官春[⑧]（2021）指出，体育随着商业逻辑与技术力量的渗透逐步地从媒介形式之下趋于"镜像自由"。这种体育仪式下的失真狂欢，将必然导致对体育自

---

① 卢元镇. 中国体育社会学进展及其基本特征[J]. 体育科研，1996（3）：1—9.

② 程绍同. 美国运动产业探实[J]. 国际广告，1999（11）：31—36.

③ 张立. 体育媒介市场研究[J]. 中国体育市场研究[EC]. 国家体育，2000，96：65—83.

④ 纪宁. 体育赛事与城市品牌营销新时代[D]. 2008.

⑤ 郝勤. 从体育媒介到媒介体育——对体育新闻传播发展的思考[J]. 体育科学，2018，38（7）：22—24.

⑥ 魏伟. 解构当代媒介体育赛事的权力迷思. 基于约翰·费斯克的视角[J]. 上海体育学院学报，2019，43（1）：72—79+102.

⑦ 樊水科. 从"传播的仪式观"到"仪式传播"：詹姆斯·凯瑞如何被误读[J]. 国际新闻界，2011，33（11）：32—36+48.

⑧ 左官春. "镜像自由"与"仪式体育"：体育媒介化及其后果[J]. 体育研究与教育，2021，36（1）：5.

由空间的挤压，也让体育开始逃避自身形态。

体育领域的研究者很少用媒介思维去研究体育，但媒介体育研究中的过程性思维对体育赛事传播具有重要意义。以上文献对本研究有所启发，到底什么是互联网空间下的集体，所谓空间下的受众互动如何相互发生联系、体育文化空间下的认知与行为逻辑是怎样的等等。从以上的问题意识出发，我们不难看出，需要将研究的重点部分回归研究范式与研究框架的探索，对其文本的研究对象和研究路径进行具体分析。

在媒介变迁与技术飞速发展的助力下，媒介推广的进程中出现了明显的平台变化、受众迁移的现象，以至于体育赛事作为媒体传播的一部分，作为体育媒介中必不可少的一环，在当下的研究显得较为重要。本本研究将CUBA放置在媒介推广的传播逻辑中，分析赛事主体、赛事传播、受众行为、商业化模式以及文化影响力，为CUBA传播实践、未来校园体育传播发展提供新的研究视角以及一些可行性研究建议。

3. 关于CUBA的文献综述

通过在CNKI以"中国大学生篮球联赛""CUBA""篮球联赛"为关键词进行搜索，将研究主题无关的文章进行筛除，共获得232条。自1998年筹建CUBA赛事，相关学术研究问题主要聚焦以下几个方面：

（1）CUBA运营方面研究

与CUBA运营相关研究27篇，主要围绕赛事竞赛管理体制对比分析、品牌战略定位、运行机制比较、版权开发突破路径、资源优化、新旧赛制改革、CUBA向CBA输送运动员等方面进行论述。陈明祥[1]（2008）通过比较NCAA与CUBA的竞赛管理体制，探讨CUBA健康持续发展的对策。刘海平[2]（2008）从品牌运行要素出发，分析CUBA的内外部环境，提出科学发展对策。刘超[3]

---

[1] 陈明祥. CUBA与NCAA竞赛管理体制的比较研究[D]. 福建：福建师范大学，2008.

[2] 刘海平. CUBA品牌运营现状及科学发展对策研究[J]. 山西师大体育学院学报，2008（3）：56—58.

[3] 刘超. 我国大学生篮球联赛的运营模式研究[D]. 武汉：武汉体育学院，2018.

（2018）通过对比CUBA、NCAA（美国大学生篮球联赛）和UBA（台湾高校篮球联赛）的赛事、目标、组织架构、营销策略以及赛事人才输送情况，为CUBA赛事运营提供新思路。陈维维[①]（2020）认识到阿里巴巴独特的电商与内容平台，运营机制的创新将直接带动媒介生态环境的布局。此方面的研究较为传统，大部分研究者聚焦在竞赛运营、管理、赛制、品牌等方面，为本研究的CUBA媒介推广路径研究提供了基础性的帮助。

（2）CUBA发展对策研究

与CUBA发展相关研究52篇，主要从高水平运动队发展、后备人才培养、教练员发展、进军CBA发展对策、赛制发展、不同省市的CUBA篮球发展等方面进行研究。宋振镇[②]（2003）借鉴NCAA成功经验，指出中国高校高水平篮球队的发展需要搭建人才基地，学练并重。杨亚玲[③]（2005）从后备人才培养与发展的角度，为CUBA发展建言。王牡娣[④]（2006）对CUBA教练员的基本情况、综合素质、训练和工作困惑等方面进行调查分析。王胜涛[⑤]（2009）指出人才培养的去向是难题，面对发展要有应对措施。张义定[⑥]（2016）对CUBA球员篮球发展道路中进入CBA存在的不协调因素进行剖析。申忠华[⑦]（2009）和陈鹏程[⑧]（2020）分析CUBA赛事改革问题和若干需要解决的问题。基于以

---

① 陈维维. "互联网+"背景下阿里体育运营CUBA的SWOT分析研究[J]. 当代体育科技，2020，10（5）：111—112.

② 宋振镇. 从CUBA与NCAA的比较谈高校高水平运动队的发展对策[J]. 上海体育学院学报，2003（5）：59—60+62.

③ 杨亚玲，王江. CUBA后备人才培养现状及发展对策[J]. 山西师大体育学院学报，2005（2）：107—109.

④ 王牡娣. CUBA裁判员现状调查与对策研究[J]. 山东体育科技，2006（2）：26—27.

⑤ 王胜涛. CBA人才来源对策研究——从CUBA与CBA接轨有利于CBA持续发展的角度[J]. 湖北体育科技，2009，28（5）：517—518+528.

⑥ 张义定，李燕领，许月辉，张展博. CUBA球员进军CBA的制约因素与发展对策研究[J]. 劳动保障世界，2016（36）：55—56+58.

⑦ 申忠华. 浅谈大学生篮球联赛CUBA的赛制及其发展对策[J]. 湖北经济学院学报（人文社会科学版），2009，6（5）：76—77.

⑧ 陈鹏程. 影响CUBA中国大学生篮球联赛发展的若干问题及其对策建议[J]. 体育科技文献通报，2020，28（4）：168—170.

上，可以从CUBA的发展对策来看人才培养路径。CBA选秀和CUBA全明星赛事以商业化运作的方式推动了人才的输送流程，赋予了大学生球员更多的关注度和认可度，其人才输送渠道管理机制的可行性和规范性应当列入更重要的位置。

（3）CUBA营销传播研究

与CUBA营销传播相关研究5篇，主要讨论传播过程中的策略与问题、营销传播中的优化以及品牌价值的提升。王振涛[1]（2008）指出CUBA策略传播规范性和科学性的价值。王联聪[2]（2005）指出营销传播是体育组织赛事经营的核心环节，要保持与媒体的沟通，拓展媒体宣传渠道，强化CUBA影响力。邢金明[3]（2010）从市场开发角度出发，提倡要强化品牌化概念，树立良好品牌形象。侯昀昀[4]（2018）将重点放在赛事资源的开发，通过挖掘潜在用户，实现价值最大化。营销传播方面的研究集中在品牌价值、资源开发和传播过程优化等方面，为本研究商业化研究部分提供了新思路。

（4）CUBA赛事文化内涵研究

与CUBA赛事文化相关研究9篇，主要关注CUBA赛事文化内涵、CUBA文化特征、CUBA目标和CUBA校园文化建设。许传宝[5]（2004）指出要秉承"以人为本、育人第一"的原则，将文化素质教育、心理价值取向与素质教育有机结合，以完善CUBA的市场开发机制。扈伟等[6]（2006）认为CUBA应注重

---

[1] 王振涛，单清华，刘莹. CUBA营销传播策略及面临问题[J]. 体育与科学，2008（1）：71—72+93.

[2] 王联聪. 中国大学生篮球联赛营销传播策略的研究[J]. 哈尔滨体育学院学报，2005（1）：86—88.

[3] 邢金明，张志成，孙凤龙. 中国大学生篮球联赛的市场开发与营销[J]. 体育学刊，2010，17（6）：113—116.

[4] 侯昀昀. 中国大学生篮球联赛（CUBA）品牌价值提升策略研究[D]. 北京：北京体育大学，2018.

[5] 许传宝. 中国大学生篮球联赛市场开发的若干建议[J]. 体育学刊，2004（6）：116—118.

[6] 扈伟，张剑珍. 论中国大学生篮球联赛目标的价值取向[J]. 山东体育学院学报，2006（6）：32—33.

文化特色的包装而不是商业利益，淡化商业色彩才能保持CUBA的良性健康发展。白莉[①]（2006）认为CUBA文化有助于大学生形成进取精神和良好意志品质，提升人文修养，培养人文素质。褚翔[②]（2004）和李希水[③]（2007）从文化内涵展开讨论校园篮球运动的文化建设，王朝军和曹原等[④]（2014）对比分析CUBA与CUBS的不同，认为CUBA在丰富校园文化生活方面更具多样性。赛事文化相关研究更加注重体育特有的精神文化内涵，提倡以体育人、以体修身，注重体育文化对人的潜在影响力，为本研究赛事文化传播逻辑方面提供理论视角。

（5）CUBA媒介传播研究

与CUBA媒介传播相关研究5篇，主要围绕组织传播、大众传播媒介、传播媒介与传播互动和媒体传播进行探讨。靳瑞昆[⑤]（2018）分析了CUBA组织传播的现状与实际困境，于基晓[⑥]（2013）对CUBA大众传播媒介进行研究，邢颖[⑦]（2011）和张睿[⑧]（2014）主要聚焦于大众媒介与CUBA互动性，李振义[⑨]（2009）则注重CUBA篮球赛事文化的媒体传播。

通过文献梳理总结，发现CUBA赛事相关研究较为繁杂，面向较广，且已有研究多数为CUBA赛事运营、市场开发、品牌营销、文化价值内涵、媒体传播等，而媒介相关研究较稀缺。本研究将CUBA赛事作为研究对象，试图分析

[①] 白莉，杨海涛. CUBA文化的内涵与构成研究[J]. 体育文化导刊，2006（7）：60—62.

[②] 褚翔，胡启良. CUBA的特色与发展方略[J]. 体育成人教育学刊，2004（3）：35—36.

[③] 李希水. 论CUBA赛事体现的文化内涵与校园篮球文化建设[J]. 长春师范学院学报，2007（10）：121—123.

[④] 王朝军，曹原，孟成，张洁. 我国大学生顶级篮球赛事文化研究[J]. 首都体育学院学报，2014，26（6）：518—521.

[⑤] 靳瑞昆. CUBA组织传播现状及其困境分析[D]. 北京：北京体育大学，2018.

[⑥] 于基晓. CUBA大众传播媒介研究[J]. 运动，2013（2）：15—16.

[⑦] 邢颖. 大众传播媒介与CUBA的互动现状及对策研究[D]. 吉林：延边大学，2011.

[⑧] 张睿. 中国大学生篮球联赛的媒体传播研究[D]. 湖南：湖南大学，2014.

[⑨] 李振义. 高校篮球赛事文化的媒体传播研究[D]. 河南：河南大学，2009.

CUBA在媒介推广中如何被媒介逻辑影响、如何受到技术的裹挟以及如何影响人们的社会生活行为等。本研究希望能够用一个非常有代表性、时效性的案例：基于阿里体育这一具有社交媒体属性和社群意识的平台经营下，通过对中国大学生校园篮球联赛进行媒介推广研究，聚焦校园体育发展核心问题，并为校园体育未来媒介推广路径研究提供可行性建议。

第二章　中国校园篮球联赛CUBA媒介推广表现分析

对体育媒介相关文章进行梳理时，不难发现体育与媒介之间的共生性，并对于信息扩散和共享较为注重。以下将从CUBA主体分析、媒体平台表现、商业化运营、受众互动和文化建设方面探讨CUBA媒介推广内容。

一、CUBA主体分析

（一）CUBA组织架构

中国大学生篮球联赛（下文简称"CUBA"）是中国大学生体育协会主办的高校篮球联赛，模式上参照美国大学生篮球联赛（下文简称"NCAA"）的形式，是我国面向社会、面向高校的大学生专项运动联赛。CUBA主办单位为中国大学生体育协会，协办单位为中国大学生体育协会篮球分会，承办单位为各个高等参赛院校，目前是由阿里体育有限公司（2018—2025年）作为其独家商务运营合作伙伴。由此可见，赛事的主办方是归政府和相关体育管理部门，而具体的管理和运营则是阿里体育有限公司来负责（见图1）。

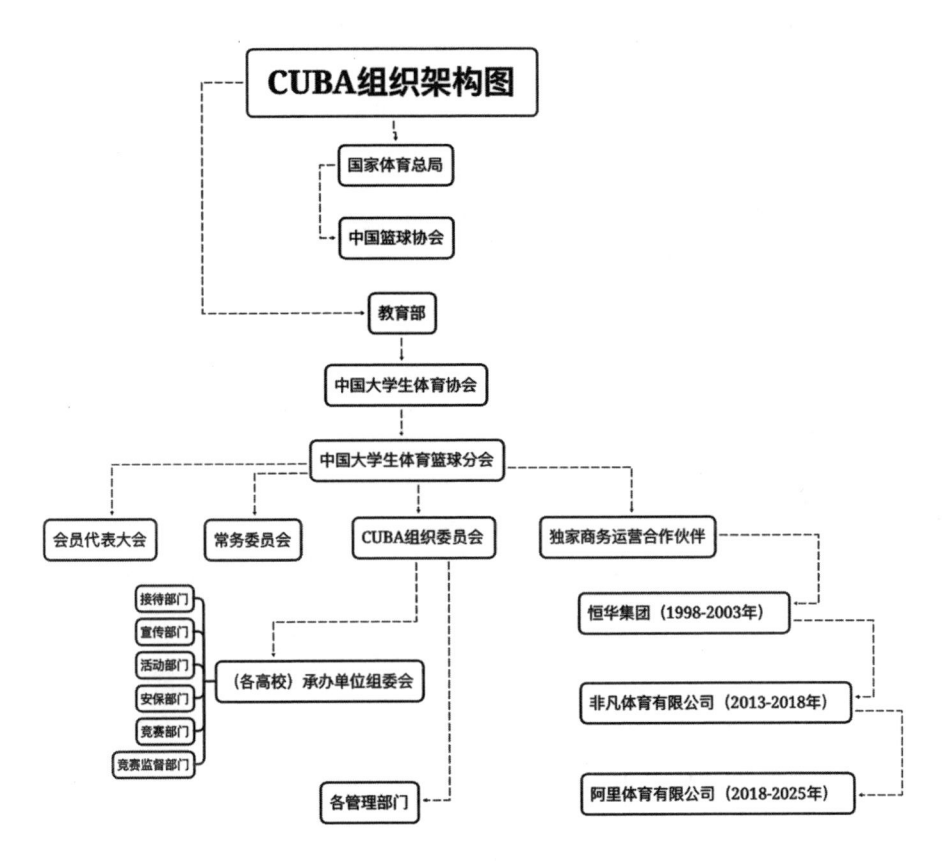

图1　中国大学生篮球（CUBA）一级联赛组织架构图

（二）CUBA 发展历程

新中国成立后，为了快速提升我国篮球运动水平，开始学习国外先进经验，于1979年颁布《全国体育运动竞赛制度》，确立篮球竞技运动成为国家重点项目。1987年，国家部分高等院校开始招生高水平运动员，推动了我国校园篮球运动的快速发展。1990年，中国大学生篮球联合会更名为中国大学生篮球协会，1994年才改为中国大学生体育协会篮球分会。1997年，篮球运动管理中心成立，大学生篮球协会归入中国篮球的协会成员之一。

CUBA从1998年开始举办，每年参赛队伍超过1600支，办赛超过4500场次，覆盖全国1000多所高校，成为全国性大学生校园篮球联赛中的TOP1赛事。CUBA成为中国首个面向高校与社会的校园专项赛事，也同时成为社会化和产业化运作较为成功的案例之一[①]。从国内篮球赛事影响力来看，CUBA仅次于中国篮球职业联赛（CBA），是中国大学生体育协会为高等学府学生专门搭建的篮球赛事竞赛平台。

CUBA在创立之初提出三步计划：第一步，用四届联赛确立赛制，建立组织机构并达成一定规模，提升社会影响力；第二步，在2008年前健全组织机制，完善赛制和规章制度，建立起篮球人才培养机制，输送优秀人才进入俱乐部。第三步，到2016年完成从小学、中学到大学的人才培养体系，实现社会化和产业化运作模式。CUBA集体育、教育、文化和公益性于一身，由教育部、中国大学生体育协会、国家体育总局和中国篮球协会领导，以"发展高校篮球，培养篮球人才"为宗旨，以"健康积极、公平公正、纯洁向上"的赛事为己任，致力于建立健全篮球人才培养体系为目标的系统工程。CUBA商务运营基本上经历了以下三个阶段：第一阶段，1996—2013年赛事运营归恒华集团管理，从筹划到第一次竞赛不断对参赛队伍、竞赛时间和选拔机制作出调整，形成了东南西北各区域由基层赛—分区赛—全国赛的运作模式；第二阶段，2013—2018年，非凡中国体育接过接力棒进行商务运营；第三阶段，阿里体育以10个亿拿到了2018—2025年独家商务运营资格，针对受众需求，积极拥抱数字化的媒体运营方式，阿里体育将内容传播方式、报道频次与呈现方式等进行重新布局。

（三）CUBA赛事安排

CUBA随着体育政策导向性作用，参加比赛的人数和队伍呈现逐年增加趋势，逐步覆盖了全国大部分高等学府。CUBA基层赛场地一般以学校为单位进行，各赛区办赛则由院校提前一年申办，经过CUBA组委会评议后选定[②]。CUBA分别设立男子组别和女子组别，赛程设有一级联赛、二级联赛和三级联赛，每年9~12月由各省、自治区、直辖市、特别行政区所在地各高校组队进行预赛，比赛具体时间、地点及比赛办法均由各省、自治区、直辖市、特别

[①] 张承毅，崔鑫. CUBA组织架构再造研究[J]. 沈阳体育学院学报，2015（6）：6.

[②] 靳瑞昆. CUBA组织传播现状及其困境分析[D]. 北京：北京体育大学，2019.

行政区的大学生体育协会、CUBA组委会分会领导下的CUBA预赛承办单位领导小组确定。CUBA全明星赛事于每年1～2月举办，东北赛区、东南赛区、西北赛区，西南赛区于3～4月进行排位赛。全国大赛包括附加赛、三十二强（男）、二十四强（女）和八强赛，比赛日程以CUBA组委会的比赛通知为准，于每年的5～6月举办，且男子和女子总决赛在6月份基本上全部结束。近两年，CUBA全国总决赛男女篮冠军由北京大学、清华大学和北京师范大学获得，也同时为CBA职业联赛注入新鲜血液，为中国大学生校园联赛开辟了一条CBA、WCBA职业化上升道路。

二、CUBA媒体平台表现

（一）自1998—2018年

自1998年办赛，CUBA传播渠道主要依赖于报纸、新闻、杂志等，传播渠道较为封闭，其传播手段较为单一（见表1），受众关注度低，宣传报道内容少，赛事过度依赖电视媒体，一般都以转播和直播的形式呈现重点场次，使得受众黏性不高，传播效果极其有限。随着CUBA与央视CCTV-5的深度合作，CUBA借助电视媒体转播，按照固定的时间、固定的运营模式来赢得受众关注。PC端和移动端媒体的传播在互联网时期与受众形成双向互动的传播机制，以微信、微博和抖音为代表的平台迅速崛起。由于受众高度依赖视听媒体平台，平台运作机制培育了粉丝群体的认知习惯，建立了稳定的认同感，以互动的方式重构了媒介环境和媒介集体。

在媒体转播方面，1998年第一届CUBA举办之时与CCTV-5签订了五年合约，当时央视转播达35场。彼时CUBA作为CCTV-5的重要栏目，为其设立CUBA专题在《体育新闻》频道上进行播报。同时，还有100多家媒体关注到CUBA全国校园赛事，对其进行了广泛报道。2003年，CUBA组委会与中央电视台签订协议，要求在第六届比赛中以直播和录播两种形式对其进行报道，标志着CUBA成为中央电视台CCTV-5频道的重要推广任务，扩大了主流媒体对CUBA的影响力。随后，CUBA新闻中心与腾讯网、新浪网、体坛周报、篮球先锋报等一些媒体和单位建立合作关系，提升联赛的影响力。

表1 CUBA赛事媒体传播示意表

传播渠道	主要传播平台	传播方式
电视媒介	中央电视台体育频道（CCTV-5）	单向传播
印刷媒介	CUBA组委会发布《CUBA快讯》	单向传播
互联网	恒华CUBA官方网站（2003年）PC端官方网站	双向传播（设有专题论坛和聊天室，可以互动、分享等）
手机	微博、微信、抖音等	双向传播（赛事话题参与、观点自由、可直播、可录制等）

中国大学生体育协会篮球分会官方网站新闻资讯中关于CUBA的报道是从第十五届（2013年）赛事开始的，代表了CUBA赛事传播的历史转折点。中国大学生体育协会篮球分会官方网站首页（见图2）所示，网站设置一级栏目为首页、新闻资讯、一级联赛、二级联赛、三级联赛和精彩图片，颜色青春靓丽，色调彰显着大学生积极向上、朝气蓬勃的状态。其设置二级栏目有五个，包括赛程新闻、CUBA精彩瞬间视频、排行榜、微博互动和赞助商。通过搜索CUBA相关新闻，累计信息1503条，包括新闻聚焦1136条、官方通告49条，CUBA报道310条，CUBA相关介绍8条。

图2 中国大学生体育协会篮球分会官方网站首页

其中，中国大学生体育协会篮球分会最早一则报道是在2013年的3月17日，标题为《中国大学生体育协会篮球分会召开研讨会，推出校园四级篮球联赛》。随后，紧跟着在3月21日发布了《中国学校篮球四级联赛方案研讨会在京举办》。CUBA相关文章在选题上表现出对总决赛、全明星、CBA和CUBA关联以及重点球星的关注，其报道频次低，基本半月一个热点话题。

2013—2018年期间，非凡中国体育与CUBA合作，传播方式主要是通过微博账号"校园篮球资讯"和微信公众号"集结社"进行传播（见表2），强调校园体育情怀，激发大学生的体育激情，为其注入了追求健康和娱乐的体育媒体形象。校园篮球资讯微博账号成立于2012年，共收获67.2万粉丝，基本内容是关于战报类（出线情况与明日赛程）、话题类、赛事直播、赛事集锦、照片合集、活动简述和名次预测等。2016年公众号"集结社"开始推广运营，其最主要功能是对赛事进行前期预告与后期宣传。当时，为了在日常工作中维持赛事热度，非凡中国体育会进行一些不定期的抽奖活动、篮球运动小知识普及和趣味新闻等。

表2　2013—2018年非凡中国体育CUBA运营主要方式

成立日期	平台	账号名称	简介
2013.10.9	微博	校园篮球资讯	青春校园篮球资讯
2016.4.11	微信公众号	集结社	以CUBA赛事为抓手，成为校园趣事集合地，内容上基本迎合在校生需求

基于数字媒体与社交软件的发展与影响，传播的目的与方式发生改变。根据《2021年中国移动媒体产业市场现状与发展趋势分析》[①]一文，我们可以看到移动媒体技术满足了不同人群的需求，媒体平台上主动分享新闻的占到78.5%，通过别人分享后对相关新闻进行关注的人占到83%。新兴媒体的多样

---

① 前瞻产业研究院.2021年中国移动媒体产业市场现状与发展趋势分析[EB/OL].（2021.05.16）.https://baijiahao.baidu.com/s?id=1699895067403323574&wfr=spider&for=pc.

化呈现方式更好地打开了互动交流的共享通道,将时空的距离拉近,使人们接收信息的方式、社交的方式、思维与行为等方面发生改变。

我们再来看CUBA官方微信公众号(见表3),此时其运营思路更接近于传统校园报纸。一方面,风格青春有活力、贴近大学生生活,符合年龄特征;另一方面,商业化和专业化程度很低,推送没有形成规律,吸引新粉丝的能力不够,也没有足够的品牌意识。

表3 2016—2018年微信"集结社"报道内容及效果
(选取2016.8.24—2018.4.2的资料)

微信	标题	时间	阅读量
集结社公众号	矿大成功晋级全国赛,师徒大战或再次上演	2018.4.2	2442
	据说点开这篇推送的人,开学立下的Flag不会倒!	2018.3.5	2475
	CUBA男神们的寒假,看看你家的"蛙"又去哪浪了	2018.1.26	3357
	诸神之战!清华16位学霸PK,这简历有点非人类了	2017.11.14	4889
	CUBA揭幕战球迷福利,你想要的东西都在这	2017.10.26	4833
	【炳读CUBA】西南赛区"新萌神":段子手、表情包,一言不合就秀肌肉	2017.3.22	5468
	【炳读CUBA】独家解析9支大运男篮晋级球队	2017.1.4	3716
	【炳读CUBA】参加揭幕战是怎样的一种体验?	2016.8.24	1361

虽然微信公众号文本会根据传播情况进行议题调节,尽可能与受众实现双方互动的联结,但一直没能形成稳定有效的传播模式,缺乏用户活性,内容较单一且深度不够,没有从年轻人的需求与媒体使用偏好的角度进行有针对性的投放。但值得肯定的是,CUBA官方微信公众号的传播活动,对之后的媒介体育传播研究具有历史性意义。

自2013年开始,微博平台的运营机制较为健全,CUBA微博账号的运营凸显出互联网意识,除常规的战报之外,会根据受众的需求增加内容,针对本赛季表现突出的运动员,会为其安排更衣室采访、编排花絮以及与粉丝互动等环节。非凡中国体育还为CUBA量身定做篮球嘉年华活动①，以全国巡回的方式与运动员、粉丝共同进行比赛宣传，致力于提高校园篮球运动的社会影响力，构建互联网空间下的CUBA传播集体意识。CUBA微博超话的设置有意向互联网粉丝文化靠拢（见图3）。微博超话比起推送更能够满足粉丝日常的需求，激发了用户自主表达的欲望，增强了平台运营的用户黏性，带动了CUBA社群生态。

图3　CUBA微博超话数据

CUBA微博借鉴粉丝文化社群方式，推动赛事影响力的多维升级，在以人物为中心的同时，注重趣味、时尚和视觉冲击力，为媒体融合带来了新的组织传播模式，塑造了数字化互联网空间下大学生篮球联赛的表达方式与体育精神内涵。

媒介不再是一个信息的接收点，也不是一个独立传播的渠道，而是以媒介化的过程重新构建新的媒介形态，以媒介渗透力逐步进入到人的生活实践中，受众群体与用户开始凭借自身使用习惯在各平台媒体上寻找自己的媒介生存空间。结合微信公众号和微博账号的情况看，两者当时传播效果一般，平台的运营方式没有完全摆脱一对多的无互动传统宣传模式，平台一直承担着更多功能，并没有对体育媒介事件进行内容的具体呈现，也没有系统化地对CUBA进行垂类划分，导致平台上内容过于分散随意，对用户反馈也没有形成重视，缺少了CUBA品牌运营的长期意识。相反，在传播过程中经常出现标题党的情况，对事实性把控力度不够严格，在内容和议题的选择上较为随意，没有过多

---

① 微博．校园篮球资讯[EB/OL]．（2015.03.31）．https://weibo.com/3815118129/Cb8bUFfnr#comment．

地去考虑用户和受众的留存。结合以上，虽然传统媒体的报道时期，没有将体育比赛与媒介逻辑紧密结合，但已经把体育精神外化，有意参与了文化产品的开发过程。

（二）自2018—2022年

体育赛事传播的媒介选取对赛事传播具有重要作用。在数字化智媒时代，移动端满足了赛事的直播需求，手机用户观看赛事更具便捷性，强化了受众互动方式，也更容易捕捉新时代用户需求达成传播反馈来直接带动用户参与其中，形成参与互动式的有效生活空间。CUBA逐渐在媒介事件、文化表演和传播结构中承担功能性角色，在赛事传播运作方式上符合当下审美与价值观念。阿里体育作为媒体平台为CUBA媒介传播提供了全景化的生产空间，以联动运营的模式将不同媒介渠道聚合于CUBA未来发展体系中，打破了原有模式的边界，让流量之间可以互相转化、互相融通，形成一种集赛事转播、日常互动、自主表达为一体的新型体育传播空间。

通过对早期中国大学生体育协会篮球分会官网的新闻推送进行梳理，不难发现，基本以主流媒体的CUBA报道为主，比如三大重量级中央媒体人民日报、新华社、中央电视台。在人民网键入"CUBA"，得到368条新闻。最早的文章是在2019年3月21日，分别为《碰撞出青春激扬的火花（体坛观澜）》和《清华大学卫冕CUBA总冠军》。在新华社网站键入"CUBA"可以得到100篇新闻，最早的一篇是在2019年11月24日的推文《第22届CUBA揭幕，张宁率北大击败首经贸》，最近的一篇是在2021年7月1日推文《当他们都出现在了CUBA的赛场上》，其中最明显的关键词有："CUBA""体育IP""总冠军""纪录""MVP""夺冠"等。阿里体育接手CUBA后将校园篮球作为一种品牌符号，进而通过全明星赛事独立IP化的方式，对CUBA选秀活动进行独立运作，对CUBA市场价值进行再探索，以新的赛事运作机制让CUBA赛事成功破圈。

1. 微信端

微信平台CUBA公众号是其传播主战场。微信在互动参与方面的开发晚于微博等其他平台，但其本身对于用户碎片时间利用率比较高。随着微信系统升级，CUBA公众号在前人基础上，增添了很多之前没有的板块，开始注重赛事传播的多元性和丰富性。如在消息页面分别设置"了解CUBA""玩转CUBA""推荐阅读"三个菜单栏，让用户更直接地了解到CUBA的动态。在CUBA的专区板块，设有赛事百科、赛事照片、赛事直播、解说员大赛、啦啦队大赛、投稿指南、赛事视频和球范说话题等。基于各种功能设置，用户跳转更加便捷，体验感更为流畅，网络生活气息变得浓厚，让受众不必等待固定时间推送，便可主动获取偏好资讯，使之成为一个用户自主创造内容的平台而不是公告板，其从长远来看有利于建立黏性较高的网络粉丝社群。

2018年9月CUBA官方微信公众号运营商变更，正式成为阿里体育有限公司独家运营的唯一官方大学生五人制篮球赛事。阿里体育在明星互动的过程中，为受众带来了投射指向，使其完成了媒体的自我选择。阿里体育借明星效应吸引潜在受众，基本上围绕热门话题与视频分类合集做宣传。微信端比赛议题受众接受度较高，文本数量达到199篇（见表4），其覆盖面较广。

表4 微信端议题数量统计[①]

平　　台	议题选择	文本数量
微信	人物议题	33篇
	比赛议题	199篇
	竞猜互动议题	15篇
	球员数据议题	21篇
	女性议题	1篇
	校园与生活议题	56篇
	全明星之夜和球员选秀议题	31篇
	商业推广活动议题	17篇

---

① 手动进行微信端议题数量统计，自2018年9月至2021年10月9日[Z].

2. 微博端

笔者以热度较高的话题归类议题的选择方式，通过总结相关报道主题后，发现被制作出的CUBA合集内容有着明确的调性，如"最受欢迎""最佳""最具影响力"等，以突出性的前缀词引导受众产生期待。在文本数量的统计中，可以非常清晰地看出#CUBA总决赛#的数量是135篇，较之其他的文本数量占有很大体量。

图4　CUBA大学生篮球联赛微博官方账号页面（截图于2022.06.04）

目前微博平台搜到的CUBA官方账号于2020年8月28日重新设立（见图4），现有粉丝27.7万，7日内新增粉丝1283人，昨日互动粉丝126人，大V粉丝157人且覆盖19个领域，分别设有热点栏目、微博主窗口、专辑、直播、文章、相册和超话。同时在简介中对CUBA传播渠道进行了介绍，分别为：CUBA公众号、CUBA官方抖音、CUBA优酷直播和支付宝CUBA我的主场。其传播手段、传播内容、传播议程等较为传统，没有太多的点睛之笔，议题设置与话题性表达可进一步丰富。

在网络空间中，个人可以根据自身经验与喜好参与官方网站的互动之中。微博移动端的议题对内容进行归类分发，常常围绕某一话题开展一系列内容制作，见议题选择与数量统计表（见表5）。

表5 微博端议题数量统计[①]

平台	议题	文本数量
微博	#这就是灌篮#	10
	#CBA新赛季会客室#	4
	#CUBA二级联赛#	9
	#CUBA总决赛#	135
	#我的CUBA全国大赛竞猜#	16
	#CUBA课堂#	20
	视频合集：CBA选秀	9
	视频合集：CUBA耀就现在	20
	视频合集：CUBA全明星	38
	视频合集：微博最具影响力CUBA球队	13

3. 抖音端

通过对抖音端的各议题进行统计（截至第24届CUBA开赛之前），发现从文本数量和播放量两个方面来看，第23届最受欢迎视频和第23届CUBA全明星是抖音官方运营较为成功的案例。受众对两期议题的期望值非常高且较为关注，播放量分别达到为6994.1万和1310万[②]。第23届CUBA球员档案议题相对于其他的议题来说，更具有传播潜力。虽然文本量不是很多，但是阅读量和关注

[①] 手动筛选第24届CUBA之前的微博议题并对其进行汇总梳理[Z].

[②] 内部数据[Z].

度基本与全明星报道持平。从22届微博总数据和复赛数据来看,第23届发布内容数目、阅读量以及粉丝增长都有较大提升(见表6)。

表6 抖音端议题数量统计[①]

平台	议题	文本数量	播放量(万)
抖音	CUBA更衣室	15	225
	22届赛季高燃时刻	9	370
	23届CUBA全明星	36	1310
	23届CUBA球队档案	7	367.9
	23届CUBA球员档案	17	300.3
	23届最受欢迎视频	30	6994.1

在抖音观看CUBA官方短视频、直播、球队动态、球星时刻和赛事专属活动,受众可以参与到各种产品的新玩法中,为CUBA社交媒体传播进行深度赋能。在抖音的议题设置中,有比赛数据战报、球员档案、明星球员校园生活、明星教练的心路历程、明星球员的心路历程、CUBA上升CBA的职业选择、最佳MVP、最佳三分王、最佳篮板王以及相关球星在综艺节目中的表现(《CUBA更衣室》)等。除赛事战况报道之外,偏重评比和娱乐。借助抖音端进行传播推广,时效性、视听一致性、媒介融合及技术场景匹配等,让交互体验更流畅,产品体验更优质。

4. 相关文本报道

从内外部环境看媒介的整体形态,阿里采取全媒体的模式进一步塑造媒介表现,在塑造受众的同时也塑造体育明星,同时对组织者意志进行全方位的市场化塑造。

以微信、微博和抖音为例的文本报道统计。微信平台,有效文本量414条,关于#球蓝说#和#话题团#的内容有38篇。除此之外,还有八种不同的议题,如人物议题、比赛议题、竞赛互动、球员数据、赛事集锦、女性主题、校

[①] 手动筛选第24届CUBA之前的抖音平台议题,手动统计并列出直观表格[Z]。

园与生活、全明星与球员选秀和商业推广活动。微博平台，粉丝量26.3万，转评赞134.9万，超话参与人数1.8万，视频累计播放达到2480.6万，主要依靠超话帖与短视频进行传播，从而形成话题互动，带入受众情绪，唤起共鸣。抖音平台，粉丝量104.7万，获赞数1223.1万，设置不同传播主题模块，将所传播内容和文本做成短视频，将视频汇总并设置合集，以定位球员日常+官方赛事的方式，培养受众观看心智，从而配合球员心智来锁定赛事直播和球员日常生活的宣传（见表7）。

表7 2018—2021年CUBA文本报道统计

主要平台	数据转化	年份	条数	备注
微信	粉丝量：不对外	2018—2021年	414	实际数量416，有效文本为414，有两条重复内容；#球蔻说#和#话题团#共38篇；统计出八种议题
微博	粉丝量：26.3万 转评赞：134.9万	2018—2021年	4379	超话帖：5717帖，1.8万 CUBAer 视频累计播放：2480.6万
抖音	粉丝量：104.7万 获赞：1223.1万	2018—2021年	999	共计999条，但发现没有置顶视频；在全部合集中设置了6个不同CUBA内容传播推广板块：4个23届CUBA相关，1个与第22届CUBA相关，优酷直播的《CUBA更衣室》

综上，在CUBA早期运营中，赛事只是通过优酷视频与CCTV-5传统模式进行直播，现在则以抖音直播间作为主战场进行赛事直播，极大吸引年轻群体的眼球，在提高关注度和影响力的同时改善了用户观看的灵活性与便捷性。阿里体育对CUBA线上与线下传播进行深度赋能，号召全国50多所高校CUBA队伍开设自己的抖音账号，聚焦校园篮球文化，增强球员互动的机会，以直播的方式进行跨界连麦、球迷互动以及专属话题活动等，借以有趣且互动性强的传播模式来培养潜在用户。

从文本报道的数量来看，微博和抖音的数量较微信更胜一筹。微信端的议题设置上仅有女性文本1篇（《他们说：男女有别！我们说：决胜之心，无分你我，今天一起为女篮队员打call》），多以男子篮球赛事作为文本进行传播，对女性议题的关注度不够，放大了受众对男子篮球的观看偏好，忽视了女子篮球存在的重要意义。此外，整体CUBA报道内容多关注于赛事数据、品牌推广和球员形象的打造，注重体育事件的时效性传播，较少对球员伤病做追踪报道。CUBA立足于校园，如果能够通过避免运动伤病的话题来引导大众参与体育运动，丰富传播内容的类型，推动CUBA新生态的建设。

三、商业化运营

（一）商业化早期

我国在1998年组建CUBA代表团赴美考察美国NCAA的市场推广和产业开发情况，为CUBA在我国顺利落地奠定了基础。NCAA创立于1939年，是美国大学生体育协会的简称，比美国职业篮球联赛NBA受到更多的关注。2006年电影《光荣之路》上映，传递了美国大学生篮球文化内涵与意义，通过拼搏和团结的精神去感染观众，票房收入超过成本的6倍。NCAA为了将联赛打造成刺激且具有悬念的舞台，在2011年揭幕战邀请美国总统奥巴马为比赛加油，邀请迈克尔·乔丹赶赴母校北卡罗来纳为母校加油助威，并通过"疯狂三月"这个平台来提升关注度和曝光度。互联网+时代强调内容，突出了体验感，以宣传影响力来强化信息表达，增强了受众的黏性和附着力。NCAA"疯狂三月"的影响力不仅提升了收视度，也带来了品牌赞助商的青睐。

在NCAA的球队中，Nike赞助40支球队并免费为其发放球鞋装备，提升赛事影响力的同时扩大品牌效应。2016年安德玛用2.8亿美元赞助加拿大洛杉矶分校，并签署15年的赞助合同，成为NCAA历史之最。商业化实践进程中，NCAA除了每年政府和学校拨款53亿美元，其门票收入、电视转播和校友捐赠金额达到60亿美元，高额的收入帮助更多的大学生以奖学金和资助的方式来参与到校园体育运动中来。恒华体育公司在赛事运作、包装、开发等方面，不断学习国外先进模式为CUBA活动推广、广告策划、媒体传播和赛事执行等全方位注入活力，形成我国大学生篮球联赛的特有发展模式。CUBA商业化也开始汲取经验，从品牌赞助、文化LOGO、转播、票务等多方面展开。伴随知名度的扩大，CUBA从品牌标识上开发自己的LOGO（见图5）。

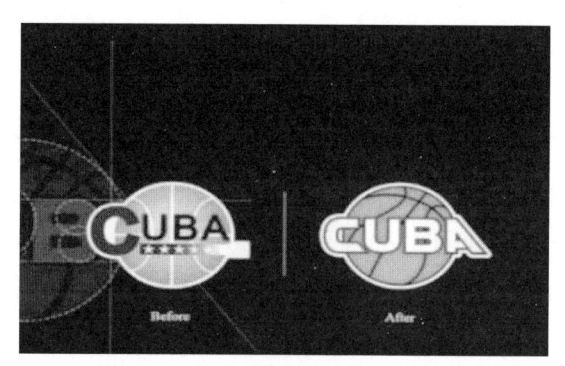

图5　CUBA品牌标识LOGO的变化

　　随着CUBA发展，赛事组织方不断修订并完善自身的发展体系、优化竞赛管理体制、规范商业发展赛道以接轨市场化并打通社会化的关系。CUBA赛事起初创造校园联赛主题曲《CUBA之歌》，建立形式多样的校园体育文化活动，包括CUBA啦啦操大赛、CUBA文艺汇演、CUBA时装展示、CUBA形象大使比赛和CUBA知识竞赛等。此外，CUBA与国内各高校保持着密切联系，在全国各院校设立了CUBA联络员，以更好地致力于CUBA赛事推广。

　　在商业赞助方面，CUBA认为赞助商的选择直接影响到自身品牌形象，只有高度契合的品牌才能够实现相得益彰的效果。1998年在人民大会堂澳门厅举行了CUBA赞助仪式，宣布由摩托罗拉赞助首届男女篮半决赛。2000年，万事达卡与摩托罗拉一同赞助第三届CUBA。此后，CUBA品牌效应被李宁公司看到，吸引了李宁公司的加盟。李宁公司的加入在赛事资金、赛事装备等多方面提供了支持，推动着CUBA校园联赛迈进发展新阶段。在CUBA创立前几年，国内外知名赞助商摩托罗拉、万事达卡、李宁、安踏、一汽大众、FILA、中国电信、红牛等纷纷涌入。2002年9月，安踏集团与CUBA在上海第七届体育用品博览会上进行签约仪式。2003年9月，第五届CUBA男八强赛事和女篮四强赛与安踏集团在北京凯莱大酒店召开新闻发布会，为安踏带去品牌影响力的同时也为CUBA迎来了短期的赞助支持。2008年，安踏与CUBA组委会签订了赞助合同，成为CUBA指定装备供应商和战略性合作伙伴。2009年，斯伯丁中国公司全面赞助CUBA比赛用球。

1998—2013年，恒华体育公司以每年约2000万投入CUBA的运营管理。2013—2018年，非凡中国体育公司以五年2个亿投入CUBA运营。2018年7月，阿里体育以七年10个亿竞标价格拿到CUBA独家商务运营权，为CUBA未来的商业潜力埋下伏笔。阿里体育接管后的首批CUBA合作官方伙伴：官方战略合作伙伴准者、官方合作伙伴乐动力·乐活优选、官方赞助商喜临门及官方供应商斯伯丁，为CUBA拓展了商业机会，形成了较为稳定的商业化链条。值得一提的是，2019年以前CUBA装备供应商全都由李宁和安踏两大国内运动品牌来提供。直到2019年3月，CUBA与仅成立五年的准者体育以千万元的级别完成签约，成为CUBA官方唯一指定装备供应商，并且享有优先续约权力。除此之外，赞助商准者一年两轮融资，收获了资本市场的青睐。

（二）黑马突围：**精准营销带动跨界联动**

当大多数人都在质疑CUBA在中国的成长空间之时，阿里体育联手中国大学生体育协会从赛制、商业、文化等方面进行了大刀阔斧的改革。2018年后，高校赛事IP成为十分重要的传播利器，实现了全国校园渠道的精准营销。其中，参赛自治区共包括32个，全国参赛重点高校有900多个，参赛球队有1600支，为CUBA赛事观赏性、影响力和粉丝群体数量增长带来非凡的效果。2019—2020年赛季，总共参赛队伍1100支，经历4000多场比赛，优酷直播达到121场。按照比赛安排，每年在10月到次年6月进行主流媒体平台的内容分发，7月到9月主要通过综艺破圈+跨界联动的方式去扩充和累积用户，为CUBA赛事增加文化属性附加值[①]。

CUBA赛季不断升级吸引了诸多合作伙伴，开始打造新颖的玩法，不断革新CUBA生态圈，扩大赛事规模，从赛事集中模式走向商业化模式，联动线上线下赛事，引领CUBA迈向新征程。阿里体育深知品牌的重要性，将商业战略

---

① 内部数据[Z].

聚焦品牌宣传。CUBA不断积累良好的口碑，以赛事IP化引领大众对于健康生活方式的追求，通过互联网平台打响高校的知名度，带动CUBA从赛制改革、媒体传播、文化建设、视觉输出、国际交流等方面的变革。随后，CUBA品牌效应和影响力不断外溢，合作伙伴增多，联赛价值提升的速度也随之加快。此外，国内的球员注册人数持续增长，增长率高达30%。CUBA作为CBA联赛最主要的后备力量输送渠道，球员交易日趋活跃，《标准合同》签署率达到96.42%[1]。在标准合同中，明确了球员和球队之间的权责关系，让CBA联盟管理更加规范化。随着CBA工资帽的初步推行，使CBA球员流动规模与薪资透明度有了突破。

在国内CBA职业联赛注册方面，根据2017—2018赛季至2021—2022赛季的国内球员注册人数统计（见图6）。按照规定，国内球员工资总额的基准值是3200万元，上下浮动值为1200万元，每队国内球员工资加起来不得超过4400万元，但也不得低于2000万元[2]。工资帽的设定让国内球员的租借和交易次数增加，加速了人员的流动性，也让CBA联盟在长效机制下平稳运转，对于其发展产生着深远的意义。

图6　2021—2022赛季CBA联赛国内球员基础信息白皮书截图[3]

[1]　内部数据[Z].

[2]　齐鲁壹点. 工资帽让球员注册变博弈场CBA商业化运作还有多远的路要走[EB/OL].（2020.09.19）. https://baijiahao.baidu.com/s? id=16782702042539721 81&wfr=spider&for=pc.

[3]　人民网. 2021—2022赛季CBA联赛国内球员白皮书发布[EB/OL].（2022.02.22）. https://baijiahao.baidu.com/s? id=1725448314052262877&wfr=spider&for=pc.

2021—2022赛季，有391名国内注册球员，其中43名由CUBA直接输送，输送球员效力平均年限为3.1个赛季（见图7）。

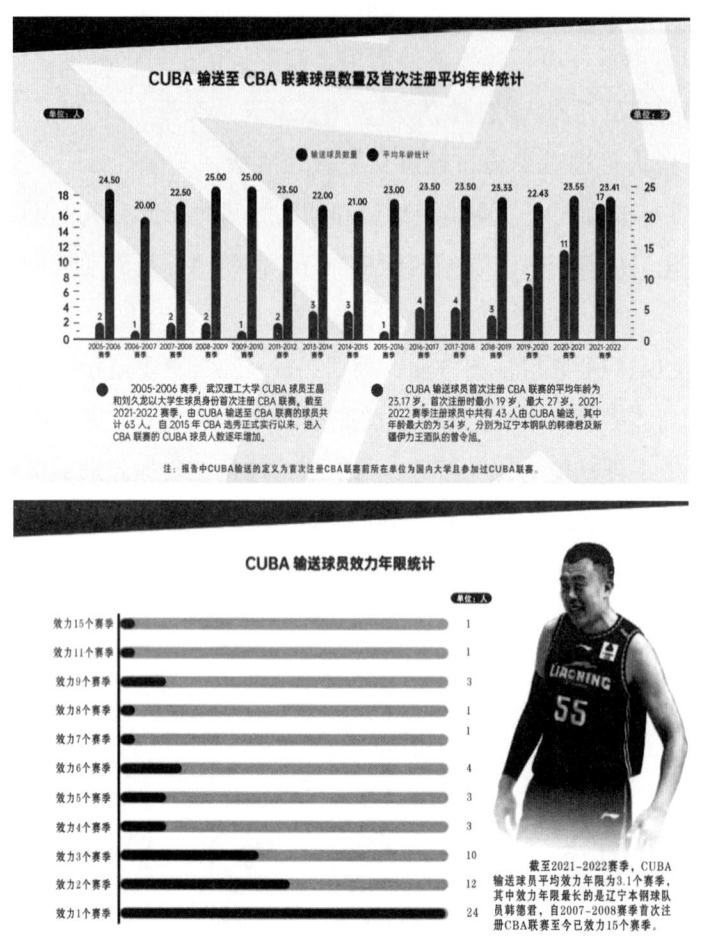

图7　CUBA输送CBA球员首次注册平均年龄统计①

韩德君已在CBA效力15个赛季，辽宁队的韩德君也成为CUBA输送成功的典范，成为由校园联赛进入职业联赛效力最久的球员。从以上数据可以看出，CUBA在搭建CBA职业化的道路上起到了非常重要的作用，球员向职业赛道的迈入代表着CUBA商业化的价值。

---

① 腾讯网. CBA本季注册球员中有43人由CUBA输送 其中首次注册时最小19岁[EB/OL].（2022.02.22）. https://new.qq.com/omn/20220222/20220222A0787D00.html.

（三）营销变革

阿里体育不断以多元化营销手段拓宽CUBA边界，利用数字化运营的策略提升赛事体验。复赛后，首次实现了照片拍摄覆盖全部一级联赛（见图8），女篮比赛56场，男篮比赛151场，共产生照片31739张，云相册达到300万次浏览量，为赛事实录和赛后记录提供了充足支持，强化了赛事体验和仪式感。从自媒体运营和内容产出看，阿里体育的主要目标是对焦用户，为受众带来高效便捷的观赛体验、实现高清画面的传输，以此来沉淀赛事品牌资产，联动自媒体平台建立长期合作机制，再配合微博、抖音、快手、直播吧等平台打通宣传渠道来提升内容分发率。

图8　第22届CUBA赛事官方云相册照片

四、受众生态建设

体育表演业常以线下场馆观赛的模式来聚集现场受众，提升赛事的辐射能力，带动周边城镇化的发展。现场受众的观赛目标在于寻找视听感官上的比赛体验，其一，为朋友和自己喜欢的球员加油；其二，组成粉丝团伴随球队到达每一站赛事城市为其助威。CUBA的参赛群体与受众群体多源于高等院校，其认知水平、文化层次等较高，有利于推动CUBA媒介推广。在阿里体育运营之前，办赛地点集中于各大高校校内体育馆，在体育馆内部会设有记录台、记分大屏幕、执裁区、观众区、运动员休息区等。现场受众多为本学校学生和老师，传播效果取决于校内赛事运营和参赛运动员的影响力。

随着数字化技术变革与移动媒介传播速率的加快，受众被分为现场受众与新媒体受众，体育赛事作为输出产品呈现出新样态。受众与媒介形态之间的关系变得更加紧密，社交功能属性逐步强化，时空概念被消除，人的中枢感觉系统的得以延伸，新的媒介形态融入了受众经济活动。

（一）媒介形态介入受众生活

受众对技术的需求强烈，借以获得较好的体验感和满足感。受众对于新技术的敏感度逐步提升，加快了新技术的出现与新领域的尝试，使得技术研发和技术应用变得迫切。

根据2021年中国移动网11.67亿人每天平均上网时长6.6小时（见图9），CUBA赛事的移动社交生态隐藏着巨大的机遇。

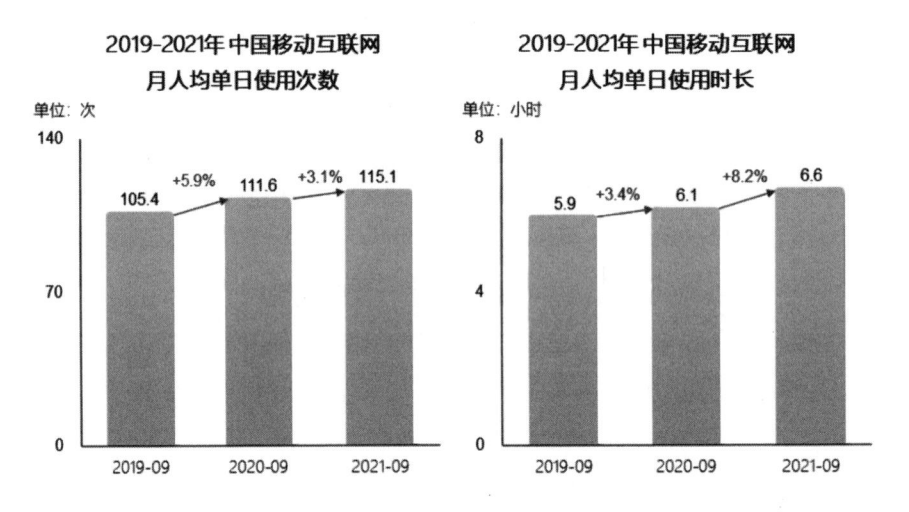

图9　2021年中国移动互联网用户网络使用时长[①]

自从2021年23届CUBA复赛以来，通过#符号来发起的活动主题获得超过7个亿阅读量并且在总决赛当天一度冲上微博的热搜（见图10），CUBA全微博的总话题量超过20亿。

---

① 中国网. 2021Q3中国移动互联网11.67亿人每天6.6小时[EB/OL].（2021.11.02）. https://baijiahao.baidu.com/s? id=1715292616935575782&wfr=spider&for=pc.

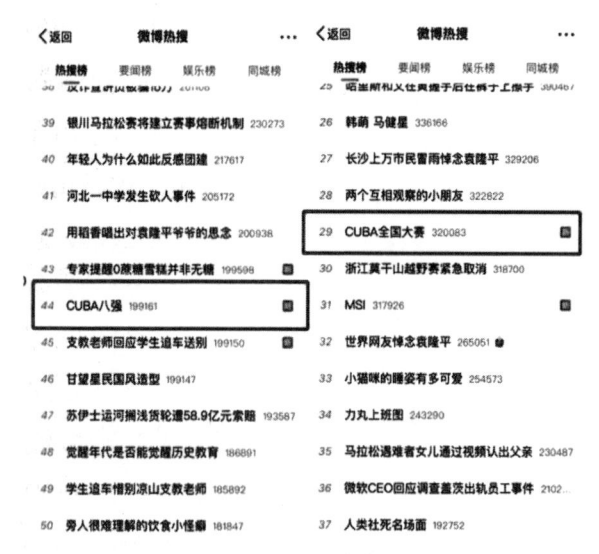

图10　CUBA话题冲上微博热搜排行榜

　　2018年至今，CUBA携手阿里体育已经走过四个年头，CUBA凭借篮球能量打破空间限制，跨越山南海北的地理阻隔，将天南海北的年轻人汇聚起来一个空间之中释放青春活力。经历了疫情洗礼后，阿里体育试图借以独特的数字化业态将体育赛事整合，使之向智能化和数字化方向转型。同时，为了更好地提升播出效果，CUBA小程序一站式资讯平台（见图11），串联线上线下进行交互体验。

图11　第23届CUBA支付宝小程序赛前、赛中、赛后内容

在赛前、赛中和赛后为受众与用户搭建窗口，让受众了解更多赛事内容、购买线下门票、参与活动抽奖、手机直播回放、热点话题讨论、营销活动权益兑换等，形成与用户之间的有效沟通机制。在小程序CUBA"我的主场"页面设立线上营销活动（见图12），通过人气球员投票、最佳活力主场投票、全明星球员票选、全明星1v1、全民竞猜月等结合赛事进程拉新用户，提高了用户活跃度。此外，还包括建立身份认同、获得自我效能感、扩充社会联系等复杂的社会诉求。

图12 第23届CUBA线上营销活动页面

（二）媒介形态延伸社交行为

根据《关于深化体教融合促进青少年健康发展的意见》文件[①]，阿里体育逐步开展面向广大群众的线上体育赛事活动，培养日常的锻炼习惯，满足线上球迷的进阶需求，CUBA官方线上互动App乐动力搭建升级版的球迷阵地（见图13）。借助乐动力App在AI运动领域的优势，阿里体育也与中国大学生体

---

① 新华社．国家体育总局、教育部联合印发《关于深化体教融合 促进青少年健康发展的意见》[EB/OL]．（2020.09.21）．http://www.gov.cn/xinwen/2020—09/21/content_5545376.htm.

育协会联合举办了线上中国大学生健康校园大赛暨AI体能赛，以其计步、AI运动、健身指导等功能，驱动球迷从观看者向参与者转变。乐动力App平台以周、月、学期为周期，每周发布一项动作，完成比赛形成周、月排名，成绩优异者可获得奖励和体育奖学金。

图13　阿里体育官方乐动力App页面截图

目前已经累计报名人数超8万，覆盖150所高校，参与人次达到20万。基于乐动力App人工智能算法，阿里体育AI体能赛作为疫情常态化下的健身新方式，以AI运动新玩法实现线上突围，通过培养日常运动习惯，建立用户健康的心智，助力全民体育健康发展，进一步探寻健康运动场景下的应用突破。

体育赛事传播的用户参与效果取决于传播信息所能带来的价值并从此促成受众参与动机，激发校园体育的内在能量。回望第23届CUBA，从武汉的揭幕战到重庆的全明星再到苏州的总决赛，面临疫情防控常态化和办赛方面的层层阻碍，CUBA赛事交出了一份赛季总观赛人次达1.77亿，全年吸引超过35万球迷到现场观赛的出色成绩单。在受众观赛体验方面，阿里体育与中国大学生体育协会一同提升了承办学校的标准：第一，直播网络与学校需要提前沟通确保百兆光纤；第二，必须提高球场灯光标准等级，调动校内媒体资源使输出内容要具有多样化形态；第三，在客场学校设立大屏幕作为第二现场使用。就疫情带来的影响来看，过去两年CUBA线下观看人数虽有减少，但赛事运营等多项指标仍然保持强劲增长，单场播放量和全赛季直播总观看人数屡创新高。

五、文化生态建设

校园体育不同于社会体育，两者的发展目标与规划不同，依托的文化背景不同，价值理念与社会实践的方式也有所不同。通过对参赛球队进行随队参与式观察后，发现球队内部的文化传播具有积极作用。内部的集体认同感引发了受众对于球队的认同感，加深了球迷对于赛事的好感，提升了赛事的商业价值，在获取经济效益的同时，与受众和用户之间形成良性互动的关系。

（一）CUBA 运动员主动构建个人 IP

媒介环境改变时，受众的传播行为也发生了改变。渠道形式改变的同时，新型传播方式随之诞生，进一步形成了媒体融合的新模式。由于人人都有机会参与到传播实践，传播主体也发生变化，传受双方的关系继而发生历史性变革，媒介原本的定义随之发生转变。UGC（用户原创内容）、PGC（专业内容生产者）和OGC（专业生产者，并获得报酬）各自施展十八般武艺为其宣传赋能，也为其自身加冕。值得一提的是CUBA的个人标签化与商业化价值的开发使用，如CUBA北大男篮的张宁、王少杰、祝铭震、赵柏清、郭凯、万圣伟等人在《这就是灌篮》热捧之下拥有了进入CBA职业联赛的机会；前北京大学男篮队长张宁在CBA选秀时并不被看好，职业队认为校队训练比赛强度较低，整体打法风格上也难以适应联赛要求，但在2020年选秀大会上，他身披8号队服进入CBA篮球职业联赛中的山西队，以自己刻苦训练的成功来验证了自己的职业联赛价值。在2021年新赛季中，张宁场均11.2分、4.7个篮板、1.9次助攻，成为帮助山西队重返季后赛的功臣，也让更多人看到了CUBA联赛对人才培养的重视与校园篮球的实力。

（二）CUBA 球队文化

随着我国高校体制的改革进程，各高校改革方案中似乎都注意到CUBA赛事的巨大潜力。首届男子女子代表队共617支队伍，发展至今已经超过1200支，基层赛分为四个区域：东南、西南、东北、西北。以下为第23届CUBA球队排名（见图14、图15），可以更直观地看到参与到全国赛中的队伍。

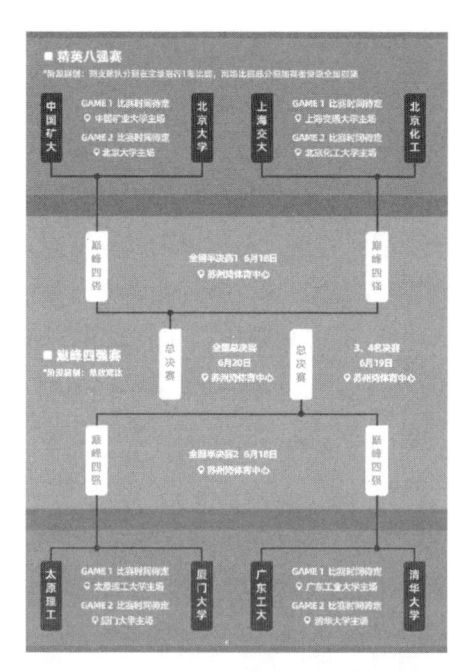

图14　CUBA男子一级联赛球队全国赛队伍

图15　CUBA女子一级联赛球队全国赛队伍

CUBA带动了校园体育运动的发展，推动了校队的建设，提高了学校竞技体育的水平。近三年男女篮CUBA冠亚季军基本为北京大学、清华大学、北京师范大学三支球队，常为媒体判断某球队是否能卫冕冠军提供素材。由于CUBA各参赛球队来自不同高校，各有自身的传承和历史并建立起自己的特有文化，所以他们在队伍的战术打法、身体素质、比赛意识、参赛理念等方面展现出明显的差异，这也彰显了一个球队的文化底蕴。除此之外，教练员的风格直接影响到队员的能力提升，比赛节奏、人员流转、队员的参赛态度等多个环节，对每阶段比赛的胜负都至关重要。当然，CUBA中各参赛队伍也具有同质性，因为参赛队伍必须服从赛事主办方与承办方的意志，服从品牌方的穿着要求，服从裁判员的判罚，服从教练员的指挥等，在赛场内的整体流程趋于一致。

CUBA各参赛球队的建立助推CUBA赛事又好又快发展，在较短的时间内覆盖全国多个省份，影响力不断升级。各高校响应国家体育总局、中国篮协、中国大学生体育协会的政策，整合校园内外部资源，不断地招商引资巩固自身办赛软硬件条件，积极组建一支作风硬朗、能打胜仗的队伍。当然，每一位运动员身处于球队之中，也希望借以自身最大的能力在CUBA的舞台上实现自己的价值。在这个过程中，团结协作是体现整个球队文化的核心要素。

（三）CUBA 篮球文化

CUBA篮球文化是以大学生篮球比赛为呈现形式，伴随CUBA比赛产生的物质与精神财富的总和。CUBA联赛目标是"发展高校篮球，培养篮球人才"，赛事的设立是为了让篮球更好地扎根于校园，让高校学生领悟竞技体育的魅力和体育精神。随着赛事传播与现场展演，CUBA作为媒介体育事件在传播的概念下被放大，成为一种媒介仪式，通过现场表演、比赛、形象塑造以及互动游戏等环节，使观众产生更直接的感官冲击和获得感，更能够在媒介体育事件中有情绪表达，产生共情。CUBA现场的竞赛表演和仪式呈现，可与高大建筑看作是同一种表达形式，其为了塑造自身优越性，将景、声、画面、技术支持等与"沉默的螺旋"进行杂糅，最终让诉求和沟通变得圆满和谐，让受众产生良好印象与强烈认同。大学生校园体育篮球文化涵盖了教育的成分，体现了精神层面的人生哲学，不仅鼓舞高校学子要勇敢争先，也要学会与他人合作，培养团队精神。CUBA以其阳光向上的品牌形象和20多年的历史文化底蕴作为优势，附之以抖音、微博、微信等媒体联动，建立起各高校大学生CUBA认同感。此外，CUBA校园影响力逐渐扩大，在高校产生了广泛、深入、持久的影响，树立起积极、健康、向上的品牌形象，并以文化衫、纪念品、征文活动、摄影比赛等方式来宣传赛事，促进了校园篮球文化与校园底蕴的交融，进一步深耕文化传承（见图16）。

图16　CUBA清华（图右）和北大（图左）文化纪念衫

阿里时代在CUBA文化建设中倾力打造联赛价值观念。在退役仪式时，为球员在自己母校举办退役仪式，以动情的话语和祝福，让场内外观众一同感受到校园体育的独特魅力。曾在比赛中邀请"南征北战"组合成为"阿里体育CUBA加油官"，专门为其创作主题曲《耀就现在》，借以音乐作品来展现大学生"耀赢、耀拼、耀强"的奋斗主张，展现青年一代积极向上的正能量风貌，强化了体娱结合的属性。

为了更好地了解CUBA管理层对于文化建设的观点，笔者对中国大学生体育协会、北京市中国大学生体育协会、北京市篮球运动协会和CUBA组委会竞赛委员会相关领导进行访谈，管理层表示希望社会机构拿到独家运营权之后，借助热门传播方式与年轻人喜欢的方式结合在一起，拓展个人对运动项目的兴趣，契合学校体育德智体美劳综合育人的初心，利用好高校CUBA平台，为人才培养体系建立保障机制，尽可能满足大学生球员的诉求。除此之外，还需建立强大的校友群体，让CUBA视角聚焦于校园，使其成为每个人的独家记忆，将CUBA的校园体育文化传承下去。CUBA初衷是想发展高校篮球，为国家培养篮球人才，以篮球这项运动来育人，让更多的人学会享受篮球，享受体育，享受健康。通过梳理阿里体育赛事传播路径、商业化建设、受众互动、文化建设，发现CUBA的赛事传播方式是为了服务于传播效果与社会影响力，拓展赛事服务资源，同时为大众创造赛事仪式感，实现CUBA文化生态的同频共振。

第三章 中国校园篮球联赛 CUBA媒介推广实现优势分析

一、CUBA媒介推广创建良好外部环境

现代化社会进程中，媒体在社会公共文化生活中起关键作用，体育成为文化领域的重要组成部分之一，依托于媒介传播逻辑的形成对社会与文化生活进行解码。CUBA现场与场外的媒体传播，实质上都是一种媒介体验。由于技术的转变和平台的展演，商品化和具有神化色彩的景观都逐渐符合体育媒介推广的特性，呈现出当下媒介的传播逻辑。媒介感官体验在媒介与现实的"内爆"中得到上升，体育媒介进而重构媒介体育新生态。

由于媒介技术与大众文化生产消费紧密关联，新媒体技术融合发展下的商业化有其必然性。CUBA运动员通过个人社交平台强化自身差异性与独特性，借助短视频与直播技术手段强化了自媒体内容制作的亲民特质，让受众产生由衷崇拜从而创设媒介事件让受众参与其中，以日常生活互动实践建立共鸣、以各种综艺节目、选秀大会以及平面时尚写真的方式无缝连接起自己的球场形象与生活样态，让自身形象塑造不止于篮球又高于篮球，深化CUBA符号互动。此外，随着体育赛事与媒介融合的趋势，为媒介传播带去较好的外部生态环境，为校园体育赛事提供了新的思路，带动更多人去学习和借鉴。

二、CUBA媒介推广坚持移动优先战略

2020年9月21日，国务院办公厅印发《关于以新业态新模式引领新型消费加快发展的意见》，其中提到"大力发展智能体育，创新无接触式消费模式，

推动线上线下消费有机融合,引导实体企业开发数字化产品和服务"[1]。阿里体育在数字化方面拥有得天独厚的优势,希望借以数字化的方式将全国大学生转化为粉丝。

互联网平台为在场受众及场外受众建起格尔茨所说的"共时性"[2]的沟通桥梁,使其内容在信息扩散与感官触碰之中共时融通,在双向交流与情感的流动中不断缩短人与人、人与物的距离。赛事传播媒体通过对新闻进行采集、围绕CUBA进行文字、声音、图片和视频等多种样态的连接,进行了全方位的深入报道,强化了体育事件的曝光效果。受众通过网络传播形成对CUBA的认知过程,以品牌影响力逐步深化赛事对受众的影响力,从而使受众从最初接触转向接受,最终在态度上产生根本性变化。移动端传播具有的交互性、多元性和开放性等,带动CUBA社交圈概念的形成。在媒体融合的大环境下,阿里体育坚持移动优先的赛事传播发展战略,为CUBA媒介推广提供了较大支持。

三、CUBA媒介推广具有平台优势

媒介研究重点是媒介传播内容的表现形式,传受双方对于同一传播形式达成共享[3]。网络体育传播空间中的媒介逻辑决定了内容形式与传播要素间的关系,本研究从不同媒体平台的传播路径、传播内容、传播方式等介入媒介研究的视野,审视当下CUBA推广路径和媒介形式的必然性,从而去触及其深层表达具有重要意义。

体育赛事的繁荣发展与媒介报道密不可分,两者相辅相成,形成良好互动关系。体育赛事为媒介带来信息内容和粉丝群体,媒介反过来提升了体育赛事的影响力和曝光度。CUBA在不同时期的赛事运营借助不同平台进行媒体推广,在阿里体育接手CUBA之后,CUBA媒介传播优势逐步凸显出来。比如,2019—2020年(第22届)是阿里进行CUBA运营的第二个赛季,本着对主客场

---

[1] 新华社. 国务院办公厅印发《关于以新业态新模式引领新型消费加快发展的意见》[EB/OL].(2020.09.21). http://www.gov.cn/xinwen/2020—09/21/content_5545432.htm.

[2] 王晶. "去时间化":媒介时代的共享观念[J]. 东南传播,2011(6):47—49.

[3] 王琛元. 欧洲传播研究的"媒介化"转向:概念、路径与启示[J]. 新闻与传播研究,2018,25(5):5—26+126.

继续深化，强化全明星赛事独立IP化的运营方式，但却受到疫情的冲击，使得赛事停滞8个月，于2020年7月28日才成功复赛。此后，CUBA对线上线下传播模式进行整合，再一次突破赛事观赏性与市场价值，复赛期间被球迷和媒体称之为"疯狂八月"。在赛季面临停赛的过程中，赛事组织者对赛事举办地进行调整，转变赛事运作方式，对直播转播平台进行重新设计，以"空场"比赛顺利完成阶段性任务，以商业化运作方式扩大受众覆盖面，以互动新模式强化线上玩法等，使之成为具有代表性的中国校园体育事件。

四、CUBA媒介推广为赛事品牌赋能

CUBA不仅是传播载体，也是商业推手。2010年《销售与市场》杂志社联合中国经济商务协会和中国品牌价值研究中心发布的中国体育品牌商业价值百强名单中，CUBA校园赛事成为唯一进入榜单的品牌[1]。CUBA作为校园IP赛事，为校园体育的长远发展赋予了不同意义。CUBA为了实现自主校园IP，开展校园解说大赛。在第23届解说大赛中选拔优秀的校园解说，深入校园渠道，吸引更多品牌的注意力，沉淀CUBA文化活动，参与者高达80万人。除了解说环节，还进行节目自制和赛事周边内容拓展，如《CUBA更衣室》《CUBA自习室》和校园解说纪录片，以内容的方式撬动商业行为。CUBA联动阿里体系内的资源，通过综艺《这就是灌篮》塑造全民运动偶像和校园明星，引发微博、抖音等社交平台的热议，带动CUBA成为一种社交货币。为了玩转不一样的CUBA，引入真人秀的模式，通过挑战的机制，全方位跟踪，穿插展现周边精彩看点。每逢CUBA全明星、全国大赛和总决赛等重点场次，CUBA的热搜指数则不断飙升。基于参赛主体和运动员主体敢于发表自己的言论，其比一般社会赛事传播效果更好。球员和赞助商之间还会通过微博转发、球员采访、退役仪式颁奖等来强化两者的关联度，增近两者互动关系也为媒体传播提供内容素材。此外，球员场上用品的使用、赛场包装、赛中活动和球员互动等，为品牌商注入了文化理念，带去非同寻常的潜在影响力。

---

[1] 青海省体育局. 中国体育品牌商业价值百强榜单发布[EB/OL].（2010.11.26）. https://www.sport.gov.cn/n14471/n14500/n14538/c681694/content.html.

第四章　中国校园篮球联赛 CUBA的媒介推广特征分析

媒介推广是整合现阶段传播手段，向受众传递CUBA信息的有效方式，从而提升媒介与CUBA的认知关联度、满意度、联想度等，扩大CUBA品牌的影响力，提升CUBA作为体育赛事品牌的价值。早期，CUBA媒介推广程度较低，在赛事传播过程中的影响力不足。中期，CUBA借助商业的力量，逐步进入大众视野，成为广为人知的品牌赛事。后期，阿里体育以7年10个亿的资金为CUBA注入动能，依托于阿里独有的数字化商业平台，为CUBA带去了非凡的传播效果。本研究按照历时性的视角对赛事推广、媒介平台选择、议题设计等展开分析，以此来对CUBA媒介特征进行总结，也同时体现了CUBA媒介推广的重要性。结合具体实践进一步分析，以下为CUBA媒介推广现阶段具有的四个特征。

一、传播高效性

CUBA是在特定的时间空间内完成的活动，有特定的目标和表现形式，并随着技术融合的进程深化到社会生活日常分享之中。随着媒介的更迭与发展，媒介成为影响体育的重要方式，CUBA成为体育媒介的复合体，展现出更为多元化的杂糅关系。媒介变革对CUBA的影响使阿里传播在路径选择上产生了明显变化，从单一媒介向媒介融合发展，赋予未来传播更多可能。当下新媒体形式拓宽了传播路径，使CUBA的传播模式以多种媒介形式在高效率、广覆盖、高普及度的数字化媒体社会空间的传播下形成自身特有的媒介传播路径。

二、互动社会化

媒介传播过程为受众营造了共同体，维持着社会秩序的稳定，促进了公共领域的沟通交流，形成一种仪式性的文化传播循环机制。媒介营造事件的连贯性，确保了受众的期待和跟随性。媒介事件最早在1992年被戴扬和卡茨提出，他们认为媒介事件存在以下特点：打破空间界限，受众直接参与；突破时间限制，受众日常投入。媒介传播经历有组织的策划得以呈现，与其他时间共存于同一媒介空间[①]。媒介传播的过程使得传统的传播形式发生了性质上的改变，受众根据网络层面所形成的社群的分化，再一次形成媒介的社会化属性。媒介推广进程下，CUBA故事被不断塑造，满足受众和用户需求从而塑造共识。当我们考察媒介的社会属性时，可以深入地了解到CUBA使大学生群体渴望了解赛事并形成很强的自主参与性。受众通过多元交互模式，实现了人际传播与移动端传播的结合，形成了跨时空媒介传播方式，并在网络空间中形成社交圈。网络用户在空间中形成不同的"社交圈"，激发了大众的表达欲望，促发了用户的主动宣发行为。通过云端处理的方式，使存储、分享等功能获得了大幅度提升，实现云存储、万物联网等技术相结合，从而将所有信息先传播给受众，最终又从受众使用端获得信息反馈。

三、模式资本化

技术和资本对商业化的推动有其必然性。近年来，随着网络直播和智能手机的普及，赛事影响力和关注度有所提升。阿里阶段投入了大量资金进行基础设施建设，为体育赛事的举办提供了有力保障。近年来，官方组织尝试将全明星赛事、四强赛和决赛放置到社会场馆举办，形成了城市合作+赛冠联动的模式。如何在校园体育文化与校园体育商业化之间寻找一个平衡点，是校园体育媒实践进程中需要重点考虑的问题。

CUBA运作方式既体现了官方的意志，又体现了运营平台自身的利益诉

---

① 郭建斌. 如何理解"媒介事件"和"传播的仪式观"——兼评《媒介事件》和《作为文化的传播》[J]. 国际新闻界，2014，36（4）：14.

求,其有意塑造自身品牌,打造中国校园体育第一篮球联赛,形成了新的商业化发展模式。在媒介数字化生态空间环境中,为高校体育赛事的商业化提供参考。

四、交互符号化

数字化媒体囊括了传播媒介的各种类型,在媒介权威性不断削弱的背景下,传播介质被赋予了更多的可能。虚拟技术场景、大数据、云计算等形成灵敏的信息采集与信息发布通路,CUBA可随时嵌入到媒介传播的全过程中,为受众提供视觉听觉的沉浸式体验。因此,我们将其看成是万物相连的互联网,可以在任何时间与地点实现人机物之间的互联互通,在物与物、人与物、人与人之间实现信息交互,在用户端实现了信息交互。不同年龄、不同阶层、不同文化背景的人群聚集同一时空,对传播内容产生强烈的同质化传播倾向,对共鸣的寻找变得越来越迫切。媒介符号在编码和解码的过程中,随主导力量和市场化风向标来选择新表达方式,也强调着CUBA媒介推广的重要性和功能性。

第五章 中国校园篮球联赛 CUBA媒介推广的探讨与问题

CUBA是校园体育赛事中较为突出的品牌赛事，将其作为本研究的研究对象可以进一步完善校园体育在媒介推广进程中的探索。虽然不能将CUBA媒介推广的特质放置到其他体育赛事中，但在校园体育的传播体系中却存在共性之处，并且在其他赛事中也有所体现。通过总结前文中对于CUBA体育赛事发展特点，对校园体育媒介研究的共性特征加以讨论，关注我国校园联赛在媒介推广中的发展问题。

一、基于校园体育的CUBA媒介推广探讨

（一）管理权边界

校园体育在体育赛事主办权上存在模糊问题，导致过去产生过很多问题，也引发很多纠纷。从CUBA的发展过程来看，大学生体育协会并没有实质性地参与到赛事的运作与市场开发中，随赛事发展大篮协和大体协变成了赛事的监管方，公共主办权退出了历史的舞台。在我国的校园体育赛事中，很多单项体育协会与政府部门脱钩管理，导致走向市场成为必然选择，使得主办权的市场竞争变得愈发激烈。

近年来，CUBA的影响力与市场效益博得赞助商喜爱，吸纳了较有名气的品牌，形成了有社会资本投资举办的商业性体育赛事，也在两者的相互作用下迎来双赢的局面。然而，政府管理部门往往投入人力物力来试图提供相应的体育基础设施，为赛事正常良性运转提供保障。但这也意味着权力的角逐，双方

对于赛事的媒介传播模式、传播内容以及市场化规模等方面也有自己的考量，而恒华体育公司、非凡中国体育、阿里体育等这样的具体办赛实施的组织机构来说面临一些挑战。因此，媒介体育下的校园联赛运作模式一定要明晰主权与管理权，并在此基础上对平台选择、议题内容、运作模式等方面聚焦各赛事传播逻辑。

（二）转播权与市场开发

国务院办公厅46号文件明确放宽赛事转播权后，除了奥运会、亚运会和世界杯外的其他体育赛事都可以由电视台直接购买或转让，极大地促进了赛事转播权的市场开发程度。1998年3月19日，第一届CUBA联赛开幕式在中央电视台举行。2017年底，阿里体育获得赛季CUBA转播权，并在优酷等媒体平台进行全面转播，累计转播CUBA联赛198场比赛。此外，还在转播的过程中穿插个人视频集锦、个人关键数据报道、幕后访谈等，以媒体表达的形式介入媒介传播之中，塑造校园篮球明星，提升校园赛事品牌的影响力。2018年，中国大学生篮球联赛CUBA独家商务运营服务采购竞标结束后，阿里体育以10亿元获得了未来7个赛季的独家运营权，每年以2000万美金来算，甚至超过了投入NBA的5倍之多。

随着技术变革和新媒体平台的崛起，体育赛事有了新的落脚点，转播交易开始激增，转播权价格在放开的市场环境中不断攀升。但对比国外体育赛事来看，我国体育赛事的市场开发情况受行政力量的干预，转播权缺乏相应的法律保护，优质资源的开发进程缓慢。政府部门应当在新媒体转播权的市场开发方面进行扶持，从而促进我国体育产业与校园体育事业的发展。

（三）举办地址问题

1997年4月，国家教委批准中国大学生篮球联赛组织在全国推行CUBA，国家体育总局将CUBA联赛纳入1998年度全国竞赛计划。一般而言，CUBA赛事办赛以自愿承办院校提前申办的方式决定具体办赛选址，但在阿里体育接手之后在苏州成立了橙狮悦动苏州湾体育中心，将第23届赛事最后一站放在了自己运营的场馆中。在女子四强赛中，考虑到备战大运会便将其安排到成都大运会主场馆凤凰山体育中心举行，打破了以往的办赛选址策略，成为CUBA历史上首次将赛事放在社会场馆举办。体育赛事的举办对城市的经济发展起到极大的推动作用。简单来看，赛事的举办为城市的环境绿化、基础设施建设、形象塑造等方面提供了支持，但整体来讲，带动了旅游业、餐饮业、体育传媒行业、场馆综合利用等多方面的繁荣，推动了城市经济命脉的良好发展趋势。

从校园体育看，一方面基于注重媒介推广的体育赛事，推动了赛事的综合发展，提升了赛后效益；另一方面则是脱离了校园体育办赛的赛道。体育赛事的举办对于举办城市来讲存在利弊两方面，如果是全商业化的方式，则会巨大商业利益与风险共存，很有可能造成经济负担。因此，校园赛事在选择举办地之时，既要尊重市场规律，更要尊重校园体育办赛初衷，一定要保留校园体育的文化底色，将与之不符的负面影响降到最低。

（四）平台与技术的快速发展

在媒介大环境中，CUBA媒介推广与社会实践相互嵌套，形成了新媒体平台下的多种模式的转播形式。早期，媒体平台以较为单一的方式呈现报道画面与数据，受众关注度不高且参与性不强。近年来，新媒体转播平台的搭建为体育赛事的传播带来利好的趋势，提供了新颖的互动玩法，促生全新的比赛传播模式，内容传播贴近年轻人口味，以高帧率、多视角、多屏转换、多元网络社群等方式讨巧受众，以适切方式强化了观赛的途径，丰富了赛事的观赛体验。

相对而言，体育赛事媒介推广在平台与技术的加持下拥有更广阔的发展空间。体育赛事常在媒介空间中以仪式的方式进行展演，以不确定的结局为受众带来惊险刺激的反转结局。在体育赛事的媒介推广中，对媒介工具进行合理的使用，将必然性地推动着体育赛事的发展。

二、CUBA媒介推广存在问题

（一）注重传播效益转化率，迎合粉丝现象严重

在CUBA运营过程中，媒体组织有意识地进行明星品牌运营，利用娱乐明星和综艺节目引流；侧重球员包装、话题热度和氛围打造，使用了超话等粉丝

经济中常用的传播工具，使用户情感交流更为便捷。在网络互动环境中，球员和观众的关系开始趋近于明星和粉丝的关系，使得用户依赖于群聊模式，从而产生对CUBA的文化认同。但需要强调的是，不同的受众需求不同，不能以粉丝市场化来强行带入大众的需求。但运营商往往会由于外界的效益因素，套用传播技巧迎合粉丝获得不错的传播效果，却忽视了CUBA的未来发展空间，忽视了CUBA受众的真实想法，把先入为主的运营理念强加给受众。

（二）赛事对受众针对性弱，缺乏长期可持续发展动能

受众个性化需求日益多样，以致于现有传播方式不能满足所有受众的需求，下表是对CUBA媒介推广的18条建议。

表8 受众所期待的CUBA媒介推广模式

媒介	观点与建议
受众	1. 可稍微弱化商业性的成分，多推出与校园体育文化相关的内容。
	2. 球队的体育衍生品开发较弱，青少年与球队互动端口和形式太少。
	3. 注重赛事明星包装推广，实现粉丝和赞助商引流，形成资金良性循环。
	4. 完善赛制细则，避免因学校地位造成的舆论争议（譬如北大矿大之争）。
	5. 有需求才有供给，多一点宣传和推广。真正做好内容，呼吁更多的人参与。推广校园体育的精神文化，不要被当下的万物商业化的快食主义带偏。
	6. 多一些品牌之间的联名互动，提升校园联赛参与的积极性。
	7. 目前 CUBA 媒介推广较少，协会应该加大宣传力度，多平台转播，增加转播视角。积极响应体教融合政策，提升球员能力。
	8. 与学校官方媒体联动，营造校园篮球氛围。与官方媒体及大厂合作。
	9. 信号的稳定，画面的效果，解说的专业性。
	10. 通过多平台直播，邀请一些知名自带流量的人。
	11. 建议在多个互联网平台开设运营账号并开展直播，哔哩哔哩弹幕网同样适合作为一个面向年轻观众的融媒体选择。
	12. 前期收费转播无法吸睛，可免费观看直播，减少广告，增加互动。
	13. 更专业的平台与解说；对关注度高的球员要有持续观察，形成 IP；不只是注重甲组比赛，阳光组受众也很多，但阳光组媒介传播做得太差。

续表

媒介	观点与建议
受众	14. 增加线上线下校园活动，让球迷参与互动；丰富自媒体视频、教学等。
	15. 画质可以更清晰，一般CUBA比赛的现场观众比较少，氛围不够热烈，需要改进；转播技术水平没到位，跟CBA、NBA等比起来，观看体验差。
	16. 扩大辐射面和宣传力度，增强赛事存在感与球迷对联赛的认同感，使高校队伍与所在城市联结增强球迷归属感，提升存在感。
	17. 现在还是很多比赛不能全部直播，希望以后尽量都可以直播。
	18. 赛事的专业化程度不够；直播平台可以更多样化。

阿里体育对CUBA的呈现与中国大学生体育协会之间原有预期效果存在一定差异，权力转移切实地放大了媒介权力，受众被媒介所影响。

（三）联赛资本化意识较重，有悖于CUBA体育价值观

商业化资源整合提升了比赛的知名度，吸引了观众注意力。然而，商业化是一把双刃剑，如果资本导向过于严重，会导致校园体育办赛初衷的偏离。阿里体育接手运营CUBA以来，以其自身的生态运营水平，非常顺利地在视听媒体平台形成了资本逻辑和盈利链条。虽然视听媒体短期内既实现了获利也迎合了受众喜好，但也极易形成不健康的氛围，对青年人造成不利影响，对CUBA长远发展也较为不利。

（四）校园体育创意不突出，传播内容具有依赖性

随着体育产业的转型，赛事组织者与赛事的运营商起到承上启下的作用。CUBA由阿里体育独家运营，但又必须履行中国大学生体育协会所给予的任务。CUBA项目运作是否能够契合中国大学生体育协会的出发点，中国大学生体育协会的期待与CUBA实际运营之间的落差在哪里，受众期待与阿里体育运作下形成的认知鸿沟在哪里，都给CUBA自身提出了挑战。赛事传播依靠媒介进行生产，但媒介内容的供给过于依赖明星和广告，校园体育本身特点不够突出，仅在短期能够吸引一定的流量。

第六章　中国校园篮球联赛 CUBA媒介推广的启示与建议

一、CUBA媒介推广实践启示

（一）坚定CUBA发展理念，塑造多元化校园故事

CUBA在媒介生态中要突出自己的优势和特质，找准差异化发展路径，握住自身优势之处做复盘坚守。因为CUBA只有从校园体育的核心理念出发，才能在媒介传播的各种"噪音"中尽力保有理想的种子，召唤各领域校友的青春记忆。以"享受篮球、享受体育、享受健康"为引领，以CUBA故事为情感纽带，尊重CUBA校园体育精神文明建设，在灵活多变的媒介环境中，把握大学生心理变化，塑造属于校园的篮球故事。

（二）丰富内容生产渠道，弱化娱乐化跟风现象

视听媒体重塑了球迷对于体育媒体的消费观念。正如，《这就是灌篮》《我要打篮球》等综艺节目的制作，在互联网平台邀请体育明星和相关娱乐明星共同参与，通过精心制作的剧本为观众带去不一样的球员故事。但值得注意的是，从娱乐和网综的形式讨好受众是有效的，但不是唯一途径，更不是长久之道。网综作为一个现象化节目，只能是赛事跨领域宣传的一件利器，而不是最优选项。因此，作为每一个阶段CUBA的独家运营商，需要贯彻校园联赛理念，从发展高校篮球，为国家培养篮球人才的目标出发，保障高校体育文化正向输出，将工作重心放在提升校园体育战略合作，以更长远的规划吸引投资者目光。

（三）重视 CUBA 核心价值，避免过度商业化属性

CUBA从商业化实践中完成了维护自身利益、满足受众需求的目的。期间，通过催生新颖好玩的话题内容吸睛，对赛场明星球员进行曝光与包装、对直播品牌进行全新打造和输出。但CUBA作为广受青年群体喜爱的篮球赛事，其价值远不止短期盈利，更在于宣扬校园体育价值观、体现大学生校园体育精神。因此，赛事的组织和运营不应该仅停留在效益和推广。在访谈过程中，中国大学生体育协会相关领导也指出数字媒体时代的CUBA运营策略，要从德智体美劳的育人理念为切入点，其依托自身数字化媒体平台，建立技术融合新发展机制，将商业化作为文化的一部分，更好地带动校园体育的发展。

（四）注重媒介地方概念，建立受众互动社交圈

在媒介推广进程之下，内容传播速率，传播内容，传播互动，传受关系等方面都在产生变革，这种变化影响到用户的信息接收速率与参与行为。由于电子媒介充斥在生活空间中，人们自然地被媒介所建构的社群空间影响，颠覆了以往对时间和空间的传统认知，也借助新技术与数字化平台搭建了CUBA集体空间。媒介地方是指网络空间中用户习惯于停留的社群，也可以称其为"社交圈"。随着群聊经济的诞生，用户不断被卷入其中，逐步建立起的CUBA中国大学生篮球微信群、CUBA中国大学生联赛官方微博粉丝群、CUBA虎扑社区群、CUBA明星球员个人粉丝群等，极大促进了CUBA日常化交互行为。

二、CUBA媒介推广实践建议

（一）技术融合探寻传播之道，重新审视人与技术的关系

在数字化运营过程中，要想取得一定传播效果，首先，就要洞悉用户及受众需求，在传播侧注入新的活力，用以刺激用户痛点。其次，必须利用好相关技术手段，整合媒体、技术与数据开发等方面的资源，完善赛事场景转移功能。需要强调的是，与年轻受众建立深层次关系，注重互动游戏的引导，提供新鲜好玩的互动玩法和新鲜内容，是有效吸引更多年轻人关注并参与到校园体

育的板块的重要手段。最后,我们还应当重新理解媒介变迁背景下人与物质性的共存关系,调动观众参与感、强化传播策略、优化传播内容、革新内容开发,以促进双向交流机制。

(二)建构 CUBA 生态空间,把握受众认同与归属感

CUBA媒介推广需要整合、优化传播渠道,进一步培育体育赛事认同感和归属感。在CUBA仪式化传播中,受众的认知被裹挟在场域引导的认知中,使得体育场域空间所携带的文化感知与意识观念作用于个体意志。在前面我们提到注重受众体验与互动,而在这里的生态空间建构,我们主要强调空间中的认同感与归属感如何到达受众。受众的参与感与体验感依赖于媒体组织建立起的一系列有效互动规则,从而有机会去捕捉潜在CUBA受众,建立新互动机制,让受众付诸情感价值,建立CUBA认知关联。由此,需要考虑如何通过大型仪式来强化情感,激发CUBA体育精神的体育认知度,认真考虑媒介建设性和整合性的作用。

(三)强化校园体育办赛根基,避免全盘商业化趋势

CUBA不应单纯抓住短期效益,而应当为赛事传播进程建立长期发展机制。通过技术创新、形式创新、场景创新、玩法领域互通等,找到与CUBA赛事相适应的商业化运作方式,进而满足受众归属心理和求新心理。CUBA运营者除了应当承接政府项目和做好市场宣传外,还需经营好校园体育生态环境,打造CUBA校园品牌IP,主动承担社会责任,营造更好的校园体育氛围;需要从物质与制度两个层面提升社会影响力,对CUBA传播理念加以引导、调适,灵活处理舆论并制造共识,从而形成有效的对话空间。总之,要从"以体育人"的角度出发,让CUBA校园赛事有所沉淀和发展。

(四)规范 CUBA 媒介内容生产,注重多元化内容选择

现今,娱乐工业下的粉丝文化带动了饭圈文化的发展,个体认知被社群情感所裹挟,媒介奇观削弱了公众理性思考的能力。然而,体育比赛仍然需要重视严肃性和严谨性,不能在舆论的裹挟下背离了办赛初衷。CUBA赛事传

播影响力与CUBA文化根基相互作用，同时又从CUBA赛事本身影响到体育情怀、价值认同与身份认同等方面。中国大学生体育协会与相关承办方需一同建立标准化、规范化的经营管理体系，即在媒介议程设置的基础上，多引导、多调控、多把关，系统性地处理空间内传者与受者的关系，创建多元化校园叙事议题，注重校园特有体育文化情怀。在管理者、组织者与执行者的共同管理之下，共同推动具体方案落地。

CUBA在媒介生态中要突出自己的优势和特质，找准差异化发展路径，握住自身优势之处做复盘坚守。因为CUBA只有从校园体育的核心理念出发，才能在媒介传播的各种"噪音"中尽力保有理想的种子，召唤各领域校友的青春记忆。以"享受篮球、享受体育、享受健康"为引领，以CUBA故事为情感纽带，尊重CUBA校园体育精神文明建设，在灵活多变的媒介环境中，塑造值得回忆的校园篮球故事。

本研究将媒介推广路径与体育赛事相结合，探求未来体育媒介研究的可行性。由于我国体育赛事的媒介研究较为匮乏，文献资料的爬梳及研究框架的搭建较为依赖国外研究成果。如何更好地将媒介研究与我国校园体育赛事具体实践相结合，仍然需要在未来的研究中进行更深层次的探索。媒介基于不断变化的社会进程，在未来研究中需要分析不同媒介逻辑之间的关联性，以发展的眼光去探求校园体育新共享体验空间下的复杂性和多样性。

02 | 技术篇

技术创新驱动下体育赛事转播现状及趋势发展研究

第一章 研究缘起与基础

一、研究背景

2019年9月2日，国务院办公厅印发了《体育强国建设纲要》，部署推动体育强国建设，旨在充分发挥体育在建设社会主义现代化强国新征程中的重要作用，其中明确提出提升竞技体育综合实力，增强为国争光能力的要求。[①]新时期，体育强国建设需要竞技体育发挥其更加特殊的功能，体育赛事是实现竞技体育实力提升的重要抓手之一，体育赛事转播作为竞技体育中不可或缺的一部分，是体育赛事发展过程中的重要助推力。

体育赛事转播出发点是受众，其最终的归宿依旧是受众。随着时代的不断变化，受众的需求、地位等也在不断地变化更新。从目前赛事转播的实际情况来看，体育赛事转播在满足受众需求方面还远远未达到受众的期待。体育赛事转播对体育比赛现场还原度不够，且大部分转播更多的还是追求视觉和听觉上的还原，忽略了受众嗅觉、触觉等其他感官对赛事现场还原的需求，导致受众无法获得更好的、更沉浸式的观赛体验。

无论是体育赛事转播的现实要求，又或是受众需求的亟待满足都要求体育赛事转播必须更快更好地向前发展。那么如何促进体育赛事转播更好更快地向前发展呢？技术显然在其中扮演着重要角色。体育赛事转播对于技术的依赖性非常强，每一次技术的创新与变革都会对体育赛事转播带来极大的影响。技术

[①] 国务院办公厅. 国务院办公厅关于印发体育强国建设纲要的通知[R/OL].（2019—08—10）[2022—03—10]. http://www.gov.cn/zhengce/content/2019—09/02/content_5426485.htm.

无疑是解决上述问题的关键因素和主要突破口。新技术在体育赛事转播中的运用改变着体育赛事转播的转播方式、转播内容,并在很大程度上可以提升赛事转播内容的张力和渗透力。不断发展创新的技术手段可以为体育赛事转播受众营造更加真实、沉浸、还原度更高的赛事观看体验。这些对于满足受众需求,更好地提高赛事转播的质量,促进体育赛事转播起着巨大的推动作用。

研究技术对体育赛事转播的影响及作用,探索如何利用技术更好地促进体育赛事转播的发展,并在此基础上预测体育赛事转播未来的发展趋势,引领技术为体育赛事转播受众服务具有重要意义。因而,本论文选择以技术创新为切入点,结合受众需求来分析体育赛事转播的现状和未来发展趋势具有一定的研究价值与意义。

体育赛事转播作为一个对技术有着极强依赖性的领域,技术的每次创新与变革都会对体育赛事转播的发展带来巨大的影响,尤其是近些年5G、VR/AR、超高清视频技术等对电视体育赛事转播领域的发展与推动作用尤为显著。技术的创新运用已经在体育赛事转播的信号采集、画面制作、声音还原等方面发挥了巨大作用。对新技术的认识和利用,影响着体育赛事转播理念与时俱进的速度。作为核心要素和决定性因素,技术决定着体育赛事转播的内容、方式、形态、模式、与受众的关系以及转播效果等。

正如唐·伊德(2012)在《技术与生活世界》中所提到的,从远古时期到各类文化之中的人类活动总是嵌入在技术中,[1]技术与人类生活是相互嵌入,密不可分的。具体至体育赛事转播领域,因为受众的生理需求和心理需求亟待满足,所以各种各样的新技术被引入和应用至体育赛事转播领域;而技术的不断创新应用在满足受众需求的同时又激发着受众产生新的需求,但不论如何发展,技术的进步最终还是要服务于受众体验的。

---

[1] [美]唐·伊德. 技术与生活世界:从伊甸园到尘世[M]. 韩连庆,译. 北京:北京大学出版社,2012:22.

二、研究方法

（一）文献资料法

本研究以北京体育大学校图书馆图书资源、中国知网、万方数据、百度学术等中文文献数据库为资源平台，并结合Web of Science、Google Scholar、Open Access Library等外文文献数据库，对体育赛事转播领域相关技术应用以及各个领域前沿技术研究等相关文献进行收集整理，并在此基础上对前人的研究成果和资料素材进行系统地梳理、归纳、总结，以此为出发点进行进一步探究。

（二）案例分析法

案例分析法是本研究采用的最主要的研究方法之一，案例分析方法是指对具有代表性的事物或者现象深入地进行周密而仔细的研究从而获得总体认识的一种科学分析方法。本研究通过对不同时期技术在体育赛事转播领域的实践应用案例进行搜集、整理、归纳，并以受众需求的变化为出发点，结合技术满足并激发受众需求的实践案例来分析技术在体育赛事转播中的作用及影响。

（三）对比分析法

对比分析法是指通过对客观事物加以比较，从而达到认识事物的本质和规律的一种方法。本研究通过对媒介发展的不同时期，技术在体育赛事转播领域中的实际应用情况的纵向对比分析，初步对比探究技术对于体育赛事转播发展所起到的作用与影响。

三、研究现状

目前关于技术与体育赛事转播的研究更多的是包含于体育传播或者电视传播等相关研究之中，专注于研究体育赛事转播与技术之间的文献还比较少。在关于"体育赛事转播与技术"的研究方面，部分聚焦于体育赛事转播和技术领域的研究更多的是专注于某一项或几项技术，例如虚拟现实技术、5G技术等对于体育赛事转播的影响,且更多的是从技术本身出发来研究其在体育赛事转播中发挥的作用和影响。纯技术角度的考量在一定程度上忽略了技术本身是为了受众需求服务的。综合来看,目前国内对于体育赛事转播领域的"技术与受众需求"相关的研究不多,具体到体育赛事转播受众需求相关的研究则更少,且更多的是以点的形式出现,较为零散,不够系统。除此之外,在关于体育赛事转播与技术的研究中,对于赛事转播未来发展趋势的关注比较少。体育赛事转播的发展受技术更新的影响很大,而技术的发展日新月异。因此,把握未来体育赛事转播发展的趋势,引领赛事转播更好的发展十分必要。

在关于体育赛事转播与受众需求相关的研究中,笔者发现专门研究体育赛事转播受众需求的文献数量有限,体育赛事转播受众需求更多被包含在传播受众这个大的集合中。体育赛事转播作为体育赛事的重要组成部分,体育赛事转播受众有着其自身的独特性。随着技术的不断发展与进步,体育赛事转播正在发生极大的转变,而其受众需求也随之发生变化,因此专注于体育赛事转播受众需求的研究应该被重视。目前学界已经有一些学者开始将目光放在体育赛事转播受众需求变化上,已经提出相关研究思路并预测了未来体育赛事转播受众需求会有怎样的变化。但就目前的研究现状来说,体育赛事转播领域技术发展已经在一定程度上走在了受众需求研究之前,而真正健康、良好、可持续发展的关系应该是受众需求或者说人走在技术发展之前,引导技术满足受众的需求。受众始终是体育赛事转播过程中的核心环节,是体育赛事转播的出发点和落脚点。技术虽然在体育赛事传播领域越来越占据主要地位,但究其根本还是要为了受众需求服务的。

研究技术与体育赛事转播受众的关系,不仅是为了更好地满足体育赛事转播受众的需求,以期带给受众更好的观赛体验,更是可以在很大程度上避免人类在不断发展的技术背景之下误入歧途,陷入技术的漩涡,而忽略了技术最基本的意义。笔者在文献梳理过程中发现目前关于体育赛事转播中技术运用的研究更多关注的是技术给受众带来的积极影响的一面,例如随着5G时代的到来,VR、AR、MR、超高清等技术在体育赛事转播中的积极作用和影响是许多学者研究和关注的焦点,而对于技术运用可能会造成的一些"人机关系""社会伦理"等方面的关注相对来说较少。

技术在很大程度上改变了我们生活方式和生活习惯，尤其是随着新一代网络通信技术5G时代的到来，大数据、云计算、物联网、人工智能、边缘计算、虚拟现实等技术快速发展，人与人之间、人与物之间、物与物之间的关系正在不断被重构与再连接。人的身体在技术的不断发展催化下，从过往在传播领域的缺席状态中又重新回归，并开始具有更大的作用与意义。随着脑接口、虚拟身体等概念的提出，未来身体在体育赛事转播领域甚至是传播学领域会有何等重要的作用？身体的伦理问题、虚拟身体的伦理问题又将如何来解决？人与技术、人与机器之间的主导地位又会发生何种改变？这些问题都值得进一步思考与研究。

四、文献综述

（一）关于技术和体育赛事转播的研究

体育赛事转播必须通过技术的手段才能呈现在人们眼前，因此技术和体育赛事转播是密不可分的。笔者通过在知网键入"体育赛事转播""技术""科技"等关键词进行搜索，并结合体育赛事传播相关论文中与赛事转播相关的部分综合分析梳理，发现在对技术和体育赛事转播错综复杂关系的研究中，一些学者取得了一定的研究成果，并对本研究具有一定的借鉴意义。通过对这些相关研究进行梳理分析，可以大致将其分为两大类。

第一大类侧重于从理论视角研究技术对体育赛事转播的影响。这类研究多从历史或者理论的角度来分析技术在体育赛事转播中的作用原理、机制、路径等。例如学者于松明（2016）在《广播电视新闻实务》一书中对世界广播电视数字化的发展以及我国广播电视数字化发展的梳理，提出数字技术的发展与应用使得广播电视频道更加丰富、选择更加自由、图像更加清晰、节目互动性增强等。于松明以欧洲杯决赛直播为例，认为数字技术在全球范围内的广泛应用使得网络电视节目更具互动性，使得观赛具有更强的交流感。[①] 学者王瑜

---

① 于松明. 广播电视新闻实务[M]. 北京：国防工业出版社，2016.

（2013）在《我国体育赛事传播的发展历程及特点解析》一文中，通过对我国体育赛事传播历程的梳理，提出传播技术的发展直接影响体育赛事传播的效果，并认为在技术的加持下，未来体育赛事传播空间将更大。[①]

第二大类则更侧重于从应用视角来分析技术对体育赛事转播的影响。这类研究主要是从实际应用的角度出发，探讨某一种或者多种技术对体育赛事转播过程中的声音制作、画面采集、字幕编辑、信号传输等实际操作环节的影响。例如学者谷延辉和李靖（2015）在《"鹰眼"在体育赛事转播中的作用》一文中，分析了鹰眼技术在体育赛事转播中的具体应用及其效果。[②] 学者毕雪梅（2020）等在《浅析体育赛事转播与节目制作新技术及其应用——以体育艾美奖获奖技术为例》一文中提出，新技术在体育赛事转播中的适当应用，可以在一定程度上给受众提供沉浸式、交互式的移动观赛体验，并且可以从画质及传输技术上提升观众的观感以及听觉体验。[③]

在国外相关研究方面，学者David L. Neumann（2018）等人通过对不同学者关于虚拟现实技术在体育领域的研究进行梳理，将体育领域的VR技术应用定义为个人在计算机模拟的环境中参与一项运动的实际案例，而这种环境主要目的就是诱导产生一种精神或身体上的现实感，并促使个人能够与环境进行互动，并认为VR技术在未来将有助于人们参与进体育的训练和互动。[④] Housel Kirsten（2017）以虚拟现实技术为主要研究对象，结合该技术在NFL、NCAA、NHL、NBA等美国主流体育赛事中的具体应用，分析认为虚拟现实技术的应用在一定程度上给观众带来了极具沉浸感的观赛体验，仿佛置身于体育

[①] 王瑜. 我国体育赛事传播的发展历程及特点解析[J]. 新闻界，2013（10）：67—71，76.

[②] 谷延辉，李靖. "鹰眼"在体育赛事转播中的作用[J]. 青年记者，2015（23）：57—58.

[③] 毕雪梅，黄芦雷娅. 媒介实践与技术创新驱动下的观赏体育崛起及影响——首届体育赛事传播国际论坛综述[J]. 北京体育大学学报，2020，43（6）：35—44.

[④] Neumann, D.L., Moffitt, R.L., Thomas, P.R., Loveday, K., Watling, D.P., Lombard, C.L., Tremeer, M.A.A systematic review of the Application of interactive virtual reality to sport[J]. Virtual Reality, 2018, 22(3): 183—198.

比赛现场之中。[①] Daehwan Kim（2019）等人认为虚拟现实技术作为一种具有实用性的工具，在产品设计、购物、教育和培训、制造过程模拟和娱乐中越来越受欢迎，并且虚拟现实观众正在成为一种新兴的体育媒体消费趋势，因为VR技术为他们提供了最佳体验，使他们获得了更高的观赛体验满意度。[②] Rick Cavallaro（2011）等学者则通过一些列技术设计，以期通过3D追踪信息技术来增强棒球、橄榄球和冰球比赛转播过程中转播效果。[③] Ayranci（2017）等学者则是针对于无人机拍摄技术在体育赛事转播领域的应用做了详细和深入分析，认为无人机技术相比于空中电视台更加灵活且花费更低，尤其是对于极限体育领域的滑雪、滑冰、赛马、帆船、冲浪以及F1赛车等比赛来说，无人机技术的应用更是为它们带来了极大便利。[④]

（二）关于技术和体育赛事转播受众的研究

笔者通过"技术""体育赛事转播受众"等关键词在知网进行搜索发现关于技术与受众的研究更多侧重于"大数据""新媒体"等热点领域，但是一些关于"体育赛事传播""未来传播趋势""人与传播技术""技术与受众"等研究中涉及"身体与传播"关系的探讨对于本研究"技术和体育赛事转播受众"之间的关系具有一定的参考价值。通过梳理分析，笔者大致将这些研究分为两大类。

第一大类学者侧重于从理论研究的视角切入，通过对传统传播学理论的再研究与分析来探究传播中身体与技术的辩证关系。例如在早期的一些比较有代表性的研究中，学者陈月华（2005）在《传播：从身体的界面到界面的身体》一文中借助麦克卢汉的"媒介延伸"理论以及"去部落化"理论分析认为媒介

[①] Housel K. Virtual Reality and the Role of Sports Content[J]. Entertainment&Sports Lawyer.Accessed December 29, 2017, 33(2): 83—88.

[②] Kim, D., & Ko, Y. J. The impact of virtual reality(VR)technology on sport spectators' flow experience and satisfaction[J]. Computers in Human Behavior, 2019, 93: 346—356.

[③] Cavallaro, R., et al. Augmenting Live Broadcast Sports with 3D Tracking Information[J]. Ieee Multimedia.2011, 18(4): 38—47.

[④] Ayranci, Zehra Betual.Use of Drones in Sports Broadcasting[J]. Entertainment&Sports Lawyer. 2017, 33 (3): 79—93.

技术的发展一直在延伸着人类的某些特定感官，但是与此同时也在不同程度上抑制了其他一些感官的发展与延伸。作者以大众传播语境下电视主持人的存在为具体分析案例，提出大众传播时代无法为受众提供亲身在场的体验主要是受制于技术发展限制，并认为赛博空间的沉浸式面对面交流才有可能实现真正的人的身体的返场，而虚拟现实技术是实现这一目标的关键所在。①在《传播中的身体问题与传播研究的未来》一文中，学者刘海龙（2018）通过对身体与传播思想史的梳理，分析探究了彼得斯的传播中的身体观念、洛克的自由个体主义身体观、麦克卢汉的"媒介是人体的延伸"等思想观点，并通过对媒介考古学、控制论等理论的初步探究，提出在今天虚拟现实技术的发展背景之下，需要用新的视角去探索身体与传播之间的关系。②学者孙玮（2018）在《交流者的身体：传播与在场——意识主体、身体—主体、智能主体的演变》一文中结合存在现象学、技术现象学以及后人类理论，探讨了身体议题在传播学研究中的现况。通过对"机械身体论""身心二元论"、梅洛—庞蒂的"身体—主体观"等系统分析和描述，进一步探究了技术与身体之间的关系，提出新媒体技术正在使受众以"虚拟身体"的方式将现实身体拼凑回来，虚拟身体通过各种技术方式模拟、创造各种身体的感官，如视觉、触觉、听觉等，以营造身体在场的"真实"感觉。③与此类似的还有学者赵建国（2015）在《身体在场与不在场的传播意义》一文中通过明确身体"在场"与"不在场"的意义，详细分析身体在场的不同类型、重要性及其影响，从而提出在信息时代，身体虚拟化的在场似乎比实在性在场更具有重要性。④

第二大类主要从实践的角度出发，从现实应用案例中探究身体在传播中

---

① 陈月华. 传播：从身体的界面到界面的身体[J]. 自然辩证法研究，2005（3）：23—27.

② 刘海龙. 传播中的身体问题与传播研究的未来[J]. 国际新闻界，2018，40（2）：37—46.

③ 孙玮. 交流者的身体：传播与在场——意识主体、身体—主体、智能主体的演变[J]. 国际新闻界，2018，40（12）：83—103.

④ 赵建国. 身体在场与不在场的传播意义[J]. 现代传播（中国传媒大学学报），2015，37（8）：58—62.

的意义。随着5G时代的到来和虚拟现实技术的不断发展,近些年越来越多的学者开始关注感官需求满足研究。学者周逵(2018)在《沉浸式传播中的身体经验:以虚拟现实游戏的玩家研究为例》一文中,以索尼公司PSVR主机与PlayStation商店最畅销的《蝙蝠侠:阿卡姆VR》为个案进行研究,以身体经验为选择性编码,通过分析玩家在虚拟现实传播的沉浸式环境下身体的不同经验为研究对象,探究身体在传播中的意义所在。[1]学者王建磊(2018)在《如何满足受众:日常化网络直播的技术与内容考察》一文中以日常化直播作为研究对象,分析认为直播技术为受众营造了"同步性、同一感"的独特体验,加之AR、MR等先进技术,直播为受众带来了多感官的体验,视听刺激更为强烈。[2] 学者王妍和吴斯一(2011)在《触觉传感:从触觉意象到虚拟触觉》一文中认为人们对触觉意向的构建促使触觉传感技术的不断发展,而触觉传感技术又使得受众可以打破媒介的限制,实现触觉感官的跨时空存在。[3]

国外学者Emily Attwood(2016)则认为虚拟现实技术正在为体育赛事转播受众创造新的体验赛事的机会,尤其是在谷歌、Facebook以及三星等科技公司纷纷转向这一领域研发之后,越来越多的VR应用正在被开发。体育赛事转播受众可以在家中佩戴一些头显设备等开启比赛体验之旅,并且可以拥有自由的、任意的比赛视角选择。[4]学者Kyongmin Lee和Ae-Rang Kim(2020)认为随着数字技术的发展,媒介环境随之改变。现如今个人网络体育赛事转播观看数量逐渐增加。和传统体育赛事转播不同,个人网络观看体育赛事转播可以借助社交媒体平台实时与他人进行沟通,这也带给受众更强的互动性和参与

---

[1] 周逵. 沉浸式传播中的身体经验:以虚拟现实游戏的玩家研究为例[J]. 国际新闻界,2018,40(5):6—26.

[2] 王建磊. 如何满足受众:日常化网络直播的技术与内容考察[J]. 国际新闻界,2018,40(12):19—31.

[3] 王妍,吴斯一. 触觉传感:从触觉意象到虚拟触觉[J]. 哈尔滨工业大学学报(社会科学版),2011,13(5):93—98.

[4] Attwood, Emily. Virtually Endless Possibilities[J]. Athletic Business, 2016, 40(5): 10—11.

度。[1]学者Ludwig（2017）等人在研究中认为体育赛事转播在发展过程中，慢动作、相机多视角选择等技术所带来的视觉特征对于体育赛事转播的受众有着显著影响，并且受到了学界更多学者的重视和研究。但是，他们同时也提出剪辑速率这一因素对于体育赛事转播受众观看和理解体育比赛同样有着一定的影响。[2]

　　也有一部分学者在探讨技术与受众的关系时表达了关于技术伦理问题的一些担忧。学者彭兰（2020）在《人—机文明：充满"不确定性"的新文明》一文中提到技术的不断发展催生了新的"人机关系"，过往人一直处在主导地位，但是随着人工智能等技术的不断发展，未来"人机关系"中机器可能会占据和人相等的地位，因此思考未来人和机器之间的关系，及技术可能带来的伦理问题和未知性非常重要。[3]学者郑夏育和王文磊（2021）在其合作发表的文章《从人机关系看社交媒体智能传播风险》中，认为以人工智能为代表的新一代信息技术的不断发展与运用使得社交媒体传播呈现出新的特征与趋势。他们认为在人工智能的协助之下，社交媒体正在平衡感官体验，使其具有更加沉浸式的内容体验。但与此同时，他们也提出了一些担忧，即人机不断互动、协同可能会在一定程度上带来"人机合谋"，而"人机合谋"可能会加剧社交媒体传播失范和伦理风险。[4]学者张灿在《技术化身体的伦理反思》一文中提出随着技术的不断发展，日益对人的身体进行改造，加剧身体的技术化现象。技术对人类身体的改造逐渐从外部进入内部，使得人类从单纯生物学上的存在实体变为一种不断增强和超越的技术化身体。随之而来的是人与技术之间的边界日益模糊，与此同时也产生了生物数据信息泄露问题、身体伦理问题、虚拟身体

---

[1] Kyongmin Lee, and Ae-Rang Kim.A Study on the Relationship of the Motivation to Use Individual Internet Sports Broadcasting, Social Media Engagement, and Social Presence[J]. Sport Mont, 2020, 18 (3): 101—7.

[2] Ludwig, Mark, and Christoph Bertling.The Effect of Cutting Rates on the Liking of Live Sports Broadcasts[J]. International Journal of Sport Communication, 2017, 10 (3): 359—70.

[3] 彭兰. 人—机文明：充满"不确定性"的新文明[J]. 探索与争鸣，2020（6）：18—20+157.

[4] 郑夏育，王文磊. 从人机关系看社交媒体智能传播风险[J]. 青年记者，2021，699（7）：44—45.

问题等。张灿（2018）认为身体逐渐成为理解现代技术的一个独特视角、独特研究领域，以身体为中介研究技术与伦理问题，既可以帮助我们解决现代性的困境问题，也可以更好地帮助我们进一步思考人与技术、人与社会之间的关系。[1]国外学者David L. Neumann（2018）通过实验设计和研究认为，通常人们认为将身体活动放置于虚拟现实环境中会增强人们的情感体验和注意力集中程度，但是事实上这些可能与实验者本身以及实验设计等因素有关，虚拟现实环境有时甚至会造成更多的消极影响。[2]

（三）关于体育赛事转播和受众需求的研究

笔者通过文献搜集发现，以"体育赛事转播受众需求"为直接研究对象的研究并不多，但是部分学者在研究体育赛事、新闻传播等内容的过程中对体育受众需求有所涉及，对于本研究中的重点体育赛事转播受众的需求具有一定参考价值。通过对这些文献的阅读，笔者将其大致概括为两大类研究：

第一大类关于受众需求的研究，更多的是从一个宏观的视角出发，多以媒介形态的变化为切入点分析受众的特点及需求变化。例如学者郝晓岑（2008）在其发表的文章《多维视野中体育赛事传播受众的取向研究》中，通过梳理大众对于体育受众认识的变迁，提出随着媒体竞争的加剧，体育赛事传播中受众地位逐渐从被动向着主动转变。[3]学者李宏义和杜俊凯（2016）在其合作发表的《媒介形态变迁下的体育传播特征、受众诉求与文化表达》一文中，通过分析媒介形态的更迭，认为体育媒介形态的不断变化，在一定程度上促进了体育赛事传播受众诉求的改变。[4]学者周勇和黄雅兰（2013）在《从"受众"到"使用者"：网络环境下视听信息接收者的变迁》一文中，通过对比传统视听媒体、电视与新媒体及网络媒体，提出新媒体的发展与变革带动了信息传播方

---

[1] 张灿. 技术化身体的伦理反思[J]. 中州学刊, 2018, 260（8）: 91—97.

[2] Neumann, David L., and Robyn L. Moffitt. Affective and Attentional States When Running in a Virtual Reality Environment[J]. Sports 2018, 6(3): 71.

[3] 郝晓岑. 多维视野中体育赛事传播受众的取向研究[J]. 安徽体育科技, 2008, 29（6）: 14—16.

[4] 李宏义, 杜俊凯. 媒介形态变迁下的体育传播特征、受众诉求与文化表达[J]. 体育与科学, 2016, 37（6）: 61—66+101.

式改变的观点。视听信息的接收者正在由被动转为主动,"受众"正在逐渐成为信息的"使用者""搜寻者""反馈者""交谈者"等,而非被动"接受者"。[1]

在这其中,还有一部分学者则是更倾向于聚焦新媒体时代体育赛事转播受众需求的研究。学者胡翼青(2018)在《超越作为实体的受众与作为话语的受众——论基于技术视角的受众观的兴起》一文中认为受众研究是传播研究的核心范畴,新媒介尤其是社交媒介的到来为受众表达带来了更大的便利。在这样背景之下,受众不再是大众传播时代被动的信息接受者"沙发上的土豆"或者"容器人"。新媒体时代下的受众,其自身具有更强大的传播力。[2]学者张盛(2019)在其发表的《生态、渠道、内容:电视体育传播的迭代与创新》一文中认为随着移动互联网的到来,在技术的不断升级之下,受众的情感和心理诉求应该被更多地满足,交互体验变得更加重要。[3]郑卫平和王庆军(2016)在其合作发表的《"互联网+"时代体育赛事传播的特征及发展趋向》一文中认为,互联网时代的受众早已不再满足被动地接收信息,而是更加注重交流互动,更乐于表达自己的观点和态度。[4]与之具有相似观点的研究还有学者葛自发(2014)的《新媒体对"积极受众"的建构与解构》。[5]

第二大类关于受众需求的研究则是从一种微观视角出发,更多的基于实践应用来分析受众身体、心理等需求的变化及未来如何满足体育赛事转播受众的新需求。例如学者李岭涛(2020)提出随着受众主体意识的不断增强,受众在体育赛事转播过程中渴望获得更多的决定权,并提出受众在体育赛事转播中

---

[1] 周勇,黄雅兰. 从"受众"到"使用者":网络环境下视听信息接收者的变迁[J]. 国际新闻界,2013,35(2):29—37.

[2] 胡翼青. 超越作为实体的受众与作为话语的受众——论基于技术视角的受众观的兴起[J]. 南京师大学报(社会科学版),2018,219(5):115—122.

[3] 张盛. 生态、渠道、内容:电视体育传播的迭代与创新[J]. 上海体育学院学报,2019,43(6):23—28.

[4] 郑卫平,王庆军. "互联网+"时代体育赛事传播的特征及发展趋向[J]. 山东体育学院学报,2016,32(6):32—36.

[5] 葛自发. 新媒体对"积极受众"的建构与解构[J]. 当代传播,2014,174(1):71—73.

的七大需求：个性化、沉浸式、陪伴性、参与性、延伸性、垂直化以及轻量化。[1]学者魏伟（2011）在《体育赛事转播的受众收视动机分析》一文中认为受众在观看体育赛事转播时，其主要的动机主要分为三大类，即情感动机、认知动机以及行为与社会动机。[2]与之类似的还有学者张业安（2013）等人在《大型体育赛事媒介传播的相关利益主体分析》一文中所提出的观点，他们认为受众的需求是起点，满足受众的需求则是归宿，并认为娱乐需求是受众观看体育比赛的最基本需求之一。[3]学者喻国明（2020）在《多通道感知下的用户体验：研究逻辑与评价体系》一文中提到随着5G、4K、AR、VR等技术的不断发展，智能视听领域发生了前所未有的大变革，因而研究不同信息场景中为用户提供不同层次、不同深度的多通道感知体验变得极为重要。[4]学者雷晓艳（2020）等人在《沉浸式传播：5G时代体育赛事传播新范式》一文中提出，不同体育项目对受众感官参与的要求也不同，未来打造多感官共振取代单一感官想象，通过场景与感官适配实现沉浸效果，将助推用户体验的提升。[5]

国外学者Weimann-Saks（2020）等人以2018年世界杯比赛期间以色列观众在观看转播时对第二屏幕的使用为具体案例，分析认为观众在观看比赛期间通过一些社交媒介来互相交流在一定程度上对增强集体观赛体验具有积极的影响。[6]学者Turner（2010）等人通过分析澳大利亚职业足球联赛和职业橄榄球联赛中随着转播技术的不断发展组织间关系的变化与发展，并提出俱乐部的管

---

[1] 李岭涛. 未来图景：虚拟世界与现实社会的融合[J]. 现代传播（中国传媒大学学报），2020，42（6）：6—10，16.

[2] 魏伟. 体育赛事电视转播的受众收视动机分析[J]. 北京体育大学学报，2011，34（5）：26—29，77.

[3] 张业安，肖焕禹，冉强辉. 大型体育赛事媒介传播的相关利益主体分析[J]. 体育科学，2013，33（3）：71—80.

[4] 喻国明，付佳. 多通道感知下的用户体验：研究逻辑与评价体系[J]. 新闻与写作，2020（8）：68—74.

[5] 雷晓艳，胡建秋，程洁. 沉浸式传播：5G时代体育赛事传播新范式[J]. 当代传播，2020，215（6）：66—70.

[6] Weimann-Saks, Dana, Yaron Ariel, and Vered Elishar-Malka. Social Second Screen: WhatsApp and Watching the World Cup[J]. Communication&Sport 2020, 8(1): 123—41.

理者通常对于体育赛事转播领域相关的新兴技术了解有限，也就在一定程度上影响了俱乐部和转播之间的组织关系。[①] Daniel Westmattelmann（2021）等人结合此前新冠疫情的大背景，分析了ZWIFT——大型多人在线骑行和跑步体能训练平台，通过借助MR等技术开展包括环法自行车赛等在内的线上骑行比赛的案例。他们提出不论是运动员还是观众都需要体育比赛来维持生计和保持活力，因而在疫情之下，可以借助虚拟现实、混合现实等技术来开展线上体育比赛，以此来解决受疫情影响而无法正常举办比赛的问题。[②] Michael M. Goldman（2020）等学者则是聚焦于新冠疫情的大背景之下，美国职业体育联赛、大学联赛以及转播商为了满足体育赛事转播受众对于体育赛事内容的需要，通过提供线上电子体育赛事内容或者通过丰富体育比赛内容的形式来满足受众在疫情的影响下的观赛需求。[③]

在前人的研究之上，本研究以技术创新为切入点，通过梳理体育赛事转播在不同媒介发展阶段的特点，分析体育赛事转播目前的发展现状，结合体育赛事转播受众需求进一步探究技术究竟在体育赛事转播过程扮演着何种角色以及体育赛事转播不断发展演进其内在的原因究竟是什么，并在此基础上试着分析在技术不断发展的背景之下，未来体育赛事转播受众需求会有怎样的变化而与之相对应的体育赛事转播又将会朝着何种趋势发展。

---

① Turner, Paul, and David Shilbury. The Impact of Emerging Technology in Sport Broadcasting on the Preconditions for Interorganizational Relationship (IOR) Formation in Professional Football[J]. Journal of Sport Management 2010, 24(1): 10—44.

② Westmattelmann, D., et al.The show must go on–virtualisation of sport events during the COVID–19 pandemic[J]. European Journal of Information Systems. 2021, 30(2): 119—136.

③ Goldman, Michael M., and David P. Hedlund. Rebooting Content: Broadcasting Sport and Esports to Homes During COVID–19[J]. International Journal of Sport Communication 2020, 13(3): 370—80.

第二章　体育赛事转播的演进

一、前大众传播时代

（一）口语传播

口语传播是人类传播历程的第一个阶段，是人类使用的第一种传播媒介，是最初始、最基本也最重要且历史最为久远的一种传播媒介。在最开始生产力还不够发达、技术发展还不够先进的时代，人们只能采用面对面交流这种最简单、最原始、也最直接的方式来传递信息，分享经验和思想，进行交流，进而促进人与人之间高效的合作。

哈罗德·伊尼斯（2003）在其所著的《帝国与传播》一书中写到"希腊文明的辉煌就是口语文化的产物，苏格拉底和柏拉图之所以取得伟大的成就是因为他们将对话这种形式发挥到了极致，而口语传播的力量与文化传统也促使荷马史诗成为历史上的不朽之作。"[1]苏格拉底可以说将口语传播的形式发挥到了极点，他所经常采用的治学方式就是通过向别人提出质疑，发起辩论，在不断进行一问一答之中，将对方思想中所隐藏的真理或谬论引发出来，苏格拉底的这种治学方法也被人们称为"问答法""助产术"。

口语传播所具有的在场、直接、保密、有效等特征是传统体育文化传播的主要形式。其中，"在场"这一特点即指人身体的在场，在口语传播时代，人与人之间的交流必然伴随着双方身体的同时在场，交流双方可以通过对方的肢体语言、神情神态的变化，及时地获得交流反馈。然而在同一时间、同一地点

---

[1]　[美]哈罗德·伊尼斯，帝国与传播[M]. 何道宽，译. 北京：中国人民大学出版社，2003：55—56.

面对面的、直接的传播方式虽然有其固有优势，但是其无法跨越时空限制的弊端还是在一定程度上体现了自身局限性。这一时期，体育赛事相关信息的传播并不具备技术基因。

（二）印刷传播

印刷术与造纸术、指南针、火药一并被称为是中国古代"四大发明"。印刷术的本质其实就是大规模的复制，这促使书籍的大批量、高速度的印刷生产，知识、信息的传播不仅超越时间和空间限制，更是以一种更快速的方式传播开来。

印刷传播时期最具有代表性的体育媒介，即报纸、杂志。这一时期的体育赛事传播可以说迎来了飞速的发展，这一点从我国体育传媒业发展变化之中就可以明显看出。关于我国最早的专业体育报刊，学界普遍认为是由留学日本归国的体育教育家徐一冰先生1909年4月20日在上海创办的《体育界》一刊。新中国成立之初，国家百废待兴，各项事业的发展都开始提上日程，体育宣传工作当然也在这种背景之下快速发展。新中国成立以后具有代表性的体育专刊则是1952年7月1日创刊的《新体育》和1958年9月创刊的《体育报》。这一时期的各种体育专刊以及一些具有较大影响力的综合性报刊对于体育赛事的各种报道，极大地满足了不能在比赛现场观看比赛但又渴望获得比赛相关信息的人们的需求。

印刷媒介时期，快速、高效的阅读促使人们在获得信息时更加便捷，更新知识速度也随之加快。对于体育赛事新闻的传播来说，时效性是非常重要的一个部分。报纸、期刊的快速印刷和发行克服了时间与空间对于信息和知识的限制，极大满足了人们对于无法现场观看比赛又渴望获得比赛信息的需求。印刷媒介的出现以其低成本、易获取等特点迅速走进千家万户，这打破了文字时代，书籍等只是贵族阶级或者上层阶级才能拥有的特权，使得人人都可以平等获取信息的权利。但与此同时，印刷媒介时代又产生了新的不平等，那就是人们逐渐处于信息的被动接受者状态，成为传播中过程中的"受众"。这一时期的体育赛事传播可以说是单向的，受众作为体育相关信息的接收者，是没有自主决定和选择信息权利的，受众和媒介之间地位不平等。除此之外，印刷媒介时代，体育报纸、期刊随着电子媒介时代、网络媒介时代的到来，在发展上受到了极大的冲击，这也使得传统印刷媒介不得不寻求特色和出路。专业的体育期刊、报纸在新媒体的不断冲击之下，倾向于向更专业化的方向转变，也就在一定程度上不可避免地在内容上出现专业性更强、专业术语更多的现象，这样就会导致受众的门槛越来越高，受众逐渐呈现出集中化和精英化趋势。

从最原始的口语传播发展至印刷媒介传播，传播从一开始的面对面交流，身心同场逐渐开始转变为可以跨越时空限制的印刷媒介传播。在这一转变过程中，印刷技术的产生和发展对于体育赛事的传播产生了一定的促进作用。

二、大众传播时代

广播和电视是诞生于20世纪的两种大众传媒。学者赵玉明和王福顺（1995）将只播送声音的，成为"声音广播"，简称"广播"；播出图像声音的称"电视广播"，简称"电视"。[①]从18世纪开始，欧洲的科学家们开始逐步发现电的多种特性，并开始尝试将电用作通讯之中。19世纪30年代，在英国和美国几乎是同一时期发展起来的电报这种新的通讯传输方式开启了人类电子传播时代的序幕。最开始的电报传输必须依赖于铺设在路面上的线缆，因而传输距离有限。而后，经过不断尝试与发展，直到1895年，意大利人伽利尔摩·马可尼完成了首次无线电电报的发送。随后，在1899年，伽利尔摩·马可尼又成功地完成了英国与法国之间的无线电电报传送。无线电报的发明使得远距离即时传输成为可能，也为后来广播、电视等电子时代具有代表性意义的传播媒介的出现与发展奠定了基础。

（一）广播传播

美国是世界上广播电视业最发达的国家之一，提到广播的发展，美国的广播业发展则必须有所提及。广播的发展大致是从20世纪初开始的，20世纪的

---

① 赵玉明，王福顺. 中国广播电视百科全书[M]. 北京：中国广播电视出版社，1995：3.

第一个十年，无线电的出现，开始吸引人们对无线电广播的探索、尝试和研究。1910年，美国无线电技术发展已经可以保证在全国范围内建立广播电台，但是实际上美国却并没有这样做，无线电广播在更多时候还是运用于军事、军队之中。直到20世纪20年代，广播业才终于在美国孕育而出，1920年11月2日KDKA电台成立。随后，英国、加拿大、新西兰、澳大利亚、法国、苏联等国家的无线电广播业也逐渐发展起来。

美国学者罗伯特·L.希利亚德（Robert L. Hilliard）（2012）在《美国广播电视史》一书中梳理了美国20世纪广播电视产业的历史概览。他在梳理美国广播发展史时写到"广播电台对体育赛事的广播，成为购买收音机的最大推动力……首次重量级冠军赛，美国的杰克·登普西对法国的乔治斯·卡彭蒂尔的播出，刺激了收音机成千上万的购买；稍后棒球系列赛，纽约洋基队对纽约巨人队的首场广播，同样刺激了收音机的购买。据估计，这些体育赛事每场约有50万听众，想象一下仅在广播正式开播后的第二年有限的收音机拥有量，这应该是个惊人的数字。"[①]从这段话可以看出，从美国广播发展的开始，体育赛事传播就伴随其中，并成为重要组成部分之一。

而关于国内广播的发展历程则可以概括其特点为起步较晚，过程曲折。相比于美国或者欧洲发达国家20世纪20至50年代广播业的快速发展与成熟，我国广播业在这一时期因为战争等原因，社会动荡，民不聊生，因而起步较晚。中国体育广播是中国广播事业的重要组成部分之一。我国体育广播事业发展在早期抗日战争爆发之前有过一段时期的发展，而后曾一度停滞。其中在1950年，苏联体育代表团访华，并与北京的一些球队进行友谊赛，中央人民广播电台对这次访华期间的友谊赛进行了广播直播。这一次转播也从此打开了中国体育赛事实况转播的先河。体育广播事业真正开始稳定发展可以说是从改革开放之后。伴随着改革开放和我国体育事业发展的政策调整，竞技体育的发展迎来了极大提速，我国体育健儿也开始在国际赛场上屡屡获得优异成绩。民众体育意识的提升、社会总体氛围的改变等促进了体育广播事业的极大发展。1981年

[①] [美]希利亚德，基思. 美国广播电视史[M]. 秦珊，邱一江，译. 北京：清华大学出版社，2012：7.

世界杯女排决赛中国队对阵日本队的直播可以说是我国体育广播赛事转播的典型代表。本场比赛的解说宋世雄老师通过生动形象、及时快捷、激情四射的解说，将中国女排战胜日本女排获得冠军的消息传至每一位听众。随后，伴随着我国社会不断发展，人民生活水平的不断提高，科技的不断进步，电视、网络等媒体的出现，使得广播开始受到一定的冲击，广播媒介开始经历变革。在形式上开始引入观众互动环节，在内容推送上更加追求快速及时，在节目时长上灵活调整使广播时间更符合听众生活作息规律。2002年国内最早的体育专业频道之一，北京人民电台体育广播正式开播，南京体育广播也于同年成立，2004年上海体育广播正式开播。专业体育广播电台的开播为听众带来了更加丰富多样的、全方位的体育赛事报道与赛事实况转播。

广播作为一种传播媒介，以其快速、便捷、灵活、生动、互动等特点在20世纪出现并发展。作为20世纪最主要的两种大众传播媒介之一，广播的出现使得体育赛事开始真正有了"转播"一说。无论是口语时代，文字时代，还是印刷时代，体育赛事相关的信息传递都只能归类为体育赛事传播这个大类之中，直到体育广播的出现，才使得体育赛事有了"实况转播"。广播时代体育赛事转播信息传播速度快，信息覆盖范围广，并且相对于印刷传播时期，广播更具有灵活性和较强的互动性，而这些都得益于无线电广播等相关技术的快速发展。

（二）电视传播

20世纪20年代后期，美国开始进行电视播放的相关实验。30年代左右已经出现将近30家试验性质的电视台，其中美国无线电公司在推动电视发展上极为积极主动，其所属的全国广播公司从1936年开始尝试电视播放。1939年，在纽约举行的世界博览会上，电视向公众正式亮相。而关于电视和体育这两者的相结合则可以追溯至更早时期，甚至是在电视产生之前。1931年英国人约翰·比尔德在英国埃普森完成了自己的第一次室外电视转播，转播的内容正是一年一度的英国德比赛马比赛。1927年，美国人费罗·泰勒·法恩斯沃斯对一场重量级拳王争霸赛进行了转播尝试。随后，1934年于意大利举行的世界杯决赛被以电影的形式记录下来并在赛后48小时，在电影院进行了放映。这种无剪辑、无处理的方式被部分学者认为是早期体育赛事转播的一种尝试。1937年，英国广播公司转播了一场业余拳击比赛，同年6月BBC又首次对温布尔登网球公开赛进行了转播。这些都是早期各个国家的人们及电视台等对于体育赛事转播进行的尝试。随着科学技术的不断发展进步，体育赛事电视转播也得到了极大的发展，不断改进和完善。

我国的体育赛事与电视相结合与欧美发达国家相比则是处于落后状态。关于我国进行的第一次实况转播，学界比较统一的认识为1958年6月19日，北京电视台转播的八一男篮、女篮对阵北京男篮、女篮的比赛。随后，北京电视台又于次年9月，实况转播了"中华人民共和国第一届全国运动会"，这也是北京电视台第一次转播大型综合性赛事。1978年，中央电视台现场直播了第十一届世界杯的半决赛和决赛。1995年1月1日，中央电视台体育频道正式开播，中央电视台体育频道的成立也是我国体育电视业发展欣欣向荣的一个标志。

随着网络时代的到来，电脑、手机等移动媒介在21世纪快速出现与发展，电视作为大众传媒时代的主要媒介之一在人们的生活中似乎已经不如往日那般占据重要核心地位。但不可否认，电视对于体育赛事转播的影响是具有里程碑意义的，电视通过画面与声音的结合，将一场场精彩、刺激的体育比赛迅速、生动地展现在每一位观众面前。电视的出现可以说将体育赛事的价值发挥到了极致，尤其是体育赛事的实况转播更是最大程度满足了观众感官刺激和心理需要。不同于文字传播和印刷传播时代单一的视觉偏向，或是广播时代对听觉的单一感官偏向，电视将视觉与听觉统一于一体，带给观众更为全面的感官刺激。

在视频技术、音频技术及转播技术的不断创新、应用之下，电视体育赛事转播也在不断改进和提高自身的转播水准。视频画面从黑白到彩色，清晰度从标清、高清，再到超高清；声音传播从一开始的长时延到同步，从单声道、双声道、再到立体声等。电视的出现，严格意义上才有了我们现在更为普遍理解的"体育赛事转播"这一说法。

三、数字时代

20世纪90年代互联网的出现与应用带来了传媒生态格局的巨大变革。其实互联网的产生与发展最早可以在追溯至1969年。其最初是美国军方在ARPA（阿帕网，美国国防部研究计划署）制定的协定下，首先用于军事连接的网络。自20世纪90年代互联的引入开始，以互联网为基础而出现的电脑、手机等移动端新媒体技术快速发展起来。电脑从一开始的长50英尺、宽30英尺，占地1500平方英尺，重达30吨变成了可随身携带的轻薄、小巧的笔记本电脑；手机从一开始的厚重笨拙变成了可随时放进口袋的智能手机，而这一切都要归功于互联网的出现。网络和计算机的结合极大地扩大了人们的社交边际，为人们提供了海量信息的同时，又增强了人与人之间的互动性。在计算机"0"与"1"的算法之间，数字时代的大门正式向人们开启。以计算机和互联网为代表的数字时代新媒介不仅具有传播速度快、传播范围广等特点，更将文字、图画、视频、声音等集合于一体，给传播领域带来了巨大的变化。

数字时代的到来与新媒介的发展使得体育赛事转播也产生了巨大的新变化。这一时期的体育赛事转播具有以下几个特点：第一，实时迅速，可移动。随着移动端接收设备的快速发展，人们通过手机、电脑、iPad终端可以随时随地观看体育赛事转播，实时接收比赛信息，不受时间空间的限制。第二，交流互动快速便捷。根据中国互联网络信息中心2021年2月最新发布的第47次《中国互联网络发展状况统计报告》显示，截至2020年12月，我国网民规模达9.89亿，我国手机网民规模达9.86亿。我国网民使用手机上网的比例达到了99.7%，只用电脑、笔记本、平板电脑等上网的比例分别是32.8%、28.2%、22.9%。[1]从这组数据可以看出移动端新兴媒体的普及范围之广，连接受众之多。体育赛事转播在这样背景之下，具有了更强、更及时的交互性。网民在观看比赛的同时，可以及时地与其他人一起在社交媒体上进行沟通交流，发表自己的观赛体验等，这也极大地增强了体育赛事转播受众与体育赛事之间的互动

---

[1] 中国互联网络信息中心. 第47次《中国互联网络发展状况统计报告》[R/OL].（2021—02—03）[2022—03—10]. http://www.cnnic.cn/hlwfzyj/hlwxzbg/hlwtjbg/202102/t20210203_71361.htm.

性。第三，选择自由，主动性强。数字时代，随着互联网技术的不断发展进步，体育赛事转播也不再是像过去一样仅仅有一个频道可选择、只能被动接受电视台的赛事转播，而是可以根据自己的喜好在多个转播平台、多个转播线路、多种不同风格解说中选择自己更为偏好的进行观看。体育赛事转播在内容上更加细分，更加考虑不同受众的不同喜好，并且可以借助现有的新媒体技术来实现、满足体育赛事转播受众多种多样的需求。

数字时代的体育赛事转播可以说是真正意义上的大众转播朝着个人转播转变的开始。相比于大众传播时代，体育赛事转播受众一味地接受、总是处于被动地位相比，数字时代的体育赛事转播在转播媒介和转播权力上都在向着受众倾斜，开始逐渐实现受众与转播媒介之间的平等地位。数字时代，体育赛事转播受众开始不仅仅是消费者，更逐渐开始成为参与者、决定者。

四、小结

本章节通过梳理前大众传播时代，电子时代和数字时代的体育赛事转播的大致发展历程及其所具有的不同特点得出：

1. 前大众传播时代：在口语传播时期因为社会生产力的低下，技术发展的落后，人与人之间沟通，信息的传播方式以面对面交流为主。这一时期更多的是体育信息的传播，而不属于本论文所定义的体育赛事转播的范畴。口语传播时期面对面的交流方式需要交流者双方在同一时间、同一地点，传受双方"身体"均在场的具身传播。传播过程中是一种全感官参与的传播，视觉、听觉、触觉、味觉、嗅觉都全程参与传播，传受双方的互动性强，反馈及时。这一时期赛事信息传播并不涉及跨时间或者跨地域传递，也还不存在特定技术的应用。在印刷传播时期，随着印刷技术的产生和不断发展，印刷媒介的到来使得大众接触信息变得更为便捷、快速，不同阶级之间的传播壁垒被打破。体育信息和文化得以被系统地记录下来，并且可以实现跨越时间和空间的传播。虽然印刷时代的体育传播更多的是一种体育信息、体育知识的传播，不属于本研究所定义的体育赛事转播行列，但是其背后印刷技术的支撑作用开始显现出体育赛事传播背后的技术基因。

2. 大众传播时代：广播和电视的出现使得传播正式迈向了大众传播时代，广播开启了以听觉为中心的传播转向，而电视则是将声音与画面相结合，带给观众更为刺激的画面享受。电子传播时代可以说真正迎来了本研究所定义的体育赛事转播。不论是体育广播进行的赛事实况转播还是电视体育赛事转播，电子时代体育赛事终于以一种更加真实、生动、及时的方式展现在人们面前。体育赛事转播在电子时代不仅跨越时空限制，更是开始以一种极低时延的形式，以画面越来越高清、声音越来越立体的形式展现在观众面前。这一时期无线电广播技术，3D技术，高清、超高清视频技术，三维声技术等开始越来越多地被应用于体育赛事转播之中，体育赛事转播背后的技术基因也愈发凸显。

3. 数字时代：互联网在21世纪的快速发展，给人们的生活带来了翻天覆地的变化。网络技术与计算机技术的不断更新，使得海量的信息以更便捷的形式快速传播。体育赛事转播在数字时代也开始有了新的媒介方式的加持。电脑、手机、平板电脑的可移动性、便捷性，使得人们在观看体育赛事转播时开始在"大屏""中屏""小屏"之间随意切换，随时随地观看比赛；新型社交媒体的出现使得观众在观看比赛的同时可以及时地与朋友沟通分享，及时反馈自己的观赛体验、参与互动；VR/AR/MR等技术的创新应用使得人们开始以一种虚拟身体的方式参与到比赛之中，获得更为真实的虚拟体验。数字时代的体育赛事转播开始出现具身传播的特点，数字时代的体育赛事转播受众也不再是处于一种被动接受的状态，而是开始参与比赛转播之中，具有一定的决定性。整体上看，不同时期体育赛事转播各具特点，不断变化，而这背后，技术发展和应用扮演着一个至关重要的角色。

第三章　技术创新与体育赛事转播的出发点

数字时代新技术层出不穷且更新与发展速度不断加快，体育赛事转播受众的需求也随之不断改变。受众需求和技术创新之间不断地相互促进，使得体育赛事转播呈现出新的特征与趋势。

受众是体育赛事转播的出发点和落脚点，因而如何满足受众需求是体育赛事转播发展过程中考虑的首要问题。数字时代，体育赛事转播在各行各业技术快速变革的背景之下，取得了巨大的发展和进步。但是，无论技术如何发展，其根本还是要为受众需求服务，受众的需求始终引导着技术创新、发展和应用的方向及实践。然而，受众需求始终处在动态变化之中，如何更准确、更系统、更有前瞻性地了解和把握受众需求，影响着各项新技术被引入和应用于体育赛事转播领域的进度。

现阶段对于体育赛事转播受众需求的把握较为零散，且存在对受众需求把握不平衡的情况，例如对于视觉和听觉感官需求重视而忽视其他感官需求的满足等情况。体育赛事转播受众的需求是多种多样的，不能仅仅重视感官体验而忽视身体其他系统体验及心理层面的体验。而具身认知理论则是强调人的认知是具身的，包括全部感官系统和运动系统在内的整个身体在和外界环境互动中的全部体验；同时人的认知也是和环境或者情景紧密相关的，认知主体处在和环境实时互动交互的状态中；个体的认知是个体的身体、心理及环境这三者相互作用、相互互动所形成的，是一种动态变化的状态。具身认知理论强调的身体参与的重要性及心理、身体与环境的互动性可以帮助我们更好地从生理需求和心理需求两大方面了解和把握体育赛事转播受众需求的发展和变化趋势。

一、受众生理需求

具身认知理论所强调的是身体在人的认知过程中的重要性，认为认知过程是一个借助于身体结构和各种感觉系统、运动系统等实现的与外界环境的交互过程。在体育赛事转播的过程中，受众在参与转播的过程中就是对于比赛现场环境的一种认知过程，从这个角度出发，受众在观看体育赛事转播的过程中首要需求就是对于包含感官、运动系统等在内的身体参与的需求，也就是基础的生理层面的需求。体育赛事转播受众的生理需求，笔者认为主要包括以下两个方面：第一，对于体育赛事转播视觉、听觉、触觉、嗅觉、味觉等感官信息获取的需要；第二，对于包括运动系统在内的身体行为、身体动作等的沉浸式参与需求。

受众生理需求的存在和变化是引导和促进技术在体育赛事转播领域应用和创新的根本原因。为满足受众对于视觉观感的需要，从黑白电视、彩色电视到标清、高清电视，再到如今的超高清视频转播的应用，从大众传播时代到如今的数字传播时代，体育赛事转播领域对于视觉相关技术的引入和发展创新始终未曾间断。从1936年的柏林奥运会，第一次有了奥运会转播，使得无数无法亲临现场的观众能够远程观看奥运；到1964年东京奥运会，开始使用彩色电视信号来制作奥运电视节目并使用卫星转播来传输奥运信号，使得人们可以实时观看奥运赛事转播节目；再到2008年北京奥运会开始全面采用高清信号转播赛事节目，正式开启高清时代；再到2018平昌冬奥会上的对部分赛事4K超高清赛事直播以及东京奥运会的所有赛事全程4K超高清直播；再到北京2022年冬奥会的第一次采用4K超高清+高动态范围（HDR）的冬奥会转播。

为了满足受众的听觉需求，音频技术从最初的单声道，也就是单一声音来源，声音单调；到双声道，根据人的双耳接受声音来源的原理来模拟声音传输；再到立体声的出现开始展现出比赛现场立体空间感和临场感；再到现阶段的环绕声，也就是基于现场观众的真实体验来创造出更加接近于比赛现场的声音传输效果；再到三维声，即通过多个声道对声音源的采集，进而进行组合加工来最大可能还原现场真实声音效果。例如，在2018年俄罗斯世界杯期间，中央电视台在CCTV-5移动客户端转播过程中采用了沉浸式三维声的音频转播技术，第一次来为观众带来更加具有沉浸感的赛事观看体验。通过在客户端开发新的视频播放器，进而嵌入杜比公司DD+解码和双耳渲染引擎，以此来识别音频流，对音频流进行解码，再生成新的音频数据，接着通过Dolby Audio Library来进行虚拟环绕音、音量均衡、对话增强等声学处理来提升声音在移动端的音频体验，最后将经过渲染的音频数据传送至移动端扬声器设备进行播放。除了视听两大领域各种技术的创新和应用，随着受众对于嗅觉、触觉、味觉等其他基础感官的体验需求愈发增强，虚拟现实技术、增强现实技术、混合现实技术、触觉互联网、物联网等各领域的新技术也开始逐渐被引入体育赛事转播的领域。

除了感官层面的生理需求，受众还希望在观看体育赛事转播的过程之中有更多的身体参与、身体互动，以期获得更加真实且沉浸式的观赛体验，而这样的需求也在进一步促进着虚拟现实技术、增强现实技术、混合现实技术等不断地被引入和应用于体育赛事转播领域。Codemaster是一家英国游戏厂商，其开发的F1官方PC电子游戏中，使得F1电子竞技运动员、专业车手和名人车迷在虚拟的巴林Sakhir赛道上进行比赛。这样一场首次举办的虚拟赛事吸引了320万在线观众，并且使得平时几乎不可能体验到F1比赛的观众借助虚拟产品进而更接近比赛实际情况，加深了观众与这项运动的接触和体验。[1]体育赛事转播受众的生理需求是基础性的需求，是处在不断发展和变化之中的，这些需求始终是引导技术创新应用的根本。为了使观众在体育赛事转播过程中获得更好的观赛体验，不论是转播机构、体育赛事联盟还是各大科技公司，都在不断尝试用更加新颖的技术手段来实现和满足受众的基础生理需求。

二、受众心理需求

基于具身认知理论的视角，认知、身体和环境是紧密相连并且时刻处在动

---

[1] 瑞腾国际体育科技ABSG. 全球体育科技资讯|与电子竞技和虚拟运动携手发展的创新科技公司[R/OL].（2021—12—30）[2022—03—10]. https://mp.weixin.qq.com/s/Y5DtDP37297Nz0rWvYDYCg

态变化之中的，也就是说认知是身体实践和外部环境互相依赖、互相影响、互相塑造的一个交互过程。就体育赛事转播而言，在以往大众传播时代，受众大多处于一种单向度的接收者地位，并不存在所谓的互动和交互。而随着受众的生理需求得以实现后，逐渐产生更高级的心理需求，例如体育赛事转播受众在基础的感官体验和身体参与需求得以满足之后，会渴望在观看体育比赛的过程中通过更深层次、更直接的方式与他人互动并能够获得他人对于自身专业性、深度性知识和了解的尊重、肯定、认可等。除此之外，体育赛事转播受众也愈发渴望能够在体育赛事转播的观看过程中实现自我价值，比如在体育赛事受众群体中成为专业信息、观点的输出者，意见领袖，权威者等。体育赛事转播的受众开始期待在转播过程中扮演占据更加主动、更加贯穿于全流程的角色。

体育赛事转播受众越发强烈的心理层面的互动性、交互性需求亟待满足，这在更大程度上促使技术的发展开始越来越关注对受众专业化和垂直化需求的满足，以及喜怒哀乐等各种观赛情绪的激发和满足。一些转播公司和机构为了满足体育赛事转播受众对于画面内容的丰富度、可看性等方面的需求，即可视化数据分析领域的需求，开始不断引入和创新相关技术的发展。例如，来自美国洛杉矶的体育数据分析公司Second Spectrum是一家基于AI技术为篮球、足球俱乐部提供视频追踪和数据分析的一家创业公司。Second Spectrum在2018年与NBA球队洛杉矶快船队合作推出的Court Vision应用是基于人工智能和机器学习技术，以增强现实的方式，将比赛数据转化为可视化的图层，并将其覆盖在比赛转播画面之上，从而使得观众在观看转播画面的同时还能够自由选择多种视角来观看丰富多样的数据分析。（如图17所示）这项技术的应用在更大程度上满足了体育赛事转播受众越发专业化的需求，他们对于自己所喜爱、所关注的体育比赛领域已经有了相当程度的了解，在这样的基础之上，他们更加渴望在收看赛事转播时可以获取更多且更加直观的专业性知识。正是受众的这些专业化需求促使着诸如人工智能技术、机器学习技术、大数据、算法、虚拟现实技术等各个领域新技术在体育赛事转播领域的不断创新应用，为这些技术的创新和发展提供了更加明确的方向，指引其更快更好的发展。

各行各业新技术的发展是十分快速的，这些新技术被引入和应用于体育赛事转播领域并不是毫无依据，而是基于满足受众需求这个首要前提的。受众有着不同的基础需求，在基础的生理需求被满足后又会产生更为高级的心理层面的需求，不论是生理需求还是心理需求，都是各种新兴技术被用于体育赛事转播领域的依据和出发点。可以说，体育赛事转播受众的需求在很大程度上引导着技术在体育赛事转播领域的发展和应用方向。

图17 Court Vision应用程序为比赛主播带来丰富视觉效果

第四章　技术创新满足并激发受众需求

一、个性化需求

受众需求是技术创新应用的根本出发点，而技术也在受众需求的指引下不断发展和应用，进而满足并激发新的受众的需求。近些年，随着技术的迅猛发展，新媒体的应用不断促进着人们主体意识的觉醒与增强。受众开始对于大众传播时代单向性的、被动接受性的、千篇一律的、不可选择的传播感到不满足，他们更希望自身能有更多地参与体育赛事转播，能够主动选择自己喜欢的体育赛事转播，甚至可以定制自己喜欢的体育赛事转播。技术的不断创新与发展在一步步激发受众个性化需求的同时，也在通过技术来满足受众的个性化新需求。

在观赛渠道上：随着技术不断发展，电视、电脑、笔记本电脑、手机、平板电脑相继出现并快速更新。受众在不同时间、不同地点根据自身的需要会有不同的观赛终端的需求，那么体育赛事转播在终端选择时需要将其考虑其中。从图18可以清晰地看出，中央电视台在转播2018年俄罗斯世界杯时就选择了多终端、跨平台转播的形式。

2018年俄罗斯世界杯是中央广播电视总台正式成立之后迎来的首个国际性大赛，中央广播电视总台在本届世界杯转播上也采用了多终端、多时段、多形式的转播模式。其中，多终端转播是本次央视对俄罗斯世界杯转播的最大特色之一，CCTV-5、CCTV-5+、CCTV客户端、央视影音移动客户端以及中央电视台自有新媒体平台等多个终端同时对本届世界杯的比赛进行赛事转播和新闻报道。多个终端的转播模式可以说全方位覆盖了不同时间、不同地点想要观看体育赛事的受众的需求,受众可以根据自己的实际情况和需要来灵活地选择手机、电脑、电视等不同终端随时随地观看体育比赛转播。从大众传播时代,观众只能单一的、被动的、固定坐在电视机前观看体育比赛转播,到如今数字传播时代,观众可以根据自身需求,主动灵活地根据实际情况来选择合适的终端进行体育比赛转播的观看,技术无疑在其中扮演了重要角色。互联网技术,移动通信技术等的发展促使了各种媒介终端的产生、应用与发展,移动端、PC端等媒介终端的出现为体育赛事转播提供了更加多元的选择,也为观众提供了更加丰富的媒介终端选择,满足了不同观众、不同时间、不同地点的不同需求,满足了观众的个性化需求。

图18 中央电视台多终端转播俄罗斯世界杯

在观赛内容上:对于一场体育比赛的转播来说,最核心的部分永远是体育比赛本身。随着人们生活水平的提高,娱乐活动的需求开始逐步增强,而体育比赛作为人们娱乐生活中的一个重要组成部分,在比赛转播内容的丰富度层面也在与时俱进地发展,以期满足数量庞大的观赛群体的多种不同需求,例如个性化比赛内容推荐、主动性比赛观看选择等。在新技术的支持和推动下,各种观赛终端为满足观众个性化需求提供了基础的硬件支持,而大数据、人工智能、机器学习等技术则为满足观众个性化观赛需求提供了软件支持。

首先在比赛场次的选择上。在传统的大众传播时代,观众只能被动地观看电视上转播的固定赛事,而不能根据个人喜好选择自己感兴趣的比赛。但是现如今,随着媒介终端越来越智能化,大数据分析及个性化推送的精准化之下,观众有了更多自主的、专属的选择。例如在PP体育移动客户端上，用户注册登录时便可以选择自己感兴趣的主队和球星，后台会根据用户不同的选择来智能化地识别并推送你可能感兴趣的比赛赛程和比赛信息。（见图19）

图19　PP体育移动端关注球队页面

除此之外，用户还可以根据自己时间的不同来灵活地选择合适时间段内的比赛来进行观看，点击比赛直播信息中"预约"一栏，App便会在比赛开始前以手机短信等形式提醒用户准时观赛。（见图20）

图20　PP体育移动端比赛直播与预约页面

其次，在比赛解说的选择上。比赛解说是体育比赛转播过程中一个重要组成部分，常常能够为一场比赛的成功转播带来意想不到的促进作用。广播体育赛事转播时期，因为观众无法看到比赛现场的实时画面，因而借助体育解说对于比赛现场的描述来获得对比赛进程和比赛内容的了解。这一时期比赛解说不仅需要用语言来描绘比赛内容，更需要用情绪、语调、停顿等来传递比赛的紧张、刺激、焦灼等状态。随着电视、互联网等新媒介的不断发展，观众可以通过实时画面转播看到比赛的精彩时刻，这一转变促使体育解说开始朝着为观众提供更多比赛背景、球员背景等信息转变。不同解说各自的风格也不同，对于足球比赛来说，中央电视台体育频道的解说员贺炜被球迷们称为"诗人"，他的解说风格可以说是富有诗情画意又不失幽默风趣。2008年欧洲杯法国队出局时，贺炜在解说中引用法国文豪福楼拜的名言说到"人的一生中最光辉的一天，并非是功成名就那天，而是从悲叹与绝望中产生对人生的挑战、以勇敢迈向意志的那天。我们也以这句福楼拜的名言，送别即将离去的法国队，希望法国队重拾勇气，重振辉煌！"这段解说在赛后也是引发了无数球迷的讨论与称赞。著名英超解说詹俊被球迷们称为"行走的英超数据库"，从1997年开始接触英超解说，詹俊的解说生涯可以说与英超紧密相连，见证了英超发展的起起伏伏，因而也对英超比赛的各种数据、历史背景有着深厚的了解，在解说时为球迷们提供及时的信息补充。

在北京2022冬奥会上，咪咕体育在转播冬奥短道速滑比赛时推出的黄健翔和王濛组成的"濛翔成真"解说组合成功出圈，微博"王濛解说"一词的阅读量达27亿次。在冬奥首金的影响下，王濛的多个金句如"我的眼睛就是尺""你永远可以相信中国短道速滑队"迅速在网络上流行开来，网友也是纷纷表示"请将王濛焊在解说席上""为了听王濛解说专门下载了咪咕App"。在这一次看似突然的出圈背后，其实是咪咕体育一直深耕的"解说天团"策略。不同的解说风格各不相同，观众也自然有各自不同的偏好，因而个性化的选择自己偏好的解说也是体育赛事转播中满足观众个性化需求的一个重要方面。

在比赛视角的选择上。随着技术的不断发展，体育赛事转播受众的需求也随之不断更新和变化，相比于过往只能被动地接受转播方提供的单一转播视角，观众们开始更希望自己可以自由选择偏爱的视角来观赛。英特尔集团所研发的True View摄像头系统在英格兰超级联赛曼彻斯特城俱乐部的实践应用是一个很好的实例。在2019年9月曼城对阵沃特福德的比赛中，当时效力于曼城的球员阿根廷前锋塞尔吉奥·阿圭罗主罚并命中一粒点球，帮助球队取得2比0领先。这一幕被设置在伊蒂哈德球场的遍布在整个球场的38个超高清5K摄像头拍摄下来，这38台超高清摄像机捕捉到了他的每一个动作，拍摄到了数千张图像。通过对这些图像的整合，加以3D模型的形式还原伊蒂哈德球场内部当时所发生的一切，观众可以通过曼城俱乐部官方App Man City 来选择阿圭罗视角、裁判视角以及守门员视角三种不同视角来观看阿圭罗主罚点球这一时刻。（如图21所示）

　　这一多视角选择的实现依赖于True View摄像头系统中采用的立体捕捉技术（Volumetric capture）。立体捕捉技术是指用多个摄像头进行多角度拍摄，完成全方位的画面记录，然后创建出一个完整的数字副本，最后通过VR等设备，为用户呈现全息景象。[①]正如曼城俱乐部首席市场官员所说，曼城俱乐部的观众只有1%居住在英国能够有机会来现场观赛，其他大部分球迷无法感受现场比赛的氛围，而True View技术可以为无法来到现场的观众带来一种介于电视转播和现场观赛之间的观赛体验。虽然目前这项技术只限于图片形式的多视角选择，但是为下一步实现多视角视频观看、多视角赛事转播提供了很好的启示。

图21　Man City应用中三种不同观看视角选择

---

　　① THU体育科技评论. True View指明赛事直播的未来：将体育竞技与电子竞技体验相融合[R/OL]. （2019—10—25）[2022—03—10]. https://mp.weixin.qq.com/s/ukr6rfv3x6QzbKoEivc_2w.

体育赛事转播始终是要以受众为中心，受众是出发点和落脚点，因而也应该将更多的主动权交给受众。根据受众的不同需求来合理、细化地为其提供专属的体育赛事转播，应该是体育赛事转播今后发展的前进方向。技术的创新、发展在一步步满足受众个性化需求的基础之上，也在不断激发着受众产生新的个性化需求。

二、社交性需求

体育比赛作为人们娱乐活动的重要组成部分，社交需求是其与生俱来的特性。相比于现场观赛时可以与同伴随时沟通交流，为球员精彩表现欢呼、为错失良机遗憾懊恼等，远程观看体育赛事转播的观众在社交、陪伴方面则比较欠缺。2020年年初，突如其来的新冠疫情使得五大联赛、NBA、欧洲杯、美洲杯等世界范围内大量体育赛事停摆，即便是之后的慢慢复赛过程中，比赛基本也是选择空场比赛。在这样的背景之下，如何满足体育赛事转播中观众的陪伴性需求成为一个亟待解决的难题。

作为英国最大的宽带和移动网络公司、英国最大电信设施运营商、同时也是英国领先的体育广播公司之一，英国电信集团（British Telecom，BT）在2020年BT Sport移动应用程序上推出了"比赛日体验"（Match Day Experience）这一新的功能，[①]此功能旨在为球迷因疫情无法进入现场观赛的情况下能够获得更好的观赛体验。这款新功能最大的特色之一就是"一起观看（Watch together）"这一组成部分，其允许多个球迷同时观看同一个体育赛事。每位观赛者的一举一动都会被摄像头记录下来并与比赛过程中实时同步显示在屏幕上，每位观赛者都可以看到其他人的观赛反应，比如进球时激动的欢呼、错失良机时的抱头遗憾等各种反应。（如图22所示）

---

① THU体育科技评论. 英国电信基于5G打造全新观赛体验，里奥·费迪南德上阵介绍[R/OL].（2020—11—26）[2022—03—10]. https://mp.weixin.qq.com/s/66nEZre79vEDk6JuBylMWw.

图22 BT Sport "一起观看（Watch together）" 功能

与之相类似的还有英超曼彻斯特城俱乐部和思科公司合作，利用思科的视频协同平台Cisco Webex在曼城俱乐部官方App Man City上推出了线上观赛派对（Watch Together Parties）和现场虚拟观众席等新功能。关于线上观赛派对功能，其主要目的是使观众"重返赛场"，虽然因为疫情或其他原因球迷无法现场观赛，但是却在数字世界相互连接，回到赛场。

在曼城官方App，通过"Cityzens"这个入口，就可以参与由Webex主办的虚拟派对。在比赛进行的当日，观赛者可以与来自世界各地的球迷们欢聚一堂，共同观赛，一同为喜爱的球队加油喝彩。通过这一功能，球迷们相互连接，随时沟通，就如同和朋友们一起在球场或是酒吧中一同观赛一般。除此之外，曼城俱乐部还将一块巨大的LED屏幕安装在球门后方，用来投影线上观赛的球迷的实时观赛画面，观众可以随时为球队加油喝彩，营造了一种现场观赛之感。（如图23所示）

图23 曼城俱乐部主场伊蒂哈德球场后方LED大屏幕

陪伴性是体育比赛中极为重要的一点，无论是球迷与场上球员之间的相互陪伴，还是球迷与球迷之间的相互陪伴都对体育比赛本身起着至关重要的作用。在突如其来的新冠疫情之下，体育赛事转播在应变中加快了各类新技术、新应用的实践。不论是BT Sport的"比赛日体验"还是思科公司的"线上观赛派对"，这些新的应用在解决当下球迷无法现场观赛、缺少陪伴性、观赛体验不足等问题的同时，也为体育赛事转播的未来发展提供了新思路。当疫情得到控制甚至是结束以后，这些新技术、新应用可以继续发展进步，不断满足观众的新需求。

三、互动性需求

随着受众主体意识的不断增强，以及云计算、大数据等各种技术的不断发展，深度参与、交流互动、即时分享等特征开始成为体育赛事转播中日益突出的主要需求。如何满足体育赛事转播受众日益改变和增加的新需求，还是要从技术的角度来寻找路径并不断尝试。

面对新冠疫情之下NBA联赛的停摆和空场比赛规定，金州勇士队在2020年NBA选秀大会期间提供了免费的线上互动直播"勇士选秀室（Dubs Draft Room）"这一虚拟的第二屏幕观看体验模式。球迷们可以通过移动端或者电脑看到实时的选秀情况和解说员对选秀大会以及球队情况的介绍。球迷可以在选秀室中借助聊天功能与球队现役球员、球队名宿、解说员等进行聊天、互动、参与有奖竞答等。随后在疫情好转，新赛季开始以后，部分球队允许一小部分观众现场观赛，但对于大部分无法现场观赛的球迷来说，线上互动、交流对于观赛体验来说至关重要。

在新赛季开始勇士队发布了Dub Hub的虚拟观赛体验。勇士队每场比赛选择120名球迷，将他们观赛时的状态投屏在球员板凳席后的LED视频屏幕上，球迷们可以随时看到自己及其他观赛球迷的实时观赛状态、反应等。同时，球队管理人员还在勇士队主场的球员通道两旁设置了LED屏幕，并选择部分球迷将其投屏在上面，借助麦克风和扬声器，这些球迷可以随时为走进通道中的球

员加油呐喊、进行互动①。（如图24所示）

图24　NBA勇士队主场Dub Hub的虚拟观赛体验

受众在体育赛事转播中主体性意识增强的另一大表现就是个体表达欲望的增强，受众开始渴望有更多的机会来发表自己对比赛、球员、观赛体验的不同观点与想法，渴望与其他受众一起相互交流。美国网球协会携手IBM致力于打造美国网球公开赛的数字化体验。面对疫情所造成的困境，IBM依靠强大的Watson人工智能平台，为美国网球公开赛打造了"Watson比赛洞察""Watson开放讨论"等系列新功能。其中，"Watson开放讨论"这一功能背后依靠的是Watson Discovery这一技术。Watson Discovery使用自然语言处理技术，通过对数百万篇文章的学习、理解、分析，识别这些文章中讨论的正反方的观点。在此基础上评估这些观点的质量，然后在每一场讨论之后，自动生成具有说服力的、综述性的总结，并将这些总结发布在讨论平台，供球迷们阅读、讨论、并发表自己的观点。球迷们发表的新观点又会被再次整合进Watson人工智能平台，并借助大数据、云计算等技术进行分析。通过这样的自由讨论、观点发表、交流互动，受众得到了极强的参与度，美国网协也以此拉近了美网与球迷之间的距离。

国内体育赛事转播在加强观众互动，满足观众参与性需求方面也做了很

---

① THU体育科技评论. 金州勇士发布Dub Hub，让球迷在大通中心的虚拟观众席上欢呼[R/OL]. （2020—01—04）[2022—03—10]. https://mp.weixin.qq.com/s/xGPTKLgSwTwQStGQBn22CQ

多尝试与创新。咪咕视频在2020中超联赛的转播中推出了全新科技"5G云呐喊",这一功能也是在应对疫情下空场比赛时而产生的。(如图25所示)

图25 咪咕视频移动端观赛"云呐喊""云观众"功能

远程观赛的球迷通过咪咕视频移动端点击想要观看的比赛直播场次,点击"云观众连线",接着点击"开始连接"可以进入云看球页面,云观众看球画面也会同时出现在比赛现场的超大屏幕上。在云观众看球页面点击自己喜爱的球队队标,便会出现"呐喊"和"打鼓"两个选项,球迷可以通过这两个选项在观看比赛的过程中为自己支持的球队加油呐喊,呐喊分贝越高获得分值越高,打鼓一次也可以获得一分。系统则会根据各支球队球迷呐喊的分贝数转化为声量值,声量值领先的队伍,咪咕定制演播室将安排2分钟打CALL时间来为球队进行应援。"云观众""云呐喊"等功能的应用充分调动起了体育赛事转播观众对比赛的参与度,提高了观众的参与性和互动性。

人工智能、大数据、算法、虚拟现实等技术在5G技术的加持下,开始在体育赛事转播领域发挥出愈发多样、强大的功能。在这些新应用、新创新的不断发展之下,体育赛事转播受众开始在观赛过程中有了更多参与度,而不是单纯地在观赛过程中做一个接受者,观众开始越来越多地借助技术手段与球员、球迷互动起来,这种双向、多向的互动极大地满足了受众的参与性需求。

四、拓展性需求

对于体育赛事转播来说,转播技术本身只是一种中介,来协助受众与比赛现场相互连接。因而对于体育赛事转播受众来说，他们无法亲身到现场观赛，无法感受比赛主办方所精心设计的赛前、赛中和赛后相关的一系列现场活动和延伸服务，那么如何满足远程观赛受众的延伸性需求则是一个亟须解决的问题。

受疫情影响，NFL球队洛杉矶公羊队（Los Angeles Rams）新建的价值50亿美元的橄榄球球场在最开始无法迎来球迷的现场观赛，也无法推出新球场的高科技技术带来的新体验，但是球队立即转而开发新的线上观赛新功能，为球迷带去新体验。洛杉矶公羊队在比赛开始前会通过球场内双侧重达220万磅的视频记分板播放球员相关信息，引入乐队表演调动活跃观赛气氛，再通过球迷聊天室与球迷进行互动，提问一些球队轶事。除此之外，球队洛杉矶公羊队还组织每周比赛精彩活动，主要包括哪队先完成首次长传，或者哪四名球员将在比赛中做出最多次拦截等，竞猜获胜者可以获得的奖品包括Fanatics（球队赞助商）礼卡，可以购买公羊队的周边产品，终极大奖则是2021年在SoFi体育场的绝佳观赛体验。在赛后的延伸性体验上，则会在球场内大屏幕上及时播放比赛的精彩画面与集锦。（如图26所示）

图26　洛杉矶公羊队比赛直播前后体验活动

为了使得球迷对球队有更多的了解，洛杉矶公羊队通过AR体验提供虚拟球场参观的服务。借助于AR技术，球队四分卫球员贾里德—高夫（Jared Goff）将摄像机镜头对准更衣室，然后带用户走进球场，并环顾四周，用户可以看到巨大的椭圆形视频记分牌以及球场干净的氟塑膜顶，还可以看到南卡的蓝天。AR体验使得球迷可以在体育场内的广场观光，拥有球队比赛季票的球迷还可以在他们的座位上享受绝佳的观赛视角。

除了对于比赛前以及比赛后的延伸需求有了更大的提升之外，体育赛事转播受众对于比赛转播过程中的观赛需求也有了新的变化，人们对于同一时间不同体育赛事的转播可能都有着极大的观看兴趣，但是以往人们只能在同一个屏幕中观看一种赛事转播，不得不做出抉择，选择自己最想观看的一场赛事。然而，随着技术的不断发展进步，"多屏同看"的出现使得受众可以在同一时间同一屏幕观看多种赛事转播。咪咕视频在2018俄罗斯世界杯期间将技术创新与业务呈现深度结合，给广大用户提供了极具科技感和主动权的观赛体验，尤为值得一提的是推出了"多屏同看"这一功能。（如图27所示）进入咪咕视频移动端在最上方的选择栏中点击"直播"这一选项，进入直播页面便可以看到"多屏同看"这一选项，点击进入"多屏同看"页面，最多可以添加4个直播栏目，实现同一时间、同一屏幕观看4项不同体育赛事的转播。"多屏同看"这一功能的推出，极大地满足了受众对于体育比赛观看的延伸性需求。

图27 咪咕视频移动端"多屏同看"功能

比赛现场观赛的观众与收看体育比赛转播的观众，这两者在观赛体验上有着很大的区别，对于体育赛事转播的观众，也就是绝大部分观众来说，他们已经不再满足于仅仅观看比赛而已，他们也开始渴望能够有更多的赛前、赛中、赛后的延伸性体验，而如何满足这种体验则需要以技术的手段来实现。无论是NFL球队洛杉矶公羊队的基于AR技术，还是咪咕视频推出的黑科技"多屏同看"功能，都是技术的发展与进步促使了对体育赛事转播受众延伸性需求的满足。

五、专业化需求

在传统的体育赛事转播过程中，受众更多的是看转播画面、听赛事解说，但是随着体育赛事转播受众专业化程度的不断增强，传统的体育赛事转播单纯的"画面+解说"模式已经无法满足受众在某一赛事领域对愈发垂直化、专业化的需求。

"创新意味着挑战现状。作为世界上最具创新精神的科技公司之一，与AWS的密切合作大大加强了我们过去20年在创新方面的投资，所有这些都有助于我们为球迷提供世界级的足球体验。"德甲联赛首席执行官克里斯蒂安·塞费尔特（Christian Seifert）在采访中说道。[1]作为欧洲足球五大联赛之一的德甲联赛在技术创新应用方面始终走在前列，在与亚马逊云服务（AWS）2020年达成合作中，德甲联赛将使用亚马逊云服务提供的人工智能技术、机器学习技术以及数据库和存储服务等，来分析、计算并提供比赛实时的统计数据，以帮助体育赛事转播受众更好地预测比赛结果、分析比赛进程等，以此来满足受众更为专业的、垂直化的需求。

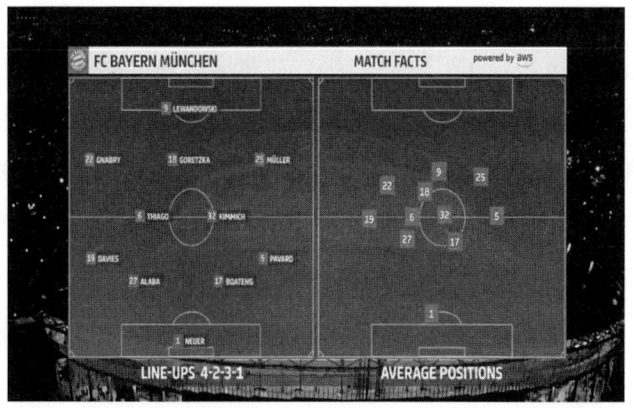

图28　德甲联赛转播中拜仁慕尼黑队"平均场上位置"图

---

[1] 环球网. 德甲再添"黑科技"：用数据分析来辅助"比赛" [R/OL]. （2021—02—20）[2022—03—10]. https://baijiahao.baidu.com/s?id=16921753262599960054&wfr=spider&for=pc.

其中"Average Position（平均场上位置）"这一应用旨在让球迷在观看体育赛事转播时，可以更好地看到球队球员在球场上的位置，并了解球队的比赛风格。

"平均场上位置"其实是根据球员在德甲联赛过往比赛中的球场上所在的位置进行追踪，根据收集到的位置数据进行分析，从而得到该球员在比赛时更多的是处于哪一个位置，比如是处于前场、中场、两翼还是后场等。（如图28所示）通过实时显示球员在球场上的位置并对比球员的平均场上位置信息，可以帮助球迷在观赛过程中更好地判断球队是处于进攻还是防守状态、是采用防守反击还是中路下压等技战术。

另一个应用案例是"xGoals\Expected Goals"，也就是"进球期望"，这一实际应用是基于机器学习（Machine Learning）这一技术得以实现的。机器学习通过对超过4万个进球和射门数据进行学习、总结，从而能够达到根据球员在场上的位置、射门时刻的速度、射门角度、后卫球员位置、门将出击位置等多方面信息进行实时收集来分析、判断、预测进球的可能性。例如图29所展示的在球员罚点球时刻的进球可能性，根据球员距离球门线11米、球和球门两侧立柱形成的夹角度数分别为37°，这一时刻球员取得进球的可能性为77%。

除此之外，基于亚马逊云服务，德甲联赛在赛事转播过程中还引进了"Speed Alert（速度警报）"这一应用。在赛事转播过程中，速度警报应用可以实时显示场上球员们在特定时间段内的最快冲刺速度，并用这些数据与球队最快速度、赛季最快速度、德甲历史最快冲刺速度等数据对比，为球迷展现实时球员排名。基于人工智能、机器学习、算法、大数据等技术，体育赛事转播开始引入更多新的应用，而这些应用也为观众带来了更为专业的比赛分析、更全面的比赛数据、更为直观形象的观赛体验，极大地满足了观众的垂直化需求。

除此之外，在北京2022冬奥会跳台滑雪比赛转播上正式亮相的"时间切片"技术更是将满足受众的专业化需求提升至了一个新的高度。通俗地说"时间切片"就是将时间做成切片，捕捉冬奥比赛中的高光时刻。借助于AI的学习、处理能力，不断优化算法，从而实现在7秒内将运动员从出发到落地的全过程高光动作进行识别，并将所有动作显示在一帧画面上。除此之外，还可以将不同运动员的不同切片在同一画面上做对比，让观众更加清楚地对比运动员的腾空高度，动作完成度等。这样一种转播技术应用，可以使得观众更加清楚比赛中运动员动作的难度、完成度和艺术表现性，帮助观众更好地理解运动员的得分差距并满足其更为专业化的分析需求。

图29 基于机器学习的"xGoals\Expected Goals"在德甲联赛的应用

六、便携化需求

在传统的体育赛事转播过程中，比赛内容和现场活动的制作和转播往往需要在比赛场馆内完成，这就需要庞大的技术团队、专业的转播车等相当多的人力和物力资源。但是随着比赛转播的内容体积在新技术加持下变得越来越庞大，以及在疫情的影响下许多体育比赛在制作和转播过程中无法到达赛场等多种原因，云转播技术得到了极大的发展并逐步满足体育赛事转播过程中的轻量化需求。

英特尔体育敏锐地捕捉到体育与传媒业正在经历的技术变革，在疫情之前便开始尝试将体育赛事转播过程中的视频处理等迁移至云端完成。主要包括四个方面：媒体行业的云运营，按需云基础设施，监测与追踪，自动恢复和弹性。其中媒体行业的云运营主要是负责保障整个内容制作团队管理运营的各个方面，做好转播过程中各方所需服务器的良好运行。按需云基础设施则是英特尔体育在各个不同地区赛事转播服务的基础设施，云基础设施与内容时间制作表相配合，使得一部分内容制作完成后可以封锁部分云基础设施，以保证其他不同地区赛事内容的顺利制作完成。检测与追踪、自动恢复和弹性功能主要是为云转播内容制作技术的保障环节。

  国内方面，云转播这项黑科技也在快速发展中，尤其是在北京冬奥会转播工作的准备中。张敏云（2021）认为转播技术就是"通过云的能力，把传统必须集中到一个场景的转播拆解成三个环节，分别为前端信号采集、云端编辑处理和导播制作环节，创造性地改变了制播工作方式，实现了转播设备云端化和人员服务远程化，提供低成本、专业级高清/超高清视频转播服务的业务平台"。[①]在5G技术和智能云网能力的加持之下，把转播过程中的多路4K或者8K视频信号传送至云端，导播在云端实现信号的切换、内容的制作，再通过5G网络或者固定网络将制作好的信号传送至各大电视台或者互联网等新媒体平台之上，通过这种云转播的形式极大地减少了传统转播过程中人力和物力的消耗。云转播技术的应用是北京冬奥会所倡导的"科技冬奥"的重要一环。2021年4月在五棵松体育中心举办的"相约北京"冰上项目测试赛上，云转播技术精彩亮相。云转播在云端开启多个云导播系统，主要提供赛事的云转播、无人混合采访和远程新闻发布三项服务。基于云转播的远程导播制作，同一赛事多版制作以及双云主备支持这三大特点，云转播在相约北京系列测试赛中表现良好，为北京冬奥会转播打下了良好的基础。

  北京2022冬奥会是百年奥运会历史上首次"云上奥运"。在本届冬奥会上，赛事系统、运动会管理系统、组织协同系统等核心系统皆已实现100%迁移至云端。6000多个小时、全程4K/8K赛事转播、电视网络高清直播信号全量上云、转播工作人员减少40%、网络延迟下降30%。这份成绩单是"云上奥运"便捷性充分的体现。以往的奥运转播中，各国的持权转播台需要将重达15吨的转播车运到主办国来完成转播任务，而在云技术的不断发展和应用之下，体育赛事转播的便捷性需求得以被极大满足。

---

① 张敏. 云转播"黑科技"引领制播技术变革——访北京国际云转播科技有限公司产品和解决方案部产品总监郭真[J]. 广播电视信息，2021，28（5）：14—15.

第五章　技术创新驱动下体育赛事转播的制约因素

一、"技术决定论"误区

体育赛事转播受众的需求是处在一个不断变动的状态之中的，但其最根本的需求始终是渴望体验更加真实的比赛现场的还原，渴望身在现场之外，而心却能真切地感受比赛现场之内的氛围。体育比赛所包含的内容是十分广泛的，也只有将这些内容最大程度上还原给观众，才能更好地满足观众的观赛需求。然而，现在也存在一种技术误区，那就是"技术决定论"的思维，认为技术可以解决所有问题，技术将主导体育赛事转播，进而为了发展技术而发展技术，忽视了技术的核心作用应该是为了受众而服务的。这也导致体育赛事转播领域存在一些视听技术看似非常先进、能够为受众带来极强的冲击感等，其实它所传递的体育比赛的信息很有限，导致受众虽然感官体验很强，但对于比赛的深度感知和理解很弱，这就偏离了技术的最初目的，导致受众的真实需求被忽视。

二、缺乏对技术与受众互动规律的把握

通过上文对体育赛事转播领域相关技术的应用情况分析可以发现，体育赛事转播受众的需求是技术发展和应用的出发点、落脚点，而技术在被应用于体育赛事转播领域后满足了受众需求的同时又会激发出受众新的需求。体育赛事转播受众需求和技术创新应用之间是一种互动促进的关系。然而，通过前文的

研究也可以发现，目前体育赛事转播领域关于受众需求和技术创新之间互动规律的研究和把握还相对不足。对于受众需求和技术创新之间互动规律进行更深层次、更全面的研究和掌握，形成相对成熟的指导理论，可以在很大程度上帮助和引导体育赛事转播领域的实践者更好地以受众需求为出发点，更好地将各行各业新兴技术更加快速、适时地应用于体育赛事转播领域。

三、技术带来的伦理问题

随着移动网络、人工智能、虚拟现实、大数据算法等技术在体育赛事转播领域的创新应用，人的身体逐渐回归到传播过程之中。体育赛事的传播从一开始的面对面式传播，即身体的完全在场；发展至后来视觉和听觉被剥离开身体进入赛事转播；再到如今，技术的发展使得人的感官逐渐虚拟化、呈现虚拟身体的在场传播，传播过程中的身体问题再度回到人们的视线当中，而与之相伴随产生的还有身体伦理问题。首先，随着技术在体育赛事转播过程中的参与程度越来越高，尤其是虚拟现实技术愈加广泛地应用，虚拟环境带来的沉浸感使得受众更多地停留在视听觉奇观的回味之中，过度诉诸感性体验而减少了对比赛事件本身或者体育文化本身的理性思考。现实世界和虚拟环境之间边界的模糊使得受众作为真实人的主体性在一定程度上被消解。

除此之外，关于"人机关系"之间所蕴含的潜在伦理关系也是需要被考虑的一个部分。在体育赛事转播领域，智能主播、智能机器人新闻采写等不断被应用，也在一定程度上改变着过往人际关系的模式。在技术的不断催化下，过去机器始终处于被人类主导和掌控并为人类服务的地位，但是现如今在机器学习、人工智能、物联网等一系列技术的加持下，机器似乎不再单纯地处在一个被动的位置，而是逐渐开始和人类处在一个相对平衡的地位，形成了人机协同的模式，甚至在某些领域机器已经处于主导地位，例如机器人体育新闻采写。人—机关系，或者说人与技术之间的关系正在变得更加多元，而这种多元背后也潜藏着人对于技术的掌控力度在不断被削弱的可能。

第六章　技术创新驱动下
体育赛事转播的趋势

通过上文对于技术和受众需求之间关系的分析研究发现，目前体育赛事转播领域发展面临的现实困境主要可以划分为两大方面，一是对于受众需求的重视和把握程度不够，二是对于技术所带来的伦理问题研究和解释力度不强。这两大现实困境在一定程度上限制了体育赛事转播未来的发展。下面，本研究将针对这两方面的现实困境提出相应对策并预测未来体育赛事转播将朝着何种方向发展。

赛事转播的出发点和落脚点始终应该是受众需求，即应以满足受众需求为核心。随着技术的不断创新发展，受众在原有需求不断被满足的过程中又不断延伸出新的需求。就现阶段而言，受众已经不再单纯地满足于仅仅是视觉和听觉上的观赛体验，而是渴望能有更加丰富多样的观赛体验。在生理需求方面，受众希望有多元感官的体验，比如触觉、嗅觉等；在精神需求上，受众开始渴望在观赛过程中能够有更多的交流、互动、分享等。在技术发展的层面，从互联网、物联网再到目前有学者提出的下一个发展趋势触觉互联网；从虚拟现实、增强现实再到混合现实；从标清、高清再到超高清，技术的发展在不断地推动体育赛事转播向着更加科技化、更加人性化的方向发展。那么在技术发展和受众需求的双重驱动下，未来体育赛事转播也必将会朝着更加注重于为受众带来更具沉浸感、更具真实体验感的观赛体验发展。

当前，虚拟现实技术在体育赛事转播领域的应用更多的被看作是一种帮助受众克服身体局限，摆脱身体桎梏，通过技术手段将人们带入模拟场景中的一种手段,这种手段使得人们既能离开身体又能获得在场观看的体验。正是在这样的背景之下,体育赛事转播更具有情境性、交互性、体验性及互动性等特点,这些特点结合受众需求的特点及变化共同促进了未来体育赛事转播可能朝着以下几个方向发展:

一、视角选择:自由化

体育赛事转播发展至现阶段,不论是对于赛事转播方来说还是对于受众来说,毫无疑问视觉效果的呈现仍然是最为直观、最被重视的一个方面,也是众多新兴科技得以在转播领域快速得到发展和应用的一个领域。但就目前的转播效果而言,无论是以电视媒体转播还是新媒体、移动媒体转播为主的转播方式始终难以克服电子屏幕对于视觉观看造成的一种隔离感、割裂感。这种屏幕内外真实与虚拟的强烈对比感无可避免地会造成观众赛事体验感的降低。然而,体育赛事本身却是一个极具现场感、真实感、体验感的活动,其魅力正是在于比赛当下所传递出的激情、不可控性、未知感等,因而沉浸感是体育赛事转播在未来需要不断提升和加强的方面。

体育赛事转播应该更加注重对于比赛现场一切可能影响受众观感的细节进行呈现,对比赛现场进行完整还原。在比赛转播的视角提供上给予观众更加多元的选择,在现有的转播技术基础之上,提供观众自由选择比赛观看视角的权利,这种自由视角选择不再是固定的某几个视角,比如运动员视角、裁判视角、观众视角等,而是提供包括比赛现场内部环境和比赛现场外部环境的全方位画面视角。在未来场内视角可能包括比赛现场球员、球迷、裁判、现场工作人员、球员休息室,后勤保障设施等所有硬件和软件在内的各种观看视角的任意选择;场外视角包括比赛场馆所在地的外部环境,城市环境、场外人员等视角。

二、收听体验:沉浸式

体育赛事现场的声音是非常复杂且多样的,包括运动的呐喊声、裁判的判罚声音、球拍击球的撞击声、现场观众的加油声等。正是因为现场声音的复杂性，声音的还原对于赛事转播观众的观赛体验而言至关重要。听觉体验与视觉体验相比，是一种截然不同的观感体验，而音频技术与视频技术的发展思路也截然不同。体育赛事转播在音频的制作与还原过程中，经历了从单声道，到双声道，再到立体声，到如今三维声的出现，音频转播技术已经在一步步地向着还原现场声而进步着。目前最新的音频技术三维声技术实际上是将声场还原成三维空间，为声音在平面场的基础之上增添了空间感、立体感，进而使得观众有一种被现场声音环绕包围之感，更具有临场感。三维声技术可以说是对以往音频技术的一次变革，它不再聚焦于声道的数量多少，而是针对现场中每一个事物定制专属的声音，并根据事物实时的变换而相应做出调整，以此还原现场声音，给观众以沉浸式收听的感受。未来体育赛事转播的过程，对声音的还原也应该继续沿着此方向，着力于打造沉浸式的声音体验。

三、感官接触：综合化

体育赛事最大的特点之一就是具有极强的现场感，在现场的观众除了可以观看到比赛的每一个精彩时刻，还可以在视觉、听觉上得到极大的满足，甚至可以获得嗅觉、触觉、甚至是味觉等不同感官的体验。例如，在足球比赛现场观赛的球迷可以在主队进球后与相邻球迷相互击掌庆祝，也可以闻到现场观众身上的香水味等。但就目前体育赛事转播的情况来看，远程观看体育比赛的受众显然无法拥有相同的全感官体验感，这就使得体育比赛的转播在满足受众生理需求层面还存在很大差距。就目前体育赛事转播领域的技术发展和应用程度来看，绝大部分技术还是侧重于提升观众的视觉和听觉两大方面的感受。虽然已经出现了一些VR、AR等技术的应用，4D甚至5D电影等的创新，在触觉、嗅觉等方面做出了一些尝试，但是体育赛事转播领域在提升观众触觉、嗅觉等感官方面的突破还远远不够。关于触觉体验感受的相关研究，更多的还是集中于仿真、生物、医疗等领域，在体育赛事转播领域的实践还相对较少。未来，体育赛事转播应该朝着为观众带来全感官体验的方向而发展，更加注重从局部的现场还原转向全部的现场还原，进一步逼近体育比赛现场的真实场景。

四、信息获取：全程化

体育赛事转播不仅包括对体育比赛开始到结束的固定时间段的转播，而且应该是一个关注全过程的转播，包括比赛开始前、比赛进行时以及比赛结束后的整个流程，其包含多个环节和节点。现如今，随着人们对于精神追求的要求越来越高，观众对于包括体育赛事在内的娱乐活动有着更加深入和深刻的了解，不再仅仅满足于对于比赛的观看，而是逐渐产生更多专业化的需求。体育赛事的受众开始更加注重赛前信息的了解和获取，以及赛事结束后的观感分享等。因而体育赛事转播在赛前应该注重提供更加丰富多样的信息获取通道；在观赛时提供观众多终端的及时更新的比赛实时数据；在赛后则更应该及时更新比赛相关数据统计等。随着社交媒体、移动媒体的不断发展，受众获得信息的通道越来越多，时空的界限也逐渐被打破，因而体育赛事转播也更加需要重视利用各种移动终端和丰富多样的社交媒体平台，及时、快速、准确地为受众更新赛事相关信息，满足受众对于体育赛事全过程关注的需要。体育赛事转播的受众渴望能够参与转播的整个过程之中，在各个环节发挥自己更为主动的影响。

第七章　体育赛事转播领域技术创新应用的建议

本研究以技术创新发展对体育赛事转播的影响为研究主题，在总结和归纳相关研究的基础之上，对体育赛事转播领域的技术发展与受众需求的变化关系进行了分析和论述，并结合现实情况对体育赛事转播未来的趋势做出了合理预测。

首先，技术创新以受众需求为出发点和落脚点，在体育赛事转播过程中不断满足受众需求并激发其潜在需求。体育赛事转播作为一个技术依赖性极强的领域，在不同媒介转播时代，不论是转播技术还是其他领域的新兴技术的发展和突破都对体育赛事转播带来深刻的影响与改变。技术的不断进步在逐步满足受众对于体育赛事转播观看需求，同时技术又在激发着受众不断产生新的需求；而受众新需求的产生又反过来促进着体育赛事转播领域技术的不断发展与进步，尤其是在视觉领域、听觉领域以及转播相关摄制领域等。

其次，技术创新促使未来体育赛事转播朝着观赛视角更加多元化，收听体验更加沉浸式，感官接触更加综合化及信息获取更加全程化的方向发展。就现阶段而言，受众已经不再单纯地满足于视觉和听觉上的观赛体验，而是开始渴望有更加丰富的、多样的观赛体验。在生理需求方面，受众渴望更加多元感官的体验，比如触觉、嗅觉等；在精神需求上，受众开始渴望在观赛过程中能够有更多的交流、互动和分享等。从技术发展的现状来看，技术发展进步速度快，在信息网络技术、云计算、大数据、算法等一系列新兴技术的支撑和促进下，体育赛事转播的未来也将朝着更加交互式、沉浸式的方向发展，为受众带来更好的观赛体验。

技术的创新随着人类社会的不断变化而快速进步,迭代更新速度快,涵盖领域范围广。本书在研究过程中涉及的技术种类较多且涉及领域较广,因而不免出现部分内容泛泛而谈的情况。技术是发展的,研究是动态的,期待后续学者在进行相关研究时可以紧跟前沿技术,对不同领域的新兴技术保持密切关注。但与此同时,也应该将技术创新发展可能带来的伦理问题、技术至上误区等问题纳入研究范围,以期在为受众带来更加真实、沉浸的观赛体验的同时,也能最大程度地避免技术对人本身造成的消极影响,促进体育赛事转播更好、更快地向前发展。

03 | 短视频篇

大型体育赛事在
短视频平台的传播研究

第一章　研究缘起与基础

一、研究背景

在移动互联网"飞入寻常百姓家"之前，传统的广播和电视媒体是体育赛事传播的主要渠道。随着媒介技术的勃兴、媒体边界的拓展以及受众需求的泛化，大型体育赛事传播呈现出纷繁复杂的特征，传统的大众传媒已经无法满足体育赛事即时性、碎片化的信息传播需求。大型体育赛事也在不断拓展新的传播渠道和传播方式，以适应当前传播速度更快、辐射范围更广、传播效率更高的传播需求，从而提高其自身的传播影响力。融媒体时代，信息传播渠道日益多元化、融合化，大型体育赛事传播的多媒体、多平台、移动化、社交化日益成为主流，有着不容小觑的作用力和影响力。短视频则成为不可忽视的媒介力量，为体育赛事传播带来了强大的信息支撑、全新的传播效果和不断提升的活跃度。

从体育市场的发展状况来看，当前，中国体育产业呈现出高速发展的态势，并且在全民健身上升为国家战略、"三亿人上冰雪"等国家政策的驱动下，在国民对体育的关注度不断上升、体育意识不断强化的加持下，体育服务产业整体将持续利好。与此同时，2021—2022年是国内外聚焦的体育大年，先后有欧洲杯、奥运会、冬奥会、世界杯等顶级体育赛事集中在这两年举办。这标志着体育赛事的消费空间和发展前景空前火热，也预示着无论是传统媒体还是新媒体平台，都会在体育内容侧加大投入，体育赛事的传播竞争极为激烈。

作为综合性的短视频平台，快手加码体育赛事、拓展体育版图的势头十分迅猛。2020年3月，快手携手CBA达成版权合作，打破传统赛事直播的天花板，创造性地向用户开放了直播和短视频二次创作权益，由此开启了其布局体育内容生态的新战事。除了东京奥运会、北京冬奥会，以及CBA、NBA两大篮球赛事IP、NFL（职业橄榄球大联盟）、斯诺克世锦赛、美洲杯、欧冠等头部体育赛事的引入也彰显了快手进军体育领域、在建设体育社区方面下定的决心。"目前，快手体育已覆盖40+体育类别，创作者粉丝总量超4亿，日均流量超过15亿，成为集各类体育项目为一体，领先行业的庞大内容平台和社交矩阵。"①

二、研究方法

（一）文献研究法

本研究运用中国知网、万方、维普等文献资源平台以及北京体育大学图书馆图书资源查阅相关中文文献，并结合Web of Science、Google Scholar等外文文献数据库，通过研究大量学术期刊和文献，提炼总结相关文献中关于大型体育赛事传播的相关研究内容，阐释大型体育赛事传播的媒介变迁，以及短视频平台缘何成为大型体育赛事传播的重要载体。

（二）案例分析法

案例分析法是本研究采用的最主要的研究方法之一，作为一种科学分析方法，案例分析方法主要是通过对具有代表性的事物或现象进行彻底、深入、周密的研究，来获得对事物或现象的总体看法和认知。本研究以快手平台具有典型性的三项大型体育赛事作为研究对象，从多维度出发研究大型体育赛事在短视频平台的传播特征，厘清大型体育赛事在短视频平台的传播策略和具体经验，指出当前存在的问题，并给予一定建议。

---

① 体育产业生态圈. 当冬奥遇上短视频，快手迎来体育新篇[EB/OL]. （2022—02—02）[2022—03—05]. https://baijiahao.baidu.com/s?id=1723619515329457763&wfr=spider&for=pc.

（三）访谈法

针对讨论和分析的问题，本研究随机选取12位快手用户，通过面谈和电话访问的形式，对其进行半结构化访谈，以获取与研究有关的资料和信息。

（四）内容分析法

内容分析法把资料内容作为研究对象，资料内容的留存方式包括文字、符号、图像、音频、视频等，将这些搜集获取到的内容进行整理、比较、描述、分析，并将分析的结果用统计数字描述，从中提炼出评述性的说明。

为了在文献查阅、资料研读、深度访谈、案例研究的基础上进一步对大型体育赛事在快手平台上的传播策略进行补充，本研究采用内容分析法，从传播者属性、传播内容属性和用户消费数据着手，进行类目建构和分析。通过检索话题标签"东京奥运会""NBA""北京冬奥会"来获取与三大体育赛事相关的300条短视频，其中时间区间设定为比赛的举行周期，即东京奥运会的时间区间为2021年7月21日—2021年8月8日；NBA的时间区间为2021年10月20日—2021年12月27日（从NBA新赛季开赛到NBA圣诞大战）；北京冬奥会的时间区间为2022年2月2日—2022年2月20日。

本研究采用判断抽样的方法来选取样本。对于样本的抽取遵循以下标准：（1）作品内容为视频，非图片及图集；（2）作品发布时间为赛事举办周期内。在符合以上标准的视频中，将每个话题标签下的视频按照播放量进行降序排列，分别选取三项赛事播放量前100的视频，共计300条视频。在选定样本后，随机选取20个样本进行预编码，进一步完善编码表，确定编码方案。本研究的传播者属性和内容属性由编码员进行人工编码，为保证科学性，在第一位编码员完成编码后，在样本中随机抽取25%，由第二位编码员进行独立编码。运用霍尔斯提公式来检验编码的一致性，结果显示两位编码员之间的信度为94.6%，可进行下一步分析。同时根据作品具体类型，剔除与赛事无关的7个样本，保留293个有效样本进行具体分析。

表9 内容分析编码表

维 度	类 目	编码说明
传播者属性	作者类型划分	1=政务媒体号；2=平台自有账号；3=官方账号； 4=运动员账号；5=运动领域创作者；6=其他领域创作者
	作者具体类型	1=媒体号；2=体育媒体号；3=媒体人；4=政务号； 5=平台自有账号；6=官方账号；7=运动员账号； 8=运动领域创作者；9=搞笑幽默领域创作者； 10=明星娱乐领域创作者；11=人文艺术领域创作者； 12=财经领域创作者；13=短剧领域创作者； 14=教育领域创作者；15=科普领域创作者； 16=美食领域创作者；17=萌宠领域创作者； 18=汽车领域创作者；19=舞蹈领域创作者； 20=游戏领域创作者；21=影视领域创作者
内容属性	作品内容划分	1=专业赛事内容；2=赛事周边内容；3=运动员相关内容
	作品具体类型	1=赛事结果/集锦；2=实时赛事信息；3=赛事预告； 4=赛事相关的周边资讯；5=赛事相关解读/科普； 6=赛事衍生内容——剧情作品；7=赛事衍生内容——优质二创； 8=赛场/运动员趣闻/花絮故事；9=运动员发布内容； 10=运动员相关内容/资讯；11=与赛事无关
用户消费数据	点赞量 评论量 分享量 收藏量	截至2022年2月21日的数据

三、研究现状

传统媒体时代，关于体育赛事的传播研究大多遵循"传播者—信息—接收者"的单向传播模式。随着媒介形态的演变与媒体形式的迭代，短视频的出现不仅打破了以往单向度的传播格局，短视频平台也凭借互动性强、体验感丰富等特征在社会生活中占据着越来越重要的地位。

现如今，大型体育赛事的传播方式与观看行为已然成为媒介技术发展和用户兴趣转变的参照系。在内容层面和传播层面，短视频平台的入局为大型体育赛事带来了更多新的可能性，也为体育精神在新时代的延续提供了新的解读。而如何利用好短视频平台进行大型体育赛事传播，发挥体育赛事利用短视频平台进行传播的既有优势和潜在优势也成为亟待关注的问题。

"作为一种文本表达方式，短视频凭借其实时共享、无缝连接、直观立体地满足用户的表达诉求与社交需求的传播特性，成为传媒领域独具特色的文化景观。"[①]当体育赛事与短视频相遇，体育赛事的即时性、交互性和丰富性得到进一步强化，在短视频形态构建的以体育赛事为主体的全新的社交、内容生态下，赛事传播的资源和渠道得到进一步拓展，同时也为商业变现带来了更大的想象空间。可以说，短视频的叙事方式恰好与大型体育赛事全新的传播需求相契合。

在体育产业蓬勃发展的时代背景下，关于大型体育赛事传播的研究日益增多。短视频以其即时性、碎片化、门槛低、易操作的传播特性，成为大型体育赛事传播的重要载体。通过对国内外相关研究的梳理和分析可以看到，当前关于大型体育赛事依托短视频平台进行传播的研究成果处于一种分散的状态，研究思路并不开阔，系统性的研究还比较少。且在当前的研究中，有前瞻性、有规律性的研究较少。当下，对于短视频平台而言，存量市场的争夺正呈现愈演愈烈的趋势，体育资源或成为平台破局的关键。而拥有海量用户的短视频平台，也将为大型体育赛事传播注入新的活力。两者相互渗透、彼此为用，因此对大型体育赛事在短视频平台的传播进行系统化研究和深入探讨具有十分重要的意义。

从现实需要层面来讲，大型体育赛事搭载短视频平台进行传播还处于刚刚起步的状态，这既代表着机遇的出现，也预示着挑战的来临，其中的不确定性依然存在，因此研究这个行业发展的新动向，对于短视频平台的发展及大型体育赛事的传播都能够提供一定的借鉴价值。

从实际应用层面来讲，大型体育赛事在我国的传播经历了传统媒介的沿革

---

① 王长潇，刘瑞一. 网络短视频的走红机理及其双面效应[J]. 当代传播，2019（3）：51—55.

与新兴媒介的发展。从长视频到短视频,这又是一个全新的传播体育赛事的媒介转向。在用户的媒介使用习惯逐渐趋于碎片化的当下,从研究中窥见并审视短视频及短视频平台在大型体育赛事传播中遇到的利好优势与落地难题,可以为视频领域在体育赛事传播方面的未来发展提供一些参考。

四、文献综述

(一)关于大型体育赛事传播的研究

"人类传播的发展过程,不外乎是一部人类在生产劳动和社会实践中不断扩展自身的传播能力、不断发现和创造新的传播媒介、不断使社会信息传播系统走向发达和完善的历史。"[1]媒介是信息传播的渠道,它是用来负载、传播、延伸信息符号的物质载体。回望历史,大型体育赛事的传播发展与传播媒介的变迁息息相关。从报纸、广播、电视的出现,到门户网站、社交媒体等新兴网络媒体的崛起,体育赛事的媒介发展历程伴随着媒介本身的发展,也在发生着沧桑巨变。

从大型体育赛事与媒介变迁的角度来看,体育赛事尤其是大型体育赛事的传播始终与电视媒介紧紧绑定。对于体育赛事来说,电视媒介能够促进其更好传播,具有难以替代的聚拢意义;对于电视媒介而言,体育赛事则是展现新技术应用的更好舞台。两者一直是和谐共生的联盟关系。学者曾静平[2](2009)对我国体育电视的发展进程及发展状况展开研究,指出中国体育电视经历了初探期和蓬勃发展期,借势奥运会等大型体育赛事,正迎来走向传播巅峰的时刻。但是,我国体育电视传播也面临着赛事资源被垄断、研究相对落后等问题,为此亟待一批理论素养与专业知识兼备的人才来弥补不足。罗艳[3](2008)则以奥运赛事电视转播作为研究对象,从政治、经济、文化三个层面

---

[1] 郭庆光. 传播学教程[M]. 北京:中国人民大学出版社,2011:27.

[2] 曾静平,曾曦. 中国体育电视发展沿革研究[J]. 天津体育学院学报,2009,24(5):375—378.

[3] 罗艳. 奥运赛事电视转播的多元内涵与社会功能[J]. 新闻天地(论文版),2008(8):105—106.

进行分析，探讨了我国通过电视媒体转播奥运赛事所体现的多元内涵和社会功能。赵红勋等[1]（2013）从媒体奇观的视角出发，在研究电视媒介呈现体育赛事的过程中指出，电视媒介的映射使得体育赛事不仅表征为体育竞技，而是建构起了一个集合精英叙事与大众文化的狂欢场所。体育赛事透过电视媒介的影像艺术，在传递体育文化、延续体育精神、打造体育消费场所等方面产生重要意义。

互联网时代的到来，则让电视媒介以往在体育赛事传播方面的压倒性影响力受到冲击。臧文茜等[2]（2017）分析了大型体育赛事在门户网站传播中所呈现的微特征，即传播形式的创新性增强、用户体验呈现个性化趋势、娱乐化内容关注度高、传播效果明显。陈朝辉[3]（2019）的研究指出，智能手机的普及和移动互联网的发展，为社交媒体的迅速崛起提供了契机。社交媒体正在重塑体育生态，在体育生活、体育营销和体育传播三个层面，对体育产业格局进行变革。McGillivray[4]（2017）的研究通过分析过去十年有关数字文化的研究，对数字媒体和社交媒体在重大体育赛事信息的生产、消费和流通过程中的作用进行了反思。他的看法是，日常数字设备和社交平台的大量使用，改变了生产者和消费者对主流大型体育赛事叙事的看法。袁永军[5]（2017）、李晶[6]（2018）、王智[7]（2021）等都将微信、微博作为研究主体，结合传播学理论，从传播特征、传播策略等角度提出新的思考。

---

[1] 赵红勋，黄伟. 体育盛典·媒介仪式·身份建构——"媒体奇观"视域下的体育赛事解读[J]. 现代视听，2013（8）：24—28.

[2] 臧文茜，蔡俊杰. 门户网站大型体育赛事微传播特征解析[J]. 当代传播，2017，（3）：86—89+93.

[3] 陈朝辉. 网络的力量：社交媒体重塑体育生态[J]. 西南交通大学学报（社会科学版），2019，20（2）：48—54.

[4] McGillivray, David. Platform politics:sport events and the affordances of digital and social media[J]. SPORT IN SOCIETY, 2017, (20): 12.

[5] 袁永军. 大型体育赛事微信传播研究[D]. 武汉体育学院，2016.

[6] 李晶. 微信、微博中体育赛事的传播特征研究[D]. 宁波大学，2017.

[7] 王智. 体育赛事类官方微博的传播策略研究[D]. 南京师范大学，2021.

从大型体育赛事传播与技术发展的角度来看，张晓俭[①]（2021）认为，如今我们正处于大数据时代，大数据助推大型体育赛事实现多渠道传播并力图实现传播效果最大化。同时，在大数据的支持下，赛事传播流程得到优化、赛事信息传播得到升级、赛事的服务水平得到提升。方霁[②]（2021）等则从体育赛事转播的架构和场景，分析展望了人工智能技术在内容识别、数据统计、数据可视化等方面给体育赛事传播带来的新链路。陈天然[③]（2021）以具有交互性、创思性的虚拟现实技术作为基点，指出当前虚拟现实技术在应用于体育赛事传播时，面临着互动性不强、体验感不强、设备不兼容等问题。万勃[④]（2021）则梳理了区块链技术与体育赛事之间的逻辑关系，认为区块链技术在遏制体育赛事IP竞争乱象、推动体育赛事IP融合发展、加速体育产业供给侧结构性改革等方面具有一定的现实意义。

从大型体育赛事与国家形象塑造的角度来看，罗坤瑾等[⑤]（2022）的研究主要围绕体育精神与国家形象的建构，认为当前对大型体育赛事的定义已经不仅局限于体育竞技活动，体育赛事与国家形象紧紧联系在一起，体育赛事的传播与体育精神的传递，对于建构国家形象具有十分重大的意义。韩凤月等[⑥]（2018）认为，"中国参与国际大型体育赛事的历程，就是国家不同时期社会发展的缩影，其形塑的国家形象带有鲜明的时代特征"，当前"建设体育强国"等国家战略的实施，为体育赛事传播营造良好氛围、提升国家形象带来全

[①] 张晓俭. 大数据背景下大型体育赛事的传播探析[J]. 记者摇篮，2021（12）：38—39.

[②] 方霁，刚睿鹏，刘晨鸣，叶志强，秦贝贝. 人工智能在体育赛事转播中的应用浅析[J]. 广播电视信息，2021，28（12）：16—18.

[③] 陈天然. 虚拟现实技术在大型体育赛事传播中的应用微探[J]. 东南传播，2021，（11）：12—13.

[④] 万勃. 基于区块链技术的体育赛事IP创新发展研究[J]. 四川体育科学，2021，40（5）：20—23+33.

[⑤] 罗坤瑾，许嘉馨. 国际性共同媒介仪式：体育精神与国家形象的建构[J]. 现代传播（中国传媒大学学报），2022，44（1）：82—90.

[⑥] 韩凤月，宋宗佩. 国际大型体育赛事与中国国家形象的时代特征及发展机遇[J]. 广州体育学院学报，2018，38（6）：5—8.

新的机遇。宋宗佩等[①]（2018）认为，大型体育赛事对于国家形象的影响有两方面，一方面是提升国家形象、为国家走向世界舞台提供机会的积极意义；另一方面则是会带来人文精神缺失、金牌至上心理的负面效应。应当通过丰富赛事传播中的文化价值元素、完善媒体传播的深度与广度等措施来解决当前存在的问题。

从大型体育赛事的传播效果来看，张业安等[②]（2013）把媒介生态理论作为理论基础，从微观、中观、宏观三个层面出发，从管理机制、运行机制、媒介公信力、赛事竞技水平、传播者及赛事受众的素质与素养等多个维度来考察体育赛事传播效果的影响因素。刘松炜[③]（2017）从符号学的角度，具体阐述了体育赛事在呈现赛事内容、推动广告产出、搭建宣传桥梁等方面的传播效果。杨赫等[④]（2017）将体育电子游戏作为研究对象，提出当前体育赛事的媒介叙事呈现出时效性、印象性、融合性的特征，其传播效果在于帮助受众更加全面、真实、完整地了解赛事信息，提升体育赛事项目的参与度、关注度和活跃度。

（二）关于大型体育赛事与短视频结合的传播研究

"'短视频'一词最早起源于2011年美国移动短视频社交应用Viddy。"[⑤]此后，短视频社交应用如雨后春笋般纷纷出现，社交网络进入了属于视频分享的时代。在我国，2016年被称为"短视频元年"，在这一快速成长爆发期，短视频红利凸显，资本巨头为争夺风口大肆入局，短视频行业迅速成为席卷传媒

[①] 宋宗佩，白亮，王菁. 国际大型体育赛事提升国家形象策略研究[J]. 体育文化导刊，2018（12）：6—10.

[②] 张业安，肖焕禹，冉强辉. 大型体育赛事媒介传播效果影响因素的多维考察[J]. 体育学刊，2013，20（1）：38—43.

[③] 刘松炜. 符号学视角下体育赛事传播效果研究[J]. 新闻研究导刊，2020，11（13）：52—53.

[④] 杨赫，杜友君. 试论体育赛事的跨媒介叙事与传播效果——以体育电子游戏叙事为例[J]. 出版广角，2017（3）：68—71.

[⑤] 潘彩云，徐萌晟. 2018年中国移动短视频行业发展概述[J]. 新闻爱好者，2019（6）：31—35.

业和互联网领域的全新热点。目前，我国短视频行业呈现出两超多强的格局，短视频市场竞争日趋激烈，抖音、快手两大巨头依然位于用户独占率的第一梯队。

根据中国互联网络信息中心（CNNIC）发布的第49次《中国互联网络发展状况统计报告》，"截至2021年12月，我国网民规模达10.32亿；短视频用户使用率为90.5%，用户规模达9.34亿"[1]。可以看出，当前短视频依然有着广阔的发展前景，短视频与体育赛事的结合，也将成为新趋势。

当前关于大型体育赛事与短视频相结合的传播研究，主要体现在对于体育短视频的研究。从传播现状的角度来看，周金钰等[2]（2018）从大型体育赛事短视频的传播内容和传播平台着手对其传播现状进行分析，并指出当前大型体育赛事传播中依然存在着诸多问题，如短视频非法传播现象严重、GIF动图分流受众、盈利模式单一等。杜莹莹[3]（2019）则从体育短视频的传播内容、传播载体及传播问题三个方面进一步梳理了体育短视频的传播现状，并认为在未来的发展过程中，体育短视频应当完善栏目及频道设置、推出与体育相关的短视频栏目、加强版权保护。蔡平原[4]（2021）选择抖音的体育短视频作为研究对象，他采用内容分析法进行分析，指出当前抖音的体育短视频存在着视频本身关注度较低、内容同质化较为严重、商业内容影响力较小等问题，并认为可以从改进算法机制、打造差异化内容、与意见领袖合作等方面加以改进。罗钰等[5]（2022）从内容聚合的角度出发，分析探讨了当前体育短视频的现实传

---

[1] 中国互联网络信息中心. 第49次中国互联网络发展现状统计报告[EB/OL]. （2022—02—25）[2022—03—05]. http://cnnic.cn/gywm/xwzx/rdxw/20172017_7086/202202/t20220225_71725.htm.

[2] 周金钰，王相飞，崔琦瑶. 大型体育赛事短视频传播研究[J]. 体育文化导刊，2018（7）：154—158.

[3] 杜莹莹. 体育短视频的传播现状与发展对策研究[J]. 记者摇篮，2019（8）：107—108.

[4] 蔡平原. 抖音体育短视频的传播现状及对策[J]. 体育成人教育学刊，2021，37（5）：44—49.

[5] 罗钰，田烨. 内容聚合下体育短视频的传播与突围[J]. 新闻前哨，2022（4）：48—49.

播图景和遇到的瓶颈，并为其实现传播突围提供了创新黏合受众、整合优质内容、合理运用短视频元素等方面的建议。

从传播策略的角度来看，刘斌等[1]（2021）以传播游戏理论为基础，使用定量与定性相结合的研究方法，从意愿维度、空间维度和关系维度三个角度分析微博体育短视频的传播特征，并认为实现有效传播应当从内容和用户两方面出发，在提供趣味性内容的基础上实现内容的精细化运营，在提供沉浸式体验的同时提升用户的参与意愿。张杰如[2]（2021）则在研究中以"NBA官方抖音账号"作为研究对象，指出当前可以从创新内容形式、提升内容创作水平、增强受众黏性这几方面来优化传播策略。王福秋[3]（2020）则结合5G技术的应用与发展，阐述了在5G的时代背景之下，体育短视频的生产传播将以用户思维的转变和社会交往的需求作为价值导向，其也面临着体育文化传播的重构和选择性失衡、体育内容追求便捷性、同质化严重等问题。为此，应当充分利用5G时代的优势，从规避盗用模仿行为、鼓励创作多元化内容、树立文化主体性意识等方面进行引导。

（三）研究评述

通过对上述国内外现有的研究成果进行总结，可以看到，在过往的研究之中，学者们从媒介变迁、技术发展、国家形象塑造、传播效果等方面对大型体育赛事的传播进行了探讨。同时，结合短视频的发展，不少学者从传播现状、传播特征、传播策略的角度对体育短视频进行了研究探析。可以说，前人的研究成果，对于本研究来说，在学理性和实践性方面都有一定的借鉴意义。

通过对前人研究进行归纳与总结，发现当前的研究中还存在一些问题：

一是，在大型体育赛事传播的媒介变迁方面，现有研究中缺少对网络视频

---

[1] 刘斌，李芳. 趣味、沉浸与互动：微博体育短视频有效传播的实现路径[J]. 沈阳体育学院学报，2021，40（4）：66—72.

[2] 张杰如. 新媒体时代体育短视频传播研究——以"NBA官方抖音号"为例[J]. 新闻研究导刊，2021，12（2）：250—251.

[3] 王福秋. 5G时代体育短视频生产传播的媒介趋向与引导机制研究[J]. 体育与科学，2020，41（6）：55—59+87.

从长视频到短视频竞合发展的探析。研究者更多的是对大型体育赛事传播从电视媒介走进网络媒介进行了主要探讨，厘清了大型体育赛事传播从传统媒体到新兴媒体的演变。但是在传播技术不断迭代升级的当下，长视频与短视频在体育赛事传播方面的争夺已经愈发激烈，在本研究中补充相关论述，可以对研究内容进行更加有力的说明。

二是，在现有的研究之中，研究者们多是从体育短视频的视角出发，来对当前体育短视频的传播现状、传播特征、传播问题等进行解读说明。几乎很少有学者将大型体育赛事放置于短视频平台的框架下，研究大型体育赛事在短视频平台的传播策略以及遇到的发展瓶颈，并给出一定建议。从这个层面来讲，本研究基于快手短视频平台大型体育赛事的传播，沿用"5W"模式的框架结构，解析当前快手平台在传播体育赛事中采用的传播策略、遇到的传播问题，并在案例研究和访谈法的基础上给予建议支持，对于相关研究内容的丰富有一定意义。

第二章　大型体育赛事传播的媒介转向

一、印刷媒介：提升内容广度与思想深度

现代体育及体育赛事的传播始终与传播媒介的发展紧密相关。作为历史最为悠久的媒介形式之一，印刷媒介主要凭借文字和图片形式记录与传播体育赛事。它突破了时间和地点的局限，使得读者拥有了主动权、选择性和自主性；与此同时，印刷媒介善于说理、讲究逻辑，给受众提供了深度思考的空间。但是，印刷水平的限制导致其在赛事传播方面存在滞后性的弊病，这对于十分注重时效性的体育赛事报道来说，传播效率会大打折扣。

最近几年，互联网带来的冲击让"纸媒将死"的论调甚嚣尘上，传统报业面临着断崖式下滑。我国的不少印刷媒介在时代浮沉中渐渐消亡，当然也有相当一部分印刷媒体在积极寻求变革机遇，体育传媒也不例外。作为我国在体育媒体方面有一定专业性和影响力的《体坛周报》于2009年率先迎来转型，《体坛周报》通过推出网络电子刊物的方式，来适应受众日益分众化的传播需求。在媒体融合时代，《体坛周报》还开发了"体坛+"App，努力在互联网平台中积极构建属于自身的平台传播体系，实现资源的共享共通。

当然，无论何时，体育赛事传播的核心依然还是内容，丰富的媒介形式和传播手段只是让内容搭载了全新的方式得以有效传播。与当下"快消型"的信息消费模式大为不同的是，除了实况消息类文章，印刷媒介对于大型体育赛事的报道在内容层面有着深度和广度，能够唤醒受众的深度思考，使得读者在阅读内容时加深对当前体育消费的思考与认知。

二、电子媒介：媒介仪式形塑集体记忆

20世纪60年代，广播电视的出现为传媒产业带来革命性改变，这深刻影响了各行各业，体育产业也不例外。在媒介发生巨大变革的历史进程中，体育产业拥有了全新的信息传播方式、内容生产形式和商业变现机遇。从电视直播时代开始，传媒组织不断探索体育赛事内容传播的新形式，实况直播之外，赛事精彩集锦、赛事回放镜头、全场比赛回放等形式不断出现，直到如今，这套模式已经成为体育赛事内容传播的标准模板。

与此同时，电视媒介为体育赛事建构了一种传播仪式，它将不同背景、不同地域的个人和家庭联结在一起，让人们在电视所塑造的共同集合体中，形成相互认同、获取情感满足。电视媒介以直播的形式呈现大型体育赛事，在直播前以广告宣传的形式向电视受众告知直播的时间，以此来激发受众的观看欲望，建立受众的心理期待。电视媒介刺激消费和提供娱乐的本质让受众产生了观看行为，进而满足其内心对于体育精神内核的需求，刺激受众对于大型体育赛事的消费欲望。

电子媒介始终以其强大而广泛的影响力对现代社会的政治、经济、文化等方方面面产生不可磨灭的影响。可以说，电子媒介与体育赛事的联姻，让体育娱乐化的特质得到充分挖掘，加速了体育赛事传播的商业化进程。电子媒介凭借声音、影像等方式将受众关注的热点事件散播到世界各地，在信息传播之中，其凭借强大的符号叙事能力，让体育赛事不仅仅局限于体育竞技本身，更多的成了传递时代体育精神、包裹娱乐消费狂欢的场域。

三、网络媒介：从长视频到短视频的平台竞技

电视因其可视可感的特性为"缺席"的人们营造了"在场"的感觉，人们足不出户可观天下事。而计算机网络技术的产生和发展则大大提高了传播速度，连接了海量受众，甚至颠覆了传播领域的格局。

体育赛事的传播与发展和网络媒介的演进有着密不可分的联系。新浪、搜狐等体育赛事类门户网站曾是我国众多体育迷的聚集地。现如今，尽管门户网

站已经慢慢淡出了受众的视野，但是腾讯体育、网易体育、新浪体育等依然在体育市场占据着较高的份额，它们通过构建专业性、垂直化的体育赛事类App的方式，进行大型体育赛事的传播。

智能手机等移动媒体的出现，进一步拓展了信息传播的便携性和无界性、服务性和碎片化。手机作为移动通讯工具，成为个人与社会关系进行链接的平台，实现了个人性与自主性的统一，人际传播与大众传播的耦合。移动互联网更是重新定义了大众传播，从时间观、空间观、场景观的角度不断对传播媒介进行革新，更为深入地改变着人们的日常生活。手机设备的出现，使得体育赛事的传播得以突破时间与空间的限制，并强化了体育赛事传播的互动性、即时性特征。而随着流量资费的下降，移动端内容的视频化趋势则愈发明显。

以腾讯体育、咪咕体育为代表的提供专业体育赛事内容的长视频平台借助平台优势和内容优势，在抢占用户时长和注意力方面成效显著。长视频平台通过购买版权，为用户提供全面且完整的赛事内容，这不仅实现了对于用户注意力的争夺，也进一步强化了用户对于平台的忠诚度，进而将使用黏性转化为购买意愿，让用户愿意通过付费观看、付费会员等制度，长期停留在平台上观看体育赛事。

快手、抖音等短视频平台的兴起与发展，则让长视频平台受到了前所未有的冲击。短视频的"短平快"的传播方式和试听体验颠覆了长视频内容的叙事逻辑，"在注意力碎片化的当下，短视频的'短'迎合了用户碎片化的浏览需求，成就了其日均使用时间大大超过在线视频的'长'"[1]。短视频的出现，让信息传播更多体现为一种平等的交流与共享，它模糊了传播主体和传播受众的界限，让用户真正实现了产销合一。当然，短视频也变革了大型体育赛事的传播，让大型体育赛事传播呈现出互动性强、多元丰富、延展交互的特征。除了专业媒体通过网络媒介进行赛事报道和传播之外，用户也可以通过短视频平台实时分享赛事进程及内心情绪，与其他用户一起讨论、交流赛事。

在当前的体育赛事传播环境中，长视频平台供给短视频内容，短视频平

---

[1] 俞湘华. 在线视频平台与短视频平台的比较研究——基于技术环境、用户发展与商业变现分析[J]. 传媒, 2021（6）: 61—63+65.

台提供有逻辑、线性的赛事直播已经十分常见。在长视频与短视频的平台竞技中，两者并非你有我无，而是竞合共存，呈现出融合发展的趋势。当然，以快手为代表的短视频平台开始通过购买版权的方式系统运营体育赛事，也打破了长视频平台对于在互联网领域传播体育赛事内容的长期垄断。

第三章　快手短视频平台成为大型体育赛事传播的重要载体

一、受众需求的变化使然

在大型体育赛事传播的媒介进程中，除了将赛事本身的内容作为核心关注点，受众需求是永恒的焦点。习近平总书记曾强调："读者在哪里，受众在哪里，宣传报道的触角就要伸向哪里，宣传思想工作的着力点和落脚点就要放在哪里。"[1]受众是短视频平台进行大型体育赛事传播的出发点和落脚点，缺少了一定数量的受众做基础，大型体育赛事的传播与短视频平台的发展就会成为无源之水、无本之木。

随着技术变革的增速、媒体形态的演变和媒体竞争的加剧，受众的需求变动呈现新变化、新趋势。首先，受众的主体意识不断增强，使得受众需求上升到新的层次。从不同的发展阶段来看，受众需求可以大致分为以物质需求为代表的基础性需求和以精神需求为代表的发展性需求。随着受众主体意识觉醒，他们已经不再局限于基础性需求的满足，发展性需求的满足逐渐在受众需求中占据主导位置。因而，提升自身技能、获得参与机会、真正表达自我、追求社会认同等精神需求已经成为受众更高的价值实现目标。崛起于草根、使用门槛低、社交属性与媒体属性兼备的快手正好契合了受众的需求导向。其次，在技术的加持下，受众需求的迭代进程不断加快。从需求的实现程度来看，受

---

[1] 新华网. 习近平视察解放军报社[EB/OL]. （2015—12—26）[2022—03—05]. http://www.xinhuanet.com/politics/2015—12/26/c_1117588434.htm.

众的需求可以划分为现实需求和潜在需求。在大型体育赛事的传播过程中，受众的现实需求体现为观看体育赛事、了解赛事信息、获得情绪满足，而随着受众对技术的依赖不断增强，受众的潜在需求被激发，其真正成为体育赛事参与者、在体育赛事传播中进行互动的潜在需求被催生。受众这种新的现实需求的出现，成为大型体育赛事依托以快手为代表的短视频平台进行传播、进一步拓宽大型体育赛事传播范围的蓝海。再者，受众需求的碎片化趋势愈发明显。当前，移动媒体已经成为受众身体中不可缺少的一部分，只需要一部智能手机，用户就可以上传、发布乃至直播正在发生的事件。移动媒体的便携性、门槛低、易操作的特性，使得受众可以随时随地获取信息，这造成了他们时间的碎片化，时间的碎片化进而导致了受众需求的碎片化。移动媒体使得受众的碎片化需求能够随时随地随意地得到满足，同时又激发了更多的碎片化需求。最后，受众需求呈现出细分化特征。随着整个媒体市场服务能力的提升，受众的普遍性、大众化需求基本得到了及时满足，主体意识觉醒的受众开始追求体育赛事信息内容的个性化、差异化、小众化，因此受众需求的细分化和长尾化趋势越来越明显。

正所谓，受众需求引领行业的发展方向，也是行业持续发展的根本驱动力。受众需求的变化使得以快手为代表的短视频平台异军突起，成了大型体育赛事传播的重要载体。

二、社交属性的禀赋使然

在《社会天性》一书中，马修·利伯曼提出，"我们天生就是爱社交的社会动物"[1]，短视频的出现契合了以社交为天性的人类对于社会交往、社会互动的需求，人类的需求则决定了短视频天生所具有的社交属性的禀赋。相比文字、图片、语音等信息载体，短视频作为一种流行的文本表达方式，其所能承载的信息量更为庞大。短视频与生俱来的社交属性禀赋可以从以下几方面考量。

---

[1] ［美］马修·利伯曼. 社交天性：人类社交的三大驱动力[M]. 贾拥民，译. 杭州：浙江人民出版社，2016：1.

首先，短视频的传播主体呈现多元化趋势，其操作简单、自由拼接、制作门槛低的特性让越来越多的普通人加入到制作短视频的行列中。互联网时代，个体拥有多重角色身份，受众不再是被动的信息接收者，短视频使得他们可以用影像叙事来表达自己的观点和诉求，受众实现了向"授众"的转变，拥有了更多的个体表达权。与此同时，短视频的出现打破了以往精英与普通个体之间的界限，对传统媒体时代的信息传播主体造成了冲击，消解了传统话语体系的严肃性，让受众的媒介接近权得以最大程度地实现。

其次，分享性和互动性是短视频的核心特征。在短视频构筑的世界里，用户可以拍摄、制作独属于自己的短视频，上传到社交平台与其他用户分享；也可以在平台浏览、观看其他用户上传的短视频，并通过点赞、评论、分享、收藏等形式来进行实时互动。短视频互动性、分享性的鲜明特征和社交优势，使得用户的参与感得到进一步提升，他们可以在互动和情感共享中丰富用户体验，进一步强化用户之间的关系，促进体育赛事信息与内容的传播。

再者，短视频的内容传播呈现即时性、简单化、碎片化的特征，能够满足用户碎片化的习惯以及对于信息的渴求。经过精细加工、剪辑、美化的短视频可以在最短的时间内表达最为精彩的内容。尤其是对于体育赛事来说，短视频的出现能够将一场完整体育赛事中的精华部分和核心看点融合呈现。对于无法实时观看赛事直播的用户来说，他们可以利用自己的零散时间来享受赛事内容中最震撼人心的瞬间。而经过加工的视频内容因为浓缩了赛事精华，更容易引起用户的情感共鸣和参与行为。

在这个由互联网命名的全新时代中，人与人、人与物、物与物的关系被重构，内容传播的基本逻辑也发生了相应的改变。快手作为短视频直播平台和国民短视频社区，其先天所具备的社交属性，为体育赛事传播的互动性、多元化带来了新的表达。

三、技术创新的引领使然

在全新的技术条件和技术视野之下，大数据、物联网、区块链、5G等技术的应用正在让信息生产与传播方式发生深刻变革，并且逐步颠覆人类的思维方式以及对世界的认知，进而影响了人类的生活方式。科学技术的进步与发展，也在逐步推进着体育赛事与体育市场不断前行。从广播和电视，到门户网站，再到如今移动互联网的飞速发展，随着技术的迭代升级，全球的体育产业也行驶在高速发展的快车道上。

从文字时代、读图时代到视频时代，媒介迭代使得内容传播方式发生显著变化。网络通信能力的提升、移动通信技术的升级、无线网络的覆盖、移动端摄像技术的精进以及视频技术的进步，这些都为短视频的崛起提供了技术支撑。如今，视频形式已经突破壁垒，成为互联网信息传播中最普遍、最生动、最流行的符号表达。

而作为头部短视频平台，快手的产品页面设计趋于沉浸式，为用户营造了沉浸观看视频的场景；普惠的算法推荐机制则让每一个普通创作者都拥有了被发现、被看见的机会；基于人工智能技术研发的人脸贴纸、动画特效等智能产品，降低了用户生产、制作视频内容的成本。与此同时，其直播技术优势也为体育赛事依托短视频平台进行传播创造了良好的机遇。作为体育新时代体育赛事传播的重要载体，快手短视频平台的入局正让体育产业与体育赛事传播迎来全新的重组和洗牌。

第四章 快手短视频平台
成为大型体育赛事的策略探析

一、内容呈现：优质赛事资源与衍生节目相辅相成

2021年5月21日，快手宣布与中央广播电视总台签署授权合作协议，该平台正式成为2020年东京奥运会与2022年北京冬奥会的持权转播商，获得视频点播及短视频权益。这同时也意味着，快手成为全球首家获得奥运版权的短视频、直播平台。2021年10月18日，快手正式宣布与全球顶级篮球联赛NBA达成战略合作，成为NBA中国首个内容二创媒体合作伙伴，以及NBA官方短视频平台、NBA视频内容创作社区。

表10 快手平台三项版权赛事的赛事权益与自制节目

体育赛事	东京奥运会	NBA	北京冬奥会
赛事权益	视频点播及短视频权益（即网络转播权和短视频内容分发权）	NBA官方短视频平台、NBA视频内容创作社区	视频点播及短视频权益（即网络转播权和短视频内容分发权）
自制节目	《冠军来了》《老铁！早上好》《奥运一年级》《大话奥运》	《NBA快报》《NBA晚自习》《NBA放映厅》	《全景看冬奥》《冰雪快报》《冰雪英雄》《冰雪对对碰》《年味冰雪季》

内容是压舱石般的存在，它承载着传播者的价值取向和传播逻辑。只有保持内容定力，持续实现优质内容的有效供给，才能真正达到传播致效。在大型体育赛事的传播中，快手作为短视频、直播平台开启了"赛事直播/点播+短视频内容+自制节目+商业化合作"的全新生态，通过全景式呈现实时赛事内容、矩阵式建设自有内容生态，综合短视频和直播双重模式，打造专业性、娱乐性兼具的体育赛事传播体系。

（一）实时赛事全景式呈现

体育赛事本身有着鲜明的内容体系和传播逻辑，即以赛事版权内容为核心，辅之以具有即时性、专业性、权威性等特性的资讯报道、周边新闻、人物故事等。将体育赛事本身作为核心要素，围绕"人"和赛事热点，补充优质自制内容和周边花絮来增加用户赛事以外的消费时长，同时通过互动玩法链接用户与内容，可以说是短视频平台探索出的一条全新的体育赛事传播路径。

表11 快手平台三项版权赛事具体的赛事资源

体育赛事	东京奥运会	NBA	北京冬奥会
直播/点播	设置4个直播台；赛事回放	历史经典赛事回顾	《全景冬奥会》；图文直播；赛事回放
短视频	全场次实时切条、精彩集锦、混剪视频等	实时进球；赛事集锦；官方资讯；幕后花絮等	全场次实时切条、精彩集锦、混剪视频等

在东京奥运会与北京冬奥会这样持续时间短且可以在短时间内引爆流量的短周期、爆发型体育赛事的传播中，在缺少直播权益的前提下，快手围绕已有的网络转播权和短视频内容分发权，打造全方位、立体式、全景化的内容传播矩阵。东京奥运会期间，快手主打"24小时不停播"的理念，设置奥运1台、奥运2台、奥运3台、奥运4台这四个直播台，分别对应CCTV-5、CCTV-5+、CCTV-1以及央视频的直播流，对标央视多路信号、全场次播出奥运赛事，实现了赛事内容的全面覆盖。北京冬奥会期间，为了能够真正实现全景式呈现冬奥会，快手延续东京奥运期间24小时不间断的方式以点播形式全程播出冬奥会

全部精彩赛事。并在东京奥运会的基础上，打造《全景看冬奥》节目，邀请韩乔生、陈虹伊等明星运动员、大咖评论员等进行赛事解说、解读。同时，提供图文直播和赛事回放，以满足用户对于赛事信息时效性和赛事内容全面性的双重需求。

图30 快手奥运会和冬奥会的赛事点播呈现

短视频时代的体育赛事传播，当然少不了以"短视频"为主体的形态表达。短视频的碎片化传播与体育赛事的完整性表达，在传统的认知逻辑当中是天然冲突的。但是，谁能够将大型体育赛事更好地融合到短视频的传播语境当中，让观赏性和内容来源门槛都较高的大型体育赛事与碎片化消费的短视频两相结合在一起，谁就能抓住在巨大挑战之中出现的内容创新机遇。可以说，体育短视频具有很高的发展潜力和推广价值，因为其可以为用户提供视频内容重复播放、多次消费的空间，让现代人对于赛事传播更加趋于个性化与碎片化的需求得到满足。《2021快手体育数据报告》显示，"东京奥运会期间，快手平台奥运相关作品及话题视频总播放量达730亿次，端内总互动人次达60.6亿"[1]。在北京冬奥会周期内，"快手相关端内奥运相关作品及话题视频总播

---

[1] 2021快手体育营销数据报告[EB/OL]. （2021—07—13）[2022—03—05]. https://www.baogaoting.com/info/51218.

放量达到1544.8亿"①。

图31 快手奥运会和冬奥会的赛事短视频呈现

除了奥运会这样短周期、爆发型的体育赛事，联赛型、长周期的体育赛事也能在短视频平台实现用户触达和用户留存。全球顶级篮球联赛NBA在快手短视频平台上的传播战略主要由两部分构成，即实时短视频内容和历史经典赛事回顾。在快手，NBA官方账号会实时发布比赛的实时进球、比赛结果、慢镜回放、精彩集锦，以及NBA十佳球、NBA每日综述、NBA赛事回顾等模块式、集锦式内容，赛程覆盖NBA全赛季。不少与体育赛事相关的行业研究报告都显示，与上一代电视时期的受众相比，Z时代的互联网原住民更倾向于使用碎片化时间通过视频形式来观看比赛集锦、浏览精彩片段、获取比赛结果。可以说，赛事版权的获取，使得快手以大众喜闻乐见的方式实现赛事内容的传播，进而更好地触达用户。

2021年快手第三季度的财报显示，"体育内容方面，超过40个内容品类提供了多样化的消费场景，用户在体育内容上花费的总时长相比去年同期增长超

---

① 36氪. 快手的冬奥答卷[EB/OL]. （2022—02—23）[2022—03—05]. https://baijiahao.baidu.com/s?id=1725519334651524102&wfr=spider&for=pc.

150%"①。在本研究选取的与三大体育赛事相关的293条短视频中，根据对样本进行作品内容类型分析（表12），可以看出在快手，体育赛事类短视频作品的内容是十分丰富且多元的，覆盖了专业赛事、赛事周边、运动员相关等核心内容类型。其中，赛事结果/集锦、赛事相关的周边资讯，占比均超过20%；运动员相关内容/资讯、赛场/运动员趣闻/花絮故事，占比超过10%。从视频内容分布可以清晰地看到，平台中的赛事类内容和与体育明星有关的内容用户需求性较高、传播力度更强。快手作为头部短视频平台，通过与奥运会、欧冠、NBA等头部赛事达成深度合作，邀请中国女排、金博洋等一大批体育明星入驻平台，高质量地满足了用户对体育赛事内容及其周边内容的消费需求。

表12　作品内容类型

作品内容划分	作品具体类型	数量	百分比
专业赛事内容	赛事结果/集锦	88	30.03%
	实时赛事信息	15	5.12%
	赛事预告	3	1.02%
赛事周边内容	赛事相关的周边资讯	60	20.48%
	赛事相关解读/科普	22	7.51%
	赛事衍生内容——剧情作品	8	2.73%
	赛事衍生内容——优质二创	8	2.73%
运动员相关内容	赛场/运动员趣闻/花絮故事	31	10.58%
	运动员发布内容	1	0.34%
	运动员相关内容/资讯	57	19.45%
	总计	293	100%

---

① 猎云网. 快手发布Q3财报：营收205亿元，电商GMV同比增长86.1%[EB/OL].（2021—11—23）[2022—03—05]. https://baijiahao.baidu.com/s? id=17172126795399499652&wfr=spider&for=pc

（二）自制内容矩阵式传播

在各大视频平台关于大型体育赛事的传播竞技中，围绕赛事内容的竞争依然是主轴。但对于部分版权内容缺少了"直播"这一重要环节的快手来说，在手握赛事版权的同时，依托短视频平台独有的优势，抢占用户观看赛事以外的时间，探索版权内容的多样化变现模式则显得尤为重要。

无论是NBA、CBA这样赛事跨度时间长、核心观赛用户比较固定、持续活跃度高的联赛型体育赛事，还是奥运会、亚运会这样跨度时间短、极易在短时间内获得巨大流量、商业价值集中的爆发型体育赛事，都亟待通过一个覆盖面广、设计感强的内容系统作为连接器，来实现规模化传播。而与赛事内容高度相关，且娱乐性和专业性兼备的自制类节目，则是大型体育赛事实现内容承接与转化的突破口。

首先，对于受众来说，部分体育赛事内容天然有着传播范围不广、理解成本过高的劣势，自制节目则能够通过趣味性、娱乐性的方式，对赛事赛程、赛事的相关规则、赛事的周边信息进行科普与解读，对用户不了解的信息及时补充完善，从而降低大众对体育赛事内容的参与门槛，保持用户在平台的活跃度和对平台的忠诚度。其次，从商业化属性来看，平台可以通过招商的方式来推动自制节目的商业化。相较于体育赛事本身而言，平台自身对于自制节目内容的把控有着更高的自由度，需求方可以提出定制需求，将体育赛事与自制节目的内容两相结合，以获得更好的传播效果和更高的传播效率。因此，如何通过建设自有内容体系，助力体育内容生态的发展，是当前需要关注的焦点。

为了丰富与体育赛事相关的内容矩阵，快手通过自制的方式，输出了以资讯播报、访谈、综艺真人秀等类型为主的周边衍生节目，并根据不同的赛事类型以自制纪录片、脱口秀等内容形式加持，从而实现对用户在体育赛事消费之外的注意力的聚焦。

在资讯类节目方面，快手根据不同赛事内容的调性打造了不同形式的资讯节目。《NBA快报》邀请了多位篮球名嘴一起实时解析NBA赛场上的热点信息，在午间时段为用户提供明星球员及赛场的实时动态。最为关键的是，在资讯报道中会提供实时赛事画面内容，并与用户进行话题讨论、互动。这既满足了用户了解赛事进程、消费赛事内容的需求，也为他们提供了分享信息、交流互动的平台。《老铁！早上好》作为播报东京奥运会相关热点的栏目，运用"直播+连麦"的形式，邀请张绍刚、谢楠等人气嘉宾，在每日早间带领用户一同浏览前一天体坛的热点事件。实时直播与线上连麦的创新方式，使得用户可以获得最全面的资讯信息。北京冬奥会期间打造的节目《冰雪快报》，则邀请了知名运动员、明星嘉宾、站内不同领域的达人一同参与，在播报赛事热点信息的基础上，以聊天的形式分享赛场内外的轶闻趣事。

此外，短视频平台也将目光瞄准了轻量级的真人秀综艺。快手在北京冬奥会举办周期内推出多档冰雪项目相关的体育竞技真人秀，以丰富平台内容、增强冬奥体感。在冬奥会开幕前，快手打造了竞技真人秀《冰雪队队碰》来营造站内冬奥氛围。该节目邀请了王濛、黄健翔等体育明星、体育解说，以及田斌等快手头部达人主播，通过游戏的方式，在专业性、娱乐性、幽默性的表达中传递体育精神。此外，快手还联合刘老根大舞台打造了《年味冰雪季》，邀请宋小宝为首的众多东北演员共同出演，结合冰雪运动、东北特色和快手调性，通过趣味性的才艺展示来普及冰雪知识、营造热烈氛围。

对于不同体育赛事的消费人群来说，他们会根据赛事版权的迁移来对平台的选择做出不同的决定。这在一定程度上表明，一个平台只有拥有集群式、成规模、高关注度的大型体育赛事版权，以及稳定且专业的体育赛事运营团队，才能真正实现体育领域核心用户的留存。但显然，这对于体育赛事版权分散、专业性还有待提升的我国体育产业来说，还面临着巨大的阻碍和挑战。当前，传播媒介的变迁、受众消费习惯的变化等正在深度改变着体育比赛的呈现和传播。因此在赛事版权之上，通过自制节目内容来对赛事进行补充，由此构成一个更为完整的赛事内容传播体系，可以实现内容升级、用户增长，甚至是赋予专业赛事更多的可能性。

二、破圈传播：挖掘运动员的核心价值

毫无疑问，体育赛事本身及其所衍生的体育类节目是构成大型体育赛事内容传播体系的核心之一。但是这些还不足以完全支撑起平台和受众多元化的内

容需求。无论是什么类型的体育赛事，真正能够让体育竞技活动突破原有的圈层，"人"的价值与作用不可忽视。

在本研究所选取的100条与NBA赛事相关的短视频中，与詹姆斯、科比、库里相关的内容分别有13条、12条、7条，占比超过30%，相关作品类型包括人物故事、精彩混剪、球评人出镜评述等。三位顶级球员作为"流量密码"，其为NBA赛事带来的商业价值和商业空间不可估量。

在我国普罗大众更能产生感知的体育赛事——东京奥运会与北京冬奥会中，体育明星为体育赛事本身的加持和助力作用则更为明显。邀请知名运动员入驻平台、重点运营明星运动员，是各大平台在奥运传播中采取的最主要方式之一。而快手平台作为坚持以私域流量体系建构社区生态的短视频平台，在拥有版权内容、推广版权赛事的同时，也为更多的运动员、体坛明星在赛事内外带来了更具有黏性的关注。

在运动员的选择方面，相较于抖音、小红书等平台将注意力更多地放在谷爱凌等超级体育明星的运营上，快手在邀请运动员入驻时，不仅保持着头部运动员的覆盖，提供及时消费，也更多地考量了运动员本身的个性与快手社区氛围的适配性。"任子威、金博洋、隋文静、韩聪等这些重点运动员，用户都可以在他们的快手账号获取到独家内容。而谷爱凌、苏翊鸣虽然没有入驻快手，但是只要保证这些运动员的相关热点、每一个瞬间都在平台有视频内容，可以供给用户消费，就足够了。"

在运动员的个人呈现方面，快手则更注重于让运动员展现其"后台"的一面，让用户窥见他们日常生活中更加真实的自我。"在央视、人民日报等国家级平台的视角下，对运动员的塑造更多的是偏向于宏大叙事角度，运动员是作为一个英雄式的、为国争光的人物出现的。而短视频平台在通过直播、短视频的形态塑造运动员的人物形象时，他们是更加真实、更加立体可感、更加具有个性的。而这样的内容，也更容易被传播、被消费。"

以运动员任子威为例，在冬奥会开始前，其快手官方账号就发布了"任子威解答短道速滑知识点"的短视频，娱乐性和科普性兼备。在其比赛结束后的第一时间，任子威率先在快手发声，发布冬奥期间的参赛视频与感想，同站内的亿万用户分享自己的心情，引发了用户强烈的情感共鸣和情绪共振。同时，任子威发布的内容还包括自己赛事之外的日常生活，呈现最真实的自我。此外，在比赛结束的第一时间，甚至是运动员赛后的隔离期，不少运动员都通过直播的形式来和用户展开更加自然、平等、有趣的交流。安贤洙回应是否还会回中国执教、金博洋的冰墩墩被要走了等热门话题，更是弥散到了全网，成为所有网民共同热议的话题。

在运动员与用户的互动方面，快手发起了"冰雪天团包墩到户"的抽奖活动。任子威送出666个冰墩墩，掀起了全民狂欢的效应。其发布抽奖的短视频，播放量超过9000万，点赞量高达176万。借势这次活动，任子威快手账号的粉丝量也已经突破1500万。除了任子威之外，郎平、范可新等众多运动员、教练员也加入到了活动之中，借势活动热点和话题事件扩大运动员及赛事本身的认知度、传播力、影响力，实现圈层突破。

图32 任子威个人账号内容

三、社区共建：多元主体实现价值共创

对于体育内容的消费可以划分为赛事、明星和社区这三个范畴，赛事造就了明星，而围绕赛事和明星则引发了同好之间的交流，进而形成社区。在快手

体育社区的共建方面，平台方基于版权合作，系统高效、直截了当地向用户提供赛事相关的卡断切条、精彩集锦等优质内容，实现了对于赛事内容的基础供给。与此同时，基于"短视频二创"的版权权益，平台方将赛事卡断分发给普通创作者，创作者可以在原视频的基础上，通过剪辑、解说等多样方式进行二次创作，产出更多用户视角的内容来在社区中进行传播，从而让平台中体育赛事的相关内容更加丰富。

在本研究所选取的与三项体育赛事有关的研究样本之中，可以看到，创作者生态呈现出多元融合的趋势。运动领域创作者依然是创作体育类目内容的主力军，在有效样本中占比超过33%。此外，体育内容也逐渐渗透到了其他创作者领域，虽然占比较少，只有6.48%，但也充分体现出体育内容正逐步向其他泛娱乐领域扩张。这些非运动领域的普通创作者创作的视频内容类型也十分多元，既有日本体操选手在完成跳马动作时一只脚出界的恶搞视频，也有全红婵等热门运动员的花絮趣闻。可以说，快手正是"以内容为媒，激活每个账号参与者的主体意识，让他们感觉到这是'属于我的地盘'"[①]。为此，在推动体育赛事的传播方面，不应只局限于运动领域，应当充分调动各个内容品类创作者创作体育赛事内容的积极性。

根据所选择的研究样本，其中有超过48%的内容由政务媒体号发布，这些账号既包括腾讯体育、咪咕篮球等体育垂直类媒体，也包括新华网、央视网、环球网等权威的传统媒体平台。这一方面体现了在媒体融合时代，各大媒体都积极寻求转型突破升级，以全新的形态和表达方式呈现权威性内容，积极踏入互联网传播领域，与互联网领域的用户互动。另一方面，也体现了在传播层面，平台吸纳了许多官方媒体来进行大型体育赛事的赛事报道，权威性、时效性、真实性都得到了一定的保证。

---

① 喻国明."破圈"：未来社会发展中至为关键的重大命题[J]. 新闻与写作，2021（6）：1.

表13　创作者类型

作者类型划分	作者具体类型	数　量	百分比
政务媒体号	媒体号	122	48.81%
	体育媒体号	9	
	媒体人	4	
	政务号	8	
平台自有账号	平台自有账号	24	8.19%
官方账号	官方账号	6	2.05%
运动员账号	运动员账号	2	0.68%
运动领域创作者	运动领域创作者	99	33.79%
其他领域创作者	搞笑幽默领域创作者	4	6.48%
	明星娱乐领域创作者	3	
	人文艺术领域创作者	2	
	财经领域创作者	1	
	短剧领域创作者	1	
	教育领域创作者	1	
	科普领域创作者	1	
	美食领域创作者	1	
	萌宠领域创作者	1	
	汽车领域创作者	1	
	舞蹈领域创作者	1	
	游戏领域创作者	1	
	影视领域创作者	1	

除了多元创作主体之外，平台在赛事传播方面也与众多商业品牌达成了合作，通过品牌Logo露出、口播、视频广告植入等形式，在创新营销玩法的同时，也实现了价值共创。如小赢卡贷在NBA全明星期间发起"圆梦全明星"的话题活动，红牛饮料在冬奥期间发起"红牛真牛时刻滑雪挑战赛"。商业品牌与赛事、平台之间的商业联动，不仅创新了商业营销新模式，扩大了影响力与知名度，也在社区共建方面提供了丰富的内容和变现渠道，加深了体育信息的丰富度和厚度。

四、用户本位：互动仪式链视角下的全民参与

在传播大型体育赛事的过程中，需要通过体育赛事本身来带动UGC、PGC的内容生产，在此基础上，让用户在体育社区之中围绕版权赛事和明星内容形成更强的互动氛围和用户黏性则是更为重要的。

（一）现场感：营造身体共同在场

竞技体育的本质是竞争。一场体育赛事，竞争不只是赛场上运动员汗水中迸发的热血，也关乎场内观众的欢呼和呐喊——这影响了运动员积极性的调动，甚至会决定一场比赛的结果走向。一场体育赛事转播，镜头瞄准的不只是参赛的运动员和教练员，现场观众同样处于"被转播、被观看、被放大"的处境。如果把体育比作一场真人秀，参赛者和现场观众都是主角，两者的互动，才构成了完整的体育赛事。疫情穹顶下，为了创造更为安全的比赛环境，多项大型体育赛事处于控制观众数量乃至零观众的状态。这让体育赛事传播面临的最大问题就是现场感和互动性的缺失，带来的最大影响则是比赛现场热烈观赛氛围的削弱及赛事的激烈程度的大打折扣。因此，为空荡荡的体育赛场增加现场感，为场外观众营造毫不逊色于置身现场的观赛仪式氛围，是吸引并留住观众的关键所在。

从本质上而言，仪式是一个由身体的共同在场开启的互动历程。互动的产生也有一定的前提，即需要两个及以上个体在特定的时间、空间内完成相遇、感知、关注与交流。体育赛事则是一种兼具现场感与体验感的仪式活动。相较于文字、图片来说，通过短视频的形式呈现体育赛事更为生动直观、感染力更强。

"短视频与电影电视影像的最大不同不在于时长之短与技术的灵便性，而是提供了身体'虚拟临场'的情境。"[1]快手为仪式的参与个体构筑了身体在场的虚拟空间。在奥运会和冬奥会期间，快手特意打造了"奥运主会场"页面，页面内容包含奖牌榜、赛程表、赛事直播、节目直播、运动员发声、达人

---

[1] 郑富锐，李俊良. 互动仪式与模仿创作：抖音短视频的大众影像实践[J]. 当代电视，2021（12）：10—14.

视角看奥运等多元化的内容，为进入页面的用户营造了沉浸式的观赛体验。同时，"奥运热榜"聚焦实时热点事件，为用户提供全面性、时效性、丰富性共存的奥运赛事内容。无独有偶，在推广NBA赛事方面，快手上线了NBA频道，赛程、排行榜、每日任务、每日竞猜等专业赛事信息和互动玩法一应俱全，同时分场次更新实时赛事短视频，重点关注热门赛事信息。频道页面为赛事用户提供了畅享精彩内容的空间，使得用户突破时空界限，能够在仪式场域就他们共同关注的话题、热点，分享自己的看法，进行谈论交流。可以说，快手依托短视频、直播形式，为用户构建了沉浸式、代入感强的场景，使得用户在身体共同在场的同时，引发情感共鸣和情绪共振。

图33 快手奥运主会场、奥运热榜、NBA频道页

（二）关系黏性：共同关注的情感表达符号

"短视频是数字技术与创意思维深度融合的文化形态，以抖音、快手为代表的短视频类平台媒体通过品质内容引力与消费场景构建，将受众的日常生活与社会交往过程嵌入其中，为公众的参与式文化提供了更多机会、动力和可能性。"[1]从互动仪式链的视角来看，短视频的关键核心点是分享与互动，其传播的实质体现为，用户在短视频所创设的具体环境中，触发评论、点赞、分享等社交行为，进行仪式互动的过程。"当在篮球比赛中看到争议性判罚、赛场

---

[1] 袁梦倩. 短视频媒介技术、参与文化与赋权[N]. 中国社会科学报，2021—04—30.

冲突或者是有梗的新闻事件的短视频时，会选择与朋友进行分享，并在评论区和网友互动。"

在体育赛事的传播中，用户通过短视频进行仪式互动大致遵循以下流程：与大型体育赛事相关的短视频因内容优质、丰富多元等特性成为用户共同关注的话题焦点，他们通过创作短视频及点赞评论等互动方式来进行情感积累，共同关注与互动讨论使得用户之间的情感联系更加紧密，这进一步强化了体育赛事相关内容传播的广度与深度。

从量化的角度来分析，社交类短视频传播价值的衡量标准可以以其点赞量、评论量、分享量、收藏量作为重要的参考指标。本研究通过对研究样本的播放量分别与其互动量（点赞量、评论量、分享量、收藏量）进行相关分析，来考察短视频播放量与其社交互动效果之间的关系。

首先，将研究样本的播放量数据分别与其互动量使用散点图形式进行呈现。以短视频的播放数量与分享数量之间的关系为例进行分析，图5中横坐标为视频的分享量，纵坐标为视频的播放量，通过对比图中散点的面积及分布趋势可以得出，研究样本的播放量与其分享量之间存在着相关性关系，且是较为显著的正相关性。采用同样的数据对比将播放量与点赞量、评论量、收藏量分别进行分析，可以发现，正相关关系依然存在。这说明，大型体育赛事在快手短视频平台的播放量与其传播互动效果相关性显著。

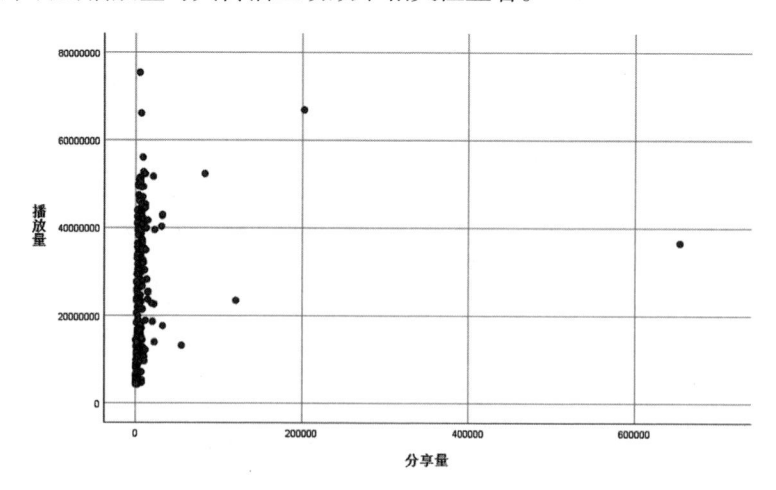

图34 短视频播放量与分享量对比

可以说，自人类可以运用动作、语言、文字等符号进行传播活动以来，以互动为核心的社会交往行为在人们的日常生活中一直占据着十分重要的位置。互联网的出现，使得人们即使相隔两地、不在同一时区，也能通过网络完成互动交往，甚至建立"圈群"。点赞、收藏、评论、分享等最基本的传播互动行为，是用户围绕共同关注的情感符号所进行的行为反馈。与此同时，在网络构筑的信息传播活动中，信息本身的价值被弱化，而信息作为社会资本积累的价值则被进一步激发。在社交过程之中，人们通过关系黏性的赋予，来实现互动需求的满足，来维系人际关系和社会关系。

（三）仪式结果：情感能量驱动群体团结

群体通过平台构建的虚拟空间实现共同"在场"，他们基于共同关注的事件焦点和共同分享的情感心境，在完成"仪式行为"的基础上，达成情感共享，情感能量的积累则进一步驱动群体团结。在整个仪式互动的过程中，用户不只是被动的旁观者，而是真正成为参与者融入其中。

快手依托优质的视频内容和各种创新技术、各种趣味互动创意，打造"内容+社交+娱乐"于一体的互动观赛平台。在大型体育赛事传播的过程中，致力于通过强互动来增加用户的参与感和体验感，用户则在平台营造的群体互动环境之中，积蓄情感能量，培养群体团结。冬奥期间，在内容层面，快手开启了"全民冬奥冰雪季""全民共创挑战赛"等视频创作大赛，以"全民"为基调，邀请所有用户，在不侵犯版权的前提下，依据冬奥热点以及与冰雪相关的内容创作短视频，并给予流量激励和现金奖励。在社交层面，"冬奥预测竞猜活动"具有强互动性，用户不仅可以自己预测赛事结果，赢取金豆换取冰墩墩、纪念徽章等奖品，也可以将活动分享给亲朋好友，共同享受竞猜的乐趣。在娱乐层面，滑雪挑战小游戏、特效道具、魔法表情等新鲜玩法，都能让用户在线上畅享与众不同的奥运参与感。

对于短视频平台来说，如果只是单纯的为用户供给视频内容、比赛直播，这与电视媒体以及长视频平台提供的内容没有任何差异性。以赛事版权为抓手，通过版权内容和互动场景融合，吸引更多的普通用户、创作者一同"玩"

比赛，一同参与到平台体育内容生态的建设中来，才是更具有价值和传播力的。将赛事内容与丰富、有效的互动玩法更好地融合，则是牵引用户、激发用户需求的枢纽，能够让用户真正参与到互动之中，释放体育热情，实现情感能量的连接、积累与共享，促进群体团结的达成。

图35 快手平台冬奥期间的挑战活动

第五章　快手短视频平台
在大型体育赛事中存在的问题

一、缺乏对用户需求的规律性把握

（一）小屏模式带来疏离感、降低体验感

与电视媒体等"大屏"相比，小屏观赛因其灵活度高、可以真正实现随时随地随意看比赛，已经成为新的潮流。随之而来的，则是以手机为代表的移动媒体在观赛体验感与氛围感方面的缺陷凸显。首先，在显示端方面，手机屏幕太小，用户观看体验差，在观看体育赛事时小屏不能带来很好的收看效果；其次，在社交层面，"社交媒体、移动媒体等新媒体阻隔了人与人之间的直接接触，使得人们之间关系疏远、冷漠，与科技向善的要求相去甚远，一直未找到有效的解决方案"①，这一问题延续到观看模式上，则是小屏观赛降低了赛事独有的氛围感。

以家庭场景为例，虽然大屏与小屏并非要彼此吞噬，但显然在家庭场景中，相较于小屏模式，大屏观看体育赛事使得用户能够更轻松地通过身体卷入与身体参与实现观赛体验的升级，并及时与身边人进行互动交流，让用户真正拥有满足感和幸福感。

（二）搜索关联与用户意图不匹配

"我习惯在快手看到热点后就到浏览器去搜一搜相关的新闻，有时是看资

---

① 李岭涛，王俊. 投屏技术对媒体生态的重塑[J]. 当代传播，2021（5）：94—96+104.

讯看得不过瘾，想再看看是怎么回事，有时想看看其他平台用户的评论，我喜欢看评论区激烈的辩论。比如在快手刷到一些运动员受伤、不能比赛、出了事故的视频之后，就到浏览器看看有没有别的资讯和评论。"

可以看到，当用户在快手的视频流里"刷"视频时，遇到感兴趣的内容想要进一步了解，会选择到其他平台、浏览器进行搜索，获得更加新鲜、更加全面的内容。这一方面是由于快手平台对于用户在站内对相关热点进行搜索的意识培养还不够，另一方面则是由于当用户观看视频内容时，如果想要获取更多的视频资讯，点击右上角的"搜索"按钮跳转到搜索页面，而搜索页面的"搜索发现"并没有给用户提供与该视频相匹配的搜索关联词。搜索关联与用户意图不匹配，仍旧需要用户手动键入关键词进行搜索，这增加了用户的思考成本和时间成本。与之相对的，则是抖音在"搜索发现"方面的全面领先，能够通过提供精准搜索关键词，来满足用户对相关内容的进一步渴求，引导更深层次的消费。

图36 快手（左）与抖音（右）搜索功能示意图

（三）赛事内容缺少聚合场景，难以满足延时性消费

体育赛事类内容的周期性决定了它会在赛事举办期间获得最高程度的关注度，用户流量会在赛事期得到井喷，由此平台方也会把内容生产、内容推荐的重点放在这段时间，而忽视了赛事空白期。这也导致了非赛事周期内对相关内

容的供给不足、密度不够，难以满足部分用户对于体育赛事的延时性消费。

此外，长视频平台拥有"历史回看功能"，用户可以通过这个渠道对赛事内容进行重复消费；专业的体育垂类App会将每一个板块的赛事进行归类，用户通过搜索功能或者页面的入口可以迅速找到需要的赛事内容。而快手短视频平台作为综合性App，平台内的内容包罗万象，平台提供给大型体育赛事的快速检索及入口能力也仅仅是在赛事举办期间。这使得用户在赛事举办期间可以大量、直接地接收到感兴趣的体育赛事内容。而一旦进入赛事空白期，供给核心赛事信息、实现优质内容有效聚合的场景则被弱化。

从搜索场景来看，搜索功能是用户获取相关信息内容的最主要方式之一，在短视频平台也是如此。以北京冬奥会期间快手平台自制的8集短片《二十》为例，在快手检索"二十""短片二十""冬奥二十"等相关字样，检索出的关联内容并没有官方发布的相关视频及视频合集，且与自制短片毫无关联，用户很难找到观看渠道。不仅自制的独家节目无法实现赛事结束之后的有效供给，而且与体育赛事本身相关的赛事集锦、卡断等内容，也无法满足延时性消费。

从频道场景来看，核心内容持续供给不足的问题依然凸显。当前，在快手的"体育频道"中，用户可以浏览篮球、足球、斯诺克等体育赛事的最新信息和短视频内容。但是其供给的内容多为强时效性信息，更新频次高，没有对应的板块能够聚合起重大赛事尤其是版权赛事的内容资源。因此，即便平台拥有丰富多元的体育赛事，但是功能入口深、信息聚合不完整等问题也依然难以满足用户的需求。

二、盗播侵权现象泛滥，版权意识匮乏

随着技术手段的升级、设备应用的更新和流量资费的下降，用户的媒介使用门槛大大降低，无论是谁都可以使用手机等移动媒体来进行直播或者是内容传播。这导致了体育赛事内容非法传播、盗播侵权的现象十分严重且泛滥。

当前，关于大型体育赛事的侵权盗播行为，主要体现在以下几个方面：一是未经授权通过拍摄、录制、转播等方式将体育赛事画面在网络平台进行公开

传播；二是未经授权截取体育赛事的画面内容在网络平台以短视频形式进行传播；三是赛事现场的观众拍摄体育赛事相关画面，经剪辑后把视频上传到公开网站；四是在自行创作的短视频中截取赛事画面加以使用；五是偷盗他人的视频作品进行传播。

以NBA联赛为例，当前在我国拥有NBA直播权的网络平台仅有腾讯和咪咕，但是在非官方授权平台依然有很多用户在赛事高峰期非法盗播NBA比赛。在快手平台搜索"NBA直播"，可以发现许多用户使用录屏、拍摄电视画面等方式来进行盗播。此外，虽然快手拥有对于NBA短视频的二创权益，但这些权益仅仅局限于授权作者和授权视频，目前在平台内依然存在着大量非授权的NBA赛场画面内容广泛传播。这不仅损害了官方版权内容的版权价值，使得真正得到授权的内容获得的流量减少、关注度降低；也影响了与版权方之间的友好合作，甚至给平台造成被投诉等不必要的麻烦。

图37 快手平台NBA的侵权直播现象

盗版侵权行为的屡屡发生，一方面是由于我国社会公众的版权保护意识还十分薄弱；另一方面则是由于平台的监管力度不足，我国关于体育赛事版权保护的法律法规还不完善。

三、内容同质化严重，制造爆款能力不足

当前，大型体育赛事在短视频平台传播中，呈现的内容类型是十分多元的，包括搞笑配音、花絮集锦、赛事剪辑等。但是，内容选题和创作方式的同质化则是一个十分严重的问题。比如，以快手体育的篮球类目来说，在篮球内容领域，运用技术手段对于经典赛事内容进行高清修复的视频在平台内获得了极高的流量推荐，创作者便纷纷跟风模仿产出此类短视频，在内容选择、字幕添加、配乐选择方面都是高度同质化、套路化的。

对于创作者来说，当某一种题材的视频内容得到了高优推荐，他们会持续产出相关内容方向的视频作品以获得更多的流量支持。但是用户对于同种类型作品的生产难以永远维持在高水平、高质量，久而久之，这种类型和制作手法趋同的内容的产出质量便会下降。此外，平台的推荐模式致使消费者如果消费了此种类型的作品，就会源源不断地推荐同种类型的视频内容，这既会让平台的内容同质化愈演愈烈，也会造成用户的审美疲劳，稀释用户注意力。

另一方面，相比于抖音依托流量分发机制、平台自身传播力等在多个领域打造出了"张同学""邓刚钓鱼""刘畊宏健身"等众多爆款人物和事件，作为竞争对手的快手在这一层面的创造力、驱动力和行动力都稍逊一筹。而延伸到体育领域，爆款内容的缺位，让手握多项大型体育赛事版权的快手陷入了难以制造氛围、提升感知、打出认知的尴尬境地。

四、宣传力度不足，陷入"自嗨"窘境

作为一个在下沉市场拥有广泛空间的短视频类App，在大众认知中，快手平台上丰富的内容包括短剧、情感短片等，而快手拥有大量体育赛事版权、可以在快手看体育赛事这件事，用户感知一直不强。"用户不知道"的尴尬现状，除了制造爆款能力不足的原因之外，还主要基于以下原因：

首先，与垂直类体育App相比，快手作为一个综合性短视频App，在吸引用户方面有一个天然的劣势，即垂直类体育App的用户一定是体育内容的消费人群，而综合性App拥有的垂直类目非常多元，体育内容只是其中一部分，体

育用户也只是其中一部分，在平台中能产生的声量有限。再者，很多快手站内有关大型体育赛事的源生热点推广到站外进行传播时，视频、文案等都会被去掉"快手"的标识。如高亭宇回应韩国选手擦领奖台，用户不知道这些热点内容来自快手，自然也没有办法实现对于内容的追根溯源，只能在其他平台消费二次甚至多次传播的内容。

第六章　快手短视频平台
成为大型体育赛事的现状总结及优化建议

一、快手短视频平台传播大型体育赛事的现状总结

在受众需求的变化、社交属性的禀赋和技术创新的引领三方面的综合作用下，以快手为代表的短视频平台已经成为大型体育赛事传播的重要载体。本研究认为，当前快手短视频平台传播大型体育赛事的策略可以从以下四方面加以总结：在内容呈现方面，体现为优质赛事资源与衍生节目相辅相成；在破圈传播方面，体现为对运动员真实、立体的核心价值的挖掘；在社区共建方面，体现为多元主体实现价值共创和体育社区共建；在用户本位方面，体现为互动仪式链视角下的全民参与。

当然，目前大型体育赛事在快手短视频平台传播中仍然存在着一些问题，如缺乏对用户需求的规律性把握；盗播侵权现象泛滥，用户版权意识匮乏；内容同质化严重，跟风行为明显；宣传力度不足，陷入"自嗨"窘境等。为此，本研究根据其目前存在的瓶颈和困难，给予一定的建议对策，为提升用户观赛体验，强化体育赛事的传播价值，更深层次地探究体育赛事传播的未来发展趋势提供借鉴。

二、快手短视频平台传播大型体育赛事的优化建议

（一）立足需求痛点，优化用户观赛体验

从用户的角度出发满足用户多元化的需求是一切工作的根本落脚点，因此

应当做好用户调研，深度聚焦用户需求，真正洞察用户内心所需，并通过技术赋能、产品优化等手段来为用户提供超出预期的服务与体验，满足用户的差异化需求。

第一，当前运用手机小屏观看赛事的体验感较差是用户的需求痛点之一。为此，可以通过完善直播投屏功能，让手机小屏和电视大屏实现有效链接，来提升赛事画面质量和用户观赛体验。此外，投屏应用构建的家庭氛围感和集体仪式感可以让用户由原本的疏离走向真正的共享，充分放大用户观赛时的情绪体验。

第二，在赛事的播出期间，可以在直播间引入AR技术，呈现虚拟的人物形象，并将其与赛事内容相结合，比如由虚拟人物来对体育项目、赛制等进行科普解读，由此增强用户的体验感与互动感。

第三，快手平台在提供体育赛事内容方面，搜索推荐功能依然不完善。为此，应当优化算法推荐机制，加强视频流内容与搜索发现关键词之间的关联性。通过在搜索发现、搜索栏等位置进行体育赛事、运动员相关的关键词供给，来引导用户在站内完成后续搜索和消费行为，并通过活动方式激励用户积极评论互动。

第四，可以在App内开发体育版权赛事的相关入口合集，将所有版权赛事的内容进行聚合，通过频道、按钮等形式增加入口，让用户无论是在赛事举行期还是赛事空白期都能找到消费入口。

第五，可以通过有针对性地向用户推送赛事信息来帮助用户在海量信息中迅速获取体育内容。这既需要平台运用技术手段完善对用户画像的精准定位，也需要平台将内容进行有效分类，通过优质内容吸引目标人群，让用户能够以最省时、最省力的方式获取到最感兴趣的内容，提升用户的体验感和满意度。

（二）完善平台内容生态，加强监管引导

首先，在打击盗版侵权方面，应当坚持法律治理、平台监管、用户自律三位一体的引导模式。政府和社会要积极应对，结合互联网的发展进程，建立健全体育赛事类直播、短视频的相关法律，加大对侵权行为的打击力度。平台方

要切实履行主体职责,采用区块链等必要的技术手段加强监管,同时要对用户进行版权教育,完善体育赛事版权内容的投诉处理机制。用户也要不断提升自身的媒介素养、强化版权意识观念。只有包含平台、用户在内的社会各方共同抵制盗播等侵权行为,才能有效破解体育赛事版权难题,让版权保护能真正落到实处。

其次,在内容生态方面,应当持续深耕"UGC+PGC"的内容模式,提升内容的深度和质量。使用人群和平台调性的下沉性决定了快手平台上的内容也是相对下沉的。但是,在体育赛事的内容传播方面,不仅需要直接高效的赛事切条,也需要经过精心剪辑、有配音、有解说的深度、专业内容。因此在体育类赛事短视频的发展方面,应当以UGC内容为基础,同时提供更多的PGC内容来带动生产,让短视频及短视频平台,真正实现长发展。

再者,应该积极探寻搭建体育爆款模式的有效方式,通过与其他网络热点结合、确定内容制作方向、打造普遍认知反差等路径来覆盖足够多的用户,提升大型体育赛事在快手平台的广度和关注度,带动全站的体育氛围。同时,依托爆款模式推出爆款人和爆款事件,从认知层面让用户意识到快手平台大型体育赛事内容的独特性;从行动层面吸引更多的用户主动来快手消费体育赛事信息。

最后,依然要以版权体育赛事为抓手,注重体育社区的建设。版权的引入为快手提供了更好的体育内容的发展土壤,吸引了更多创作者的到来,带动了更多类型的内容产出。在更长一段时间的发展中,快手应当在深耕版权的同时,打造开放的体育社区,在体育领域内找到不同创作者的核心动能和诉求,并将其渗透到发展的各个环节,由此实现体育社区的精细化运营,提升自身的核心竞争力。

(三)加强体育品牌建设,拓宽传播渠道

从内容传播层面来讲,为了扩大平台体育内容、体育版权的声量,应当建立立体化的宣传渠道,结合各大平台的传播优势,为平台版权赛事的传播蓄力赋能。快手本身作为一个综合性的短视频社交平台,可以通过联动宠物、二次

元等其他内容垂类，让更多的创作者参与到宣传推广站内的体育内容中来。同时，可以与纸媒、电视台等传统媒体进行资源置换，达成战略合作，通过传统媒体渠道宣传赛事版权内容及平台源生热点。此外，也要抓住微博、微信、小红书等互联网平台的宣传矩阵，实现内容的多渠道、立体式传播。如可以在知乎发帖引导站外用户讨论传播；在虎扑、懂球帝等拥有大量深度体育用户却缺少体育赛事版权的体育垂直类社区宣传快手平台内的赛事版权内容以及由赛事发酵的相关事件。

在当前这个"重新部落化"的互联网时代，社群已经成为连接器，在引爆传播效果方面具有重要作用。因此，通过社群传播抢占认知高地，在覆盖体育爱好者、互联网科技媒体等人群的社群进行定期、定向推送，来精准触达更多目标人群，并依托这些由社群催化的强化系链接更多的潜在用户，可以有效提升用户对于快手赛事资源丰富，以及快手体育品牌、体育社区构建的认知，甚至挖掘出更多的用户延伸性需求。

与此同时，应当借鉴O2O模式，通过线上线下联动的方式，来加强品牌建设。在冬奥会期间，小红书与国内各大滑雪场展开合作，在线下设立拍照打卡区域，吸引更多用户参与"小红书滑雪季"活动。为此，快手也不应局限于在线上对版权内容进行推广，而是要争取与重点行业机构提前建立合作关系，为用户提供更多线下活动，让用户能够真正参与到体育赛事传播当中来。以线上线下双向互动的方式，打出认知，打出品牌，让更多的人能够知道，快手有体育板块、有体育版权。

（四）形成不可替代优势，提高用户留存

在大型体育赛事的传播与运营方面，单纯为用户建立认知是远远不够的，只有形成平台自身的不可替代优势，才能提升用户迁移成本，增强用户黏性和用户留存。对于快手来说，依然要以赛事版权为抓手，提升赛事内容的全面性和覆盖度。同时依托赛事版权和二次创作权益，吸引更多创作者来到快手运用版权内容创作不侵权的赛事作品，提升创作者规模；辅之以激励政策和变现手段提高创作者的创作主动性，让其感受到在快手创作体育赛事内容的不可替代性，进而实现用户留存。

在赛事版权的基础上，也要结合平台调性，抓住年轻用户的心，为年轻化的消费群体供给喜闻乐见的内容，并逐渐向大众群体渗透。同时抓住平台优势，从短视频特有的社交属性出发，制定更加丰富多元的互动体验，形成在快手观看体育比赛既好看又好玩的社区氛围。进而以差异化策略和强互动玩法，打造真正的属于短视频平台的体育内容社区。

04 | 现场篇

全媒体背景下奥运赛事传播"现场性"的营造策略研究

第一章 研究缘起与基础

一、研究背景

（一）选题依据

1. "现场"观看：赛事受众的内在渴求

体育赛事作为一种竞技体育的展示表演，观众们通过观看集合了力量、速度、美感和悬念等元素的运动员竞技过程，获得体育观赏的审美、娱乐、求知和归属满足。[1]同时，由于赛事观众立场不同，如支持不同的队伍或者运动员等，比赛的过程和结果能够对观众们的情绪、感受和行为产生不同影响。在体育赛事场景中，观众需要亲身在体育场内对赛事活动进行"观赏"，即时接收体育赛事信息，进行审美、求知，获取胜负刺激等；和运动员及其他观众进行"互动"，共享现场中由各个赛事主体共同营造的赛事氛围，如进行呐喊助威或是情绪宣泄等，对比赛的过程和结果进行反应和反馈。故对于体育赛事观众来说，其对凸显即时、沉浸的"现场"观看需求尤为显著。

随着媒体发展，体育赛事观众逐渐能够以身体离场的方式进行赛事观赏和参与。继报刊、广播之后，电视体育的兴起，真正使无法抵达体育赛事现场的观众，能够以接近"在现场"的方式即时观看体育赛事。由此，通过媒体观赛的体育赛事受众根植于基本观看动机的现场观看需求在媒体实践与发展中被逐渐激发出来。媒体需要通过在赛事传播中营造"现场性"，给无法亲临现场的

---

[1] 谢劲，孙南. 体育观众观赏运动竞赛动机研究[J]. 北京体育大学学报，2017，40（3）：27—32.

观众们带来一种"在现场的感觉":使受众获得如同身处赛事现场一样的赛事参与体验,既亲眼观看比赛内容,又亲身共享赛事氛围。全媒体背景下,信息传播更加便捷、海量,受众能动性进一步增强。互联网便捷了赛事观看之外,社交媒体亦进一步赋能受众互动,受众角色从单向的信息接收者和单一媒体功能的使用者,转变为具备自主能动性的媒体活动参与者,新媒体条件下的体育赛事共享氛围得以跨时空形成,其多样化的需求被进一步激发。而受众的能动性带来地位的提高,也使受众需求进一步成为媒体关注的核心要素。对于体育赛事传播来说,媒体同样需要围绕受众需求,在赛事传播实践中关注"现场性"的营造,目标是满足赛事受众对于现场观看比赛的内在渴求。

2. 技术发展:营造"现场性"的外在条件

在大众媒体时代,观众通过电视收看体育赛事,在家庭、酒吧等聚会场所与他人进行互动,共享赛事氛围。如今,以社交媒体为典型代表的新媒体涌现,超高清、VR等新赛事转播技术的应用进一步发展,体育赛事传播通过不同媒体表现手段和媒介形态进行,进入了各类媒体融合发展的全媒体传播阶段。在全媒体背景下,体育赛事传播以赛事内容为内核,通过以网络社交媒体为主的多种传播主体和传播渠道的叠加影响,在塑造体育媒介事件中建构起体育观赛场景;在体育赛事传播中运用先进的传播技术,打造出能够激发多种感官的赛事观看体验。媒体实践和技术发展,为赛事传播"现场性"的营造提供了外在条件。

传统的赛事传播中营造"现场性"的策略,主要在技术范畴内强调设备的升级,追求视听觉上微观的"现场效果"的提升。当下的新媒体则具备了营造源于现实但又有别于现实的"现场性":群聚从场内转移到电视大屏前,互动从线下转移到线上评论、弹幕等行为,移动化媒体可以实现即时在场或分时在场。新媒体内容丰富,具备强交互性,也拓宽了观众参与赛事的维度,受众不再只是"收看"体育比赛,被动式摄入体育赛事信息,更能够主动地参与体育赛事传播,通过媒体营造的"现场性"来获得"现场感"。由此,体育赛事传播过程中媒体营造的"现场性"的内涵在全媒体背景下得到延伸,与以往强调提升转播设备技术提高狭义的"现场效果"的构造不同,应是在广义上体现为一种在技术支持下由媒体构造的、受众广泛参与的共享赛事氛围的沉浸感、获得感。媒介载体和各项技术的多元化运用，使得媒体能够给观众带来更广泛、更多元化的体验，从而释放出更强的影响力。而"现场性"的营造作为技术驱动下典型的媒体实践，在体育赛事传播相关技术发展过程中获取了充足动力。

（二）研究目的与意义

1. 研究目的

本文的研究目的是对全媒体背景下的奥运赛事传播中"现场性"的营造策略进行总结，从而形成对体育赛事传播更具参考性的研究结果，并在此基础上探寻赛事传播中媒体营造"现场性"过程中出现的问题与不足，提出相关的优化建议。

体育赛事传播的发展历程，充分体现着媒体在技术实践发展过程中对于赛事现场的还原和塑造水平的提升过程，也是媒体不断营造"现场性"，满足观众享有"在现场的感觉"需求的过程。纵观体育赛事传播的发展脉络，媒体和赛事之间的结合逐渐紧密，媒体不仅承担内容传播和营销的功能，还具备了影响赛事设计和运营的能力。在吸引受众观看的核心目标下，体育赛事传播力求丰富观众的观赛体验。面对受众在体育竞赛中社群沉浸的体验需要，媒体对于营造体育赛事传播中的"现场性"的追求贯彻始终。与此同时，新技术的不断涌现，赛事传播质量逐渐上升，受众主体性增强，品位逐渐提高，更多元多样的需求被逐渐激发，对赛事传播中"现场性"的营造提出更高要求。

对"现场性"相关文献进行查询和整理，发现国内学界对于"现场性"的研究角度较为有限，围绕媒体的"现场性"研究更多停留在电视媒体领域。即使进入了全媒体传播时代，在技术发展和实践方面拥有丰富应用空间的新媒体领域的相关研究仍然匮乏，更没有与体育赛事传播相关的"现场性"研究。在此基础上，将主要的研究问题归纳为以下几点：

（1）研究在奥运赛事传播的"现场性"营造过程中的媒体介入特点，从时间维度、空间维度、技术维度和感官维度对奥运赛事传播中的"现场性"营造策略进行分析，通过四个维度上的策略分析，对奥运赛事传播的"现场性"

的营造特征并进行论证与阐释；

（2）结合研究结果，总结出奥运赛事传播的"现场性"营造过程中存在的局限与不足，并对此及未来的奥运赛事传播提出相关的优化意见。

2. 研究意义

本研究是作者在过往学界对于体育赛事传播，特别是奥运赛事传播的研究基础上，针对"现场性"营造策略进行的研究，丰富了奥运赛事传播的相关研究成果。奥运会作为最大的世界性体育赛事之一，具备极大的媒体传播价值。同时，奥运赛事也是与媒体结合最为紧密的体育赛事，现代奥林匹克运动作为媒介、文化与体育的复合体，它所表达、弘扬和传承的体育精神与体育文化，都是在媒介的深度介入下形成、发展与传播的。奥林匹克运动发展的历史轨迹也是奥林匹克运动传播的演进历程[1]，二者和谐共生、互相成就。现代奥运赛事的传播载体从报刊、广播、电视等传统媒体逐渐变换为再到互联网新媒体，高新技术融合媒体等，实现了媒体传播形态的跨越式变迁。

于2021年7月23日至8月8日在日本东京举行的2020东京奥运会因疫情原因成为历史上第一次没有现场观众的奥林匹克赛事，同时也成为一场全媒体背景下奥运赛事传播的全新实践，其具备的独特性使其能够作为营造奥运赛事传播"现场性"的典型范例。综上所述，本文的研究具有以下意义：

（1）"现场性"的营造对于体育赛事传播而言具备重要意义。通过对媒体在东京奥运会期间营造赛事现场性的主要特点和营造策略进行总结和分析，能够及时发现体育赛事传播发展的新特点、新趋势。同时也能够发现不足，找到提升空间，以创新性思维审视体育赛事传播新技术的应用，确保该领域在现实中具备足够价值和意义。结合充实全媒体背景下体育赛事传播的相关研究，为全媒体时代的"现场性"相关研究开辟了新的空间。

（2）促进我国媒体在体育赛事传播领域的良性发展，助力媒体在体育赛事传播领域内持续向专业化转向，把握技术发展趋势，更好地确立受众中心地位的同时，有效提升媒体在体育赛事传播过程中的影响力、传播力；打造赛

---

[1] 张德胜，王德辉. 数字时代奥林匹克运动传播模式的迭代与创新[J]. 北京体育大学学报，2021，44（8）：9—18.

事内容产品过程中的引导力、公信力,不断提高全领域的信息服务和舆论导向能力。

(3)对受众而言,能更好地丰富受众对体育赛事传播的认知,提高媒介素养;对产业而言,研究体育赛事传播相关策略能更有效地帮助推动体育产业和媒体产业的发展。

二、研究对象和研究方法

(一)研究对象

本研究以全媒体背景下的奥运会赛事传播营造"现场性"的技术实践案例为主要研究对象,对媒体在奥运赛事传播的过程中营造"现场性"的主要特点和策略进行研究。

在具体研究上,本文以2020东京奥运会的全媒体传播作为研究主体,从时间维度、技术维度、空间维度和感官维度对奥运赛事传播过程中营造"现场性"的典型案例进行研究,通过区分板块,关注媒体对奥运赛事的全程参与过程及产生的影响、受众与体育赛事相关的需求及相关的媒体行为特点、媒体技术对奥运赛事传播和受众感官的影响与并总结出营造策略,最后指出奥运赛事传播营造"现场性"的过程中出现的问题,并提出具体可行的优化措施,为未来的奥运赛事传播提供可借鉴的理论和实证参考。

(二)研究方法

1. 文献资料法

文献资料法是通过查阅文献资料了解、证明所要研究对象的方法。本研究以"体育赛事传播中的现场性"这一主题,搜索查阅了大量关于新闻传播、现场性、全媒体、体育传播、赛事传播策略的文献资料与学术成果,并对这些研究进行分析比较。通过对相关论题的研究,从中发现更宽的理论视野,更新的研究价值,进而为本篇论文总结出更为坚实的理论基础。

2. 案例分析法

东京奥运会是2021年度最大的国际性体育赛事。对于涉及赛事传播的主体，如对持权转播商而言，赛事传播效果对其创收产生决定性的作用。而作为疫情背景下首次没有现场观众的奥运会，转播东京奥运会的媒体也面对着确保赛事传播质量效果和受众体验的目标需求。本次国内承载主要的赛事传播业务的媒体是央视和咪咕，这两家媒体拥有绝大部分赛事的转播权限[①]。因此，本研究通过对东京奥运会传播过程的研究探讨，对若干重点场次，对赛前报道、赛事转播以及赛外节目中的现场性营造有着突出特点的场次或场景进行个案研究，分析全媒体环境下的体育赛事传播中的"现场性"营造策略特征。

3. 专家访谈法

本研究将采用单独访谈、面对面访谈和线上访谈相结合的方法，针对本研究所面临的突出问题制定访谈提纲，从不同方面详细询问业内专家关于东京奥运会媒体传播中"现场性"营造策略的相关问题。接受访谈的专家均是体育新闻行业内的资深工作者，也是新华社在东京奥运会期间的工作人员。此项活动可为论文收集素材，为本研究的顺利进行提供必要的准备。

表14　专家基本情况

专家身份	人数
新华通讯社体育新闻编辑部融发中心编辑	2
新华通讯社体育新闻编辑部（文字报道组）记者	2
新华通讯社新闻摄影部（体育摄影组）记者	1

三、研究理论支撑及相关研究概念

（一）研究理论支撑

作为传播学五大研究领域之一，媒介分析（media analysis）主要指的是对

---

① 中央广播电视总台关于第32届夏季奥林匹克运动会版权保护的声明[EB/OL]. 北京：央视网，2021，[2021—09—20], https://sports.cctv.com/2021/07/20/ARTIPjXgPIfND94VimXEA0Uq210720.shtml.

媒介技术的产生和发展、各种媒介技术的特征及作用、媒介技术及其发展史同人类社会变迁、文明发展史的关系等方面的研究。[①]简言之，媒介分析是针对媒介自身的研究，包含对媒介技术的特征和作用进行的分析。[②]

本研究聚焦奥运赛事传播，其传播行为的技术应用主体是专业新闻机构和兼具传授身份的媒体受众。对于"现场性"营造策略，研究主要从以下几个方面进行：一、从本体论角度，以静态视角探析全媒体背景下"现场性"的概念和特征；二、从认识论角度，以动态视角分析奥运赛事传播中媒体营造"现场性"的技术实践过程与营造策略；三、从方法论角度，以影响视角解析赛事"现场性"营造过程中出现的问题并提出针对性的建议。

本研究以媒介分析作为基础的理论视角，聚焦奥运赛事传播中的媒介技术应用特征，并运用了以下四个传播学理论对奥运赛事传播中的"现场性"营造策略进行分析。

1. 议程设置

"议程设置功能"（Agenda-Setting Function）作为一种理论假说，最早见于美国传播学家 M.E.麦库姆斯和唐纳德·肖于1972年发表一篇题为《大众传播的议程设置功能》的论文，该研究是学者在1968年美国总统选举期间就传播媒介的选举报道对选民的影响所做的一项调查研究的总结。该理论认为，大众媒介往往不能决定人们对某一议题的具体看法，但可以通过提供信息和安排相关议题来有效地左右人们对于某些议题的关注顺序。同时，该理论指出，对受众的影响因素除了媒介所强调的议题外，还包括其他因素，包括对态度和行为的两种影响。在新媒体条件下，"议程设置功能"发生了变化，呈现出议程设置主体多元化、议程设置的范围扩大化、新旧媒体间议程设置的双向互动等新特点。[③]从时间维度上观察奥运赛事传播，媒体通过议程设置实现对赛事的预热

---

① 张咏华. 中国大陆的媒介分析之概况及特点[J]. 新闻记者，2001（12）：7—34.
② 罗自文，熊庚彤，马娅萌. 智能媒体的概念、特征、发展阶段与未来走向：一种媒介分析的视角[J]. 新闻与传播研究，2021，28（S1）：59—75+127.
③ 蒋忠波，邓若伊. 国外新媒体环境下的议程设置研究[J]. 国际新闻界，2010，32（6）：39—45.

和赛事场景的预设，由此实现"现场性"的营造。

2. 互动仪式链

互动仪式链理论（Theory of Interaction Ritual Chains）最早由美国社会学家兰德尔·柯林斯提出。柯林斯认为在社会交往的环节中存在仪式的发展程序，互动则是促使仪式产生的动力。柯林斯提出，互动仪式链中存在四个基本条件，分别是群体共同聚集、对局外人设限、群体拥有共同关注的焦点以及情感状态的共享。在互动结束后，群体内的成员相应地对互动结果进行产出。群体通过互动产生的情感共享会影响个体原有的情感，实现个体情感能量的增减，从而对群体进行维护，产生群体团结感。新生成的群体意识会推动互动的个体形成新的群体，构建新的群体符号与群体结构，形成共通的群体道德感。[①]

奥运赛事是一场国际性赛事，运动员具备鲜明的国别区别，而受众也受到不同的政治性、民族性的影响。全媒体背景下的体育赛事受众互动，依托网络社交媒体，能够分享、创作赛事相关信息，并和其他受众交流与互动。从互动仪式链理论的视角上看，"现场性"的营造过程是受众通过媒体进行参与的赛事的经过，同时也是媒体使用者在特定赛事情境下进行仪式互动的过程。赛事受众在传播媒介上进行的有关奥林匹克活动的创作、分享和评论，是他们之间进行交流的最基本的手段。观众因为关注同样的奥林匹克运动主题而被吸引进行同质的媒体活动，由此感受到彼此之间的情感流动，同时，在国家和民族的归属感的影响下，还为传播增加了情感内涵。受众的互动需求与媒体提供的技术条件相匹配，受众能够奥运赛事传播过程中实现全流程参与，进一步烘托赛事氛围，促进赛事传播中"现场性"的营造。

3. 场景传播

"场景"原是源于影视领域的概念，指代一种包含景、物、人的创造表现。在传播学领域，戈夫曼的"拟剧理论"指出人与周围的环境构成了情境；梅罗维茨的"媒介场景理论"认为进入到了电子时代，其物理场景已无时空限

---

① 张培培. 互动仪式链视域下东京奥运短视频传播[J]. 出版广角，2021（17）：7—85.

制。不同群体之间的信息交流可以通过电子媒介消除物理分明的界限，由此场景应该是一种信息系统，对人类社会行为产生影响。进入互联网时代后，罗伯特·斯考伯和谢尔·伊斯雷尔提出了依托于移动设备、社交媒体、大数据、传感器和定位系统的"场景时代"（Age of Context），将场景传播指向个性化、体验化。[①]彭兰指出，"场景不仅是一种空间位置指向，也包含着与特定空间或行为相关的环境特征，以及在此环境中的人的行为模式及互动模式"。[②]全媒体背景下的奥运赛事传播正是形成了一种以赛事现场为基础的媒体场景，引发特有的媒体和受众的信息传播及互动行为。李岭涛指出，"现场是场景本身以及场所、内容、氛围等所有与场景发生有关联的有形和无形要素的总和"。[③]

本研究中涉及的场景传播主要是指向一种"媒体塑造的信息环境"的塑造与传播，关注的奥运赛事传播的"现场性"，需要关注到赛事传播过程中全媒体塑造的信息传播场景，即对于场景内的赛事主体、外延内容和赛事氛围等加以分析和整体考量，从场景传播的视角观察媒体在场景的建构、传播与共享过程与特点，分析包含在内的赛事"现场性"的营造策略。

4. 沉浸传播

随着媒体技术发展，"沉浸"的概念被逐渐引入信息传播领域。该概念的定义与发展主要源于以虚拟现实技术为主的显示设备的发展基础上，对应了英文中"Immersion"的概念，强调在信息传播过程中营造出独特的媒介环境和受众体验。匈牙利籍心理学家米哈里·契克森米哈伊（Mihaly Csikszentmihalyi）于1990年提出了"沉浸理论"（Flow theory），"Flow"原在积极心理学领域中指代"心流"，指向一种心理状态。而"沉浸式"描述的是人们"深深沉浸于某种活动中，忽略了时间流逝，且意识不到自己存在的体验

[①] 梁旭艳. 场景：一个传播学概念的界定——兼论与情境的比较[J]. 新闻界，2018，（9）：55—62.

[②] 彭兰. 场景：移动时代媒体的新要素[J]. 新闻记者，2015（3）：7—20.

[③] 李岭涛，李皓诺. 全现场：场景转移趋势的诠释与展望[J]. 现代传播（中国传媒大学学报），2021，43（3）：6—9.

感受"的一种心理状态。[①]在追求"沉浸式体验"的基础上,学界和业界构想出"沉浸传播"(Immersion communication)这一带有明显技术色彩的新传播形态和传播方式。该定义建立在虚拟现实技术基础之上,强调一种"作用于人类身体,并使其产生各种感知和肢体反映"[②]的环境建立,这种传播作用于人的不同感官,通过技术手段让观众产生具身在场的感受,从而实现更高质量的信息传播。因而,本文将尝试借助于沉浸传播理论的观点来分析全媒体背景下的奥运赛事传播中受众的感官体验与"现场性"营造的特点与关系,并对优化"现场性"的营造策略提出相关建议。

(二)相关研究概念

1. 奥运赛事传播

奥林匹克赛事是综合性的大型体育赛事,奥运赛事传播属于体育赛事传播的一种。有关学者认为,体育赛事传播研究的主要对象是观赏体育的形成及其影响,研究焦点包含了体育赛事与媒介实践的融合规律。[③]奥运赛事是体育赛事中的典型代表,在本研究中的奥运赛事传播,指向以奥运赛事本体为核心传播内容,包含了赛事报道、赛事转播和赛事外延产品等几个主要部分,是媒体在奥运赛事前、中、后期为达到高覆盖、多样化的传播效果而进行的多主体、多维度、立体化的奥运赛事信息生产和传播活动。

2. 现场性

通过文献研读及分析,在前人研究的基础上,本研究聚焦的"现场性"指向一种从技术视角和传播者主体视角出发的传播行为特点。与以受众体验为内涵的"现场感"不同,本研究所涉及的"现场性"指向一种媒体的技术实践特征,即媒体对场景信息进行的还原和再传播行为的表现。

---

① Csikszentmihalyi M, Csikzentmihaly M. Flow: The psychology of optimal experience[M]. New York: Harper&Row, 1990.

② 杭云,苏宝华. 虚拟现实与沉浸式传播的形成[J]. 现代传播(中国传媒大学学报),2007(6):4—21.

③ 毕雪梅,黄芦雷娅. 媒介实践与技术创新驱动下的观赏体育崛起及影响——首届体育赛事传播国际论坛综述[J]. 北京体育大学学报,2020,43(6):35—44.

3. 全媒体

国内对于全媒体的研究进程与媒体技术实践的发展相呼应。在网络媒体诞生初期，学者们开始对"全媒体"的概念进行定义和辨析，主要含义可区分为媒体传播形态和媒体运营模式等。罗鑫在《什么是"全媒体"》（2010）一文中尝试对"全媒体"进行定义。他对全媒体的"融合"属性加以关注，认为"全媒体"是信息、通讯及网络技术条件下各种媒介实现深度融合的结果，是媒介形态大变革后呈现出的最崭新的传播形态。同时，学者指出全媒体通过多种渠道和形态来满足用户的视听体验等不同的细分需求。[1]

2011年前后，随着网络通信技术逐渐成熟，移动智能设备开始出现，社交媒体走上了媒体发展的历史舞台，媒体融合发展趋势愈加显著，学界对以全媒体为媒体环境基础展开分类的细化研究逐渐增多。在体育赛事传播领域，刘银蕊在《全媒体背景下体育新闻报道的特征》（2015）中以全媒体的视角对体育新闻报道进行了研究，她认为，体育新闻媒体发布、获取体育新闻的渠道正在朝着多样化发展，由此决定了体育报道也必然向着多样化发展。[2]

2019年1月，习近平总书记在中共中央政治局第十二次集体学习时提出："全媒体不断发展，出现了全程媒体、全息媒体、全员媒体、全效媒体，信息无处不在、无所不及、无人不用，导致舆论生态、媒体格局、传播方式发生深刻变化，新闻舆论工作面临新的挑战。"[3]本文指向的全媒体背景，即当下的以"四全媒体"为特征的媒体融合传播形态，体育赛事传播同样遵循着相同的全媒体特征和规律。

四、文献综述

（一）国内外对"现场性"的研究现状

"现场性"和"现场感"在研究中可能存在概念上的混淆，两者虽然指

---

[1] 罗鑫. 什么是"全媒体"[J]. 中国记者，2010（3）：3—82.
[2] 刘银蕊. 全媒体背景下体育新闻报道的特征[J]. 新闻战线，2015（20）：2—81.
[3] 中国政府网. 习近平主持中共中央政治局第十二次集体学习并发表重要讲话[EB/OL]，2019，http://www.gov.cn/xinwen/2019—01/25/content_5361197.htm.

向同一种媒体行为结果,但"现场性"强调的是一种从技术视角和传播者主体视角出发的传播行为特点,而"现场感"更多是一种聚焦于受众角度的感受和体验。在新闻与传播领域,国内学界对于"现场性"的研究始于新闻报道实践,其中主要以电视新闻为研究对象,结合技术和媒体发展实践对"现场性"的特点进行概括论证,并强调了新闻报道实践中营造"现场性"的重要性并提出一定的营造"现场性"的策略。此外,学界在戏剧艺术表演领域对"现场性"进行研究,但总体相关研究数量不多,特别是在传播领域的"现场性"研究缺乏对于新媒体的关注。国外学界对"现场性"(Liveness)的研究则覆盖了电视研究、戏剧和表演研究、电影研究和体育研究。特别是在体育赛事传播领域,更多关注到体育现场直播的特点和影响并针对其进行了讨论分析,并且突出了媒体在"现场性"营造中的主体作用。此外,还有国外学者结合了社交媒体背景进行了与"现场性"相关的研究,以社交媒体为研究对象进行了分析。

林唯舟(1992)对新闻语言中"现场性"的营造策略进行了案例分析。[1]他首先指出,新闻记述要求时效性和真实性的同时,语言运用上需要"现场性"。其含义是在新闻记述中,通过生动的对话和人物独白来使读者感到真实,获得犹如身临其境的感觉。刘树和(1992)将"现场性""现场感"和"现场气氛"的概念引入到新闻摄影领域并进行对比分析。他认为,现场性是对拍摄而言的,强调拍摄者必须深入生活亲临现场,对事物原貌进行拍摄,现场性是新闻摄影的职业要求。[2]而现场感是相对作品而言的。所谓"现场感",就是指在记录某一事物时,既要记录某一事物,又要记录某一事物的存在状态。

黄校庆(1997)指出,电视新闻节目的拍摄手法和表现手法,主要就是保持真实事件的自然性和它的风味。"真实性"要求强调对于新闻事实的真实反映,而"现场性"是就表现手法来说的,既要表达事物的真实性,又要让表

---

[1] 林唯舟. 略说新闻语言的现场性和形象性[J]. 当代修辞学,1992(4):4—23.
[2] 刘树和. 现场性 现场感 现场气氛——新闻摄影不容忽视的特征[J]. 新闻知识,1992(9):3—42.

达方式反映现实。在新闻报道中，可以在真实情况基础上，灵活地选择表达方式。①。

陈皓（1999）针对"当时电视新闻缺少现场、也缺少冲突"的问题，指出电视新闻记者应该树立抢拍、抓拍突发事件的意识，同时要与单纯的事件"纪实"作区分，以"新闻"作为电视新闻的中心追求，注重"现场性"的营造，②而非仅重视画面的纪实性或艺术性表现。

师露漪（2000）提出，"亲临感"作为电视传播的一种长处，综艺节目通过几个观众的屏幕镜头，让屏幕前的观众们可以看到"自己"，从情感和美学上"参与"到节目中。因此，大型晚会具有"现场性"，既体现了它的直播特性，也激发了受众的"参与感"。同时，学者认为，制综艺晚会的一项重要艺术法则就是让现场、参与成为每一档节目的有机组成部分。综艺节目的"现场性"和"参与感"，就是要给观众带来某种刺激，使其从心理上认可并愿意观看综艺节目。③

刘成付（2006）认为，新闻中的现场指事件发生的场所以及新闻人物、新闻采访所置身的环境。而复制现场和展现现场是电视新闻的典型属性。"现场性"是指电视新闻真实地再现、传递新闻事件发生的地点、环境气氛，突出了其原生态、现场性的内在的真实性。"现场感"是指受众在看新闻时获得的一种身临其境的感受。虚假的、伪造的、被篡改的图像和声音也可以让人产生一种"现场感"，但这种类型的存在却违背了电视新闻的真实性。"现场性"是电视新闻的特质，复制现场是电视新闻的属性，展示现场是电视新闻更高的追求。④学者进一步提出，现场性因强调事实和新闻真实的第一性，与时效性紧密相连，新闻频道应该充分利用电视新闻的时效性、现场性，将电视新闻的广泛性、广泛性推向一个新的高度。央视新闻频道的建设要以时效性、现场性、全面性、广泛性为核心，以新闻、频道、受众为中心的意识形态体系。

---

① 黄校庆. 浅谈电视报道的现场性[J]. 声屏世界，1994（11）：5—44.
② 陈皓. 现场性，电视新闻记者的第一意识[J]. 中国广播电视学刊，1999（8）：8—47.
③ 师露漪. 现场性·参与感·兴奋点[J]. 中国电视，2000（7）：46—52.
④ 刘成付. 电视新闻频道的理念与运作[D]. 复旦大学，2006.

此外，还有学者从剧场理论对"现场性"进行分析。李茜（2020）提出，现场性（liveness）是剧场最本质、最重要的特点。"现场性"赋予剧场以"灵魂"：在每一个不可复制的现场中，具体的时空、具体的身体才得以呈现，才得以与我们每个人真实地相遇。[①]学者引用奥斯兰德对现场性概念进行的分析时指出，早期电影从剧场中吸收的主要是叙事结构等内容层面的东西，而早期电视则在很大程度上借鉴剧场经验来营造现场感受方式，经由媒介手段达至"现场性"。剧场的共在时空体验已被电视所复制，"现场直播"（live）相对于"旧"媒介（即电影）的优势也就是其"现场性"（liveness）。他相信，电视实况并不只是剧场体验的一个扩展，它还可以与这种体验相提并论。不管电视转播能不能代替现场的视觉效果，它要做的就是让观众感受到一种真实感。

艺术表演领域也有关于"现场性"的研究，如周彦华在（2021）提出，艺术的"现场性"（site specific）指的是艺术作品和它所在场所的关系。探讨现场经验的艺术实践在20世纪60年代的西方大量出现，代表艺术流派或运动为极简主义、大地艺术和机构批判艺术等。后该概念作为"西方当代艺术理论"被介绍进中国，同时也被翻译为"场所特殊性""地点特殊性""特定场域"等。[②]体育赛事中运动员的竞技行为，也带有相应的在特定场域、场所和时空中的现场表演性质，相关的概念在此仅作补充，不作拓展。本研究将聚焦于在全媒体背景下凸显媒介技术手段在体育赛事传播中营造"现场性"（liveness）的策略分析。

在有关"现场性"的国外研究方面，如在电视媒体领域，Nick Couldry（2004）在研究中赋予了"Liveness"一词"即时活跃"的含义，指出除了文本特征之外，电视媒体和手提电话具备了一种对于现实社会的直接访问权限和参与，提出了媒体具备"Liveness"而能够即时参与社会系统组织的概

[①] 李茜. "现场性"与"媒介化"：媒介时代的剧场[J]. 文艺理论研究，2020，40（3）：70—162.

[②] 周彦华. 从极简主义到介入性艺术——艺术的"现场性"及其历史变迁[J]. 山东社会科学，2021（1）：7—60.

念。[1]Inge Ejbye Sørensen（2016）指出多屏幕、多平台和多设备的复合传播模式改变了广播公司制作、安排和提供节目和内容的方式。该研究以BBC的"BBC Live"内容交付系统为例，指出BBC仍因为直播电视的现场性和覆盖面将其视为多平台战略的核心以获得媒体竞争优势。[2]

在体育研究领域，国外学者Kroon等人（2019）从制片人角度研究了数字化转型对在线体育新闻行业的影响。该研究通过强调媒介技术的发展与变化特征，论证了体育新闻业的改变来源于数字化和线上化的赛事产品生产模式转型带来的受众触媒方式和"现场性"（liveness）营造方式的改变。[3]

还有学者在体育转播版权领域论证了"现场性"对于版权保护的作用，如Hoof等人（2016）指出由于体育现场赛事的不可复制性，使得现场体育赛事对于内容提供商来说是极其宝贵的资源，"现场性"作为赛事特征，也是一种版权权益。[4]

还有学者在社交媒体背景下对"现场性"进行了研究。如Hammelburg等人（2015）对指出社交媒体具备"即时现场性"和"社交亲和力"两大核心优势。广播和电视已经具备了在事件发生和需要信息的那一刻向听众提供信息的能力，但在私人空间领域，社交媒体能够在特定人群之间实现"现场性"和"亲和性"的即时营造。同时学者指出，社交媒体正是通过用户行为、文本内容和技术手段进一步强化了信息传播的"即时感"和"现场性"。[5]

综上可见，国内外学界对于体育赛事传播中"现场性"的关注并不多，在体育新闻领域，学界更多关注在新闻写作内关注"现场感"的营造，如在体育

---

[1] COULDRY N. Liveness, "reality" and the mediated habitus from television to the mobile phone[J]. The communication review, 2004, 7(4): 61—353.

[2] SøRENSEN I E. The revival of live TV: liveness in a multiplatform context[J]. Media, Culture&Society, 2016, 38(3): 99—381.

[3] KROON Å, ERIKSSON G. The impact of the digital transformation on sports journalism talk online[J]. Journalism Practice, 2019, 13(7): 52—834.

[4] HOOF F.Live sports, piracy and uncertainty: understanding illegal streaming aggregation platforms [M]. Geoblocking and Global Video Culture(edited collection), 2016: 86.

[5] HAMMELBURG E.Stemfie: Reconceptualising liveness in the era of social media[J]. TMG Journal for Media History, 2015, 18(1).

短新闻的写作，张旭光（2011）提出，现场感是体育赛事现场短新闻的最大特色，并从生动采写赛事现场信息、朴实文字、多样表现等方面对体育短新闻报道的现场感的营造策略进行分析。①在电视新闻领域，如黄黎新（2010）对缺乏现场感的现象进行了分析，他认为记者的现场报道分量不足、导播的"现场环境意识"欠缺等问题容易导致体育赛事电视报道过程中"现场感"的缺乏，并从赛前赛中赛后流程的角度提出了建议。②学者们多着重分析赛事现场报道的宏观效果，并未对赛事传播中媒体营造"现场性"的过程和相关策略进行关注或研究。

随着媒体形态和媒体技术的变革，特别是强互动性的社交媒体所形成的新媒体环境和超高清、VR等新赛事转播技术的应用进一步发展，更有利于媒体在体育赛事传播中营造"现场性"，也让"现场性"的营造策略更具研究意义。而国外学界已经关注到在社交媒体背景下的"现场性"的特征和影响，但并未从技术视域上对"现场性"进行更加系统的研究和分析，由此，针对体育赛事传播的现场性研究具备一定的创新性。

（二）国内外对"体育赛事传播策略"的研究现状

弓慧敏（2006）对国内外电视体育赛事传播的发展历程进行回顾，再对国内外电视体育赛事传播的现状进行总结分析，指出了中外电视体育赛事报道的差异。③同时，在对央视雅典奥运会的传播分析后，对北京奥运会的电视传播策略进行了建言。夏宝君（2010）从体育活动在城市形象提升、体育活动传播与城市形象建设等方面对广州亚运会宣传策略提出建议。④

张睿（2014）以中国大学生篮球联赛为主体，通过分析赛事的媒体传播现状及面对的相关机遇和挑战，提出了赛事品牌和文化的媒体传播策略。⑤陶

---

① 张旭光. 强化体育短新闻报道的现场感[J]. 新闻战线，2011（8）：4—83.
② 黄黎新. 突出体育赛事电视现场报道的现场感[J]. 青年记者，2010（26）：2—41.
③ 弓慧敏. 电视体育赛事传播研究[D]. 暨南大学，2006.
④ 夏宝君. 基于城市形象建构下的体育赛事传播策略——以2010年广州亚运会为例[J]. 新闻界，2010（5）：9—58.
⑤ 张睿. 中国大学生篮球联赛的媒体传播研究[D]. 湖南大学，2014.

冶（2015）对选取腾讯网和腾讯新闻App对于冬奥会的赛事报道信息主体如文字、图片及视频等作为研究对象，在网络媒体发展的起步阶段，关注了网络媒体对冬季奥运赛事的报道形式。学者在对赛事传播环境进行分析后针对传播者特点、讯息、媒介形式及受众反馈进行传播结构的分析，最后从传播者、讯息形态、讯息叙事、媒介终端等层面对赛事传播策略进行了总结。[①]

卢东升（2015）认为，传统电视媒体与新媒体在体育赛事传播方面的联合经营，能够发挥各自优势，提升体育赛事的传播效果。在整理了电视媒体的新变化之后，学者提出了促进体育赛事传播权的分割、发挥媒体联动效应、打造品牌赛事和探索经营机制等相关传播策略。[②]杨琳（2017）以微博为例，探讨了微博平台中体育赛事传播的问题和优化策略。[③]

李智（2020）指出，大型运动赛事场次多、赛程长、赛程密集，对新闻报道的要求也越来越高。学者从技术创新、内容升级、传播方式更新三个层面，论述了近年来体育新闻传播的主要方式，并提出未来的重大体育赛事报道需要在移动社交刺激用户自发传播和内容融合生产方面发力。[④]

随着媒体技术发展，学者们在前沿技术视域下对体育赛事传播策略进行了研究。如雷晓艳等人（2020）提出，5G时代，沉浸中的人借助技术实现"身体返场"，多感官共振取代单一感官想象，通过场景与感官适配实现沉浸效果。体育赛事传播应积极拥抱5G技术，从内容生产、产品形态、用户体验、营销方式等环节，打造沉浸传播新范式。[⑤]对于北京冬奥会赛事传播，学者则提出了坚持内容至上、重视场景设置和技术驱动，增强交互体验等具体策略建议。

国外学者Schimmel等人（2007）将营销传播概念应用于评估一项职业高

[①] 陶冶. 腾讯体育2014年索契冬奥会传播策略研究[D]. 北京体育大学，2015.

[②] 卢东升. 新媒体时代体育赛事的电视传播策略[J]. 新闻战线，2015（24）：4—163.

[③] 杨琳. 新媒体体育赛事传播的优化对策——以微博为例[J]. 新闻战线，2017（8）：6—145.

[④] 李智. 融合背景下重大体育赛事报道创新传播策略[J]. 传媒，2020（8）：2—60.

[⑤] 雷晓艳，胡建秋，程洁. 沉浸式传播：5G时代体育赛事传播新范式[J]. 当代传播，2020（6）：66—70.

尔夫协会赛事品牌的传播情况。该研究对赞助商参与锦标赛传播的多个层面进行分析得出，该企业的营销传播信息投放与各个目标细分市场产生了良好的共鸣，同时针对提高营销传播质量提出了相关策略。[①]X Zhang等人（2019）总结了大数据技术在新媒体背景下的大型体育赛事传播应用中主要特征，指出了大数据条件下的新媒体大型体育赛事传播中存在的问题。[②]

综上，在体育赛事传播策略方面，学界更多以体育赛事品牌为主要研究对象，针对整体的媒体传播策略进行研究，其中涉及赛事营销传播较多。媒体技术发展迅猛，但相关研究并未对前沿技术及其对赛事内容传播所产生的影响进行更多元的探析，缺乏从技术手段视角下针对赛事传播策略的细分研究。

（三）国内外有关奥运赛事传播的研究现状

奥运赛事传播中携带着国家民族意识等政治观念，体现出与普通体育赛事的区别。在奥运赛事传播上，学者们主要从奥运赛事传播模式、特点和含义观念等角度进行研究。肖恩忠（2007）认为，体育活动本身就传播着体育文化，奥运赛事更是最广泛的体育文化传播形式奥林匹克运动的举办，既体现了各国的体育文化，也体现了社会政治、经济、道德、道德、哲学、美学、新闻传播等方面的巨大影响。它已经变成了一种广泛的文化交流手段。他提出的奥运赛事传播模式包括大众媒介、信息库、信息源和社会服务四大要素和经验因素、环境因素、价值因素和规范因素四大因素。[③]邹英和刘红霞（2013）提出，就奥林匹克而言，由于网络的传递更加贴近观众的预期，作为传递相关资讯的重要途径，在理论上互联网也可以成为奥运会媒体报道的中心。[④]文章以媒体融合的视角，对奥运赛事传播的互联网转向进行了分析，以互联网为主要立场观

---

① SCHIMMEL K E, CLARK J S, IRWIN R, et al. What communication methods work for sports events? An analysis of the FedEx St. Jude Classic[J]. International Journal of Sport Management and Marketing, 2007, 2(3): 15—301.

② ZHANG X, SUN J. Discussion on new media communication strategy of sports events based on large data technology[J]. Cluster computing, 2019, 22(2): 403—3395.

③ 肖恩忠. 奥运赛事的传播模式研究[J]. 当代传播, 2007（1）：7—25.

④ 邹英, 刘红霞. 媒介融合背景下奥运传播的转向[J]. 沈阳体育学院学报, 2013, 32（3）：7—24.

察媒介融合在信息传播和奥运报道方面产生效果的视角在当时颇具前瞻性。

李金宝（2016）对南京青奥会体育展示工作进行个案研究，阐述了体育展示在体育传播中的作用，指出体育展示是体育文化的创造性传播和体育产品的艺术传播；体育展示的内容、传播媒介、传播效果等因素的特征；对体育展示内容视觉化呈现、体育展示内容视觉化呈现、体育展示内容视觉化呈现、新媒体技术强化受众联动的体育展示发展趋势。[1]曾静平和王若斯（2016）总结了里约奥运会传播呈现的电视观众多级分流、社交平台异军突起、体育明星意外走红、网络丰富自由等几大特点，并对其带来的模式改变进行分析。[2]

学者们以体育赛事传播为对象进行的研究与分析，则更多是以其传播策略与原理作为切入点，分析体育赛事传播的现状并作相关总结。譬如黄黎新（2011）从体育新闻的角度，对体育新闻的新闻传播特征和所具备的优点进行了分析和探讨。他指出，在大型运动项目中，传媒可以充分利用自己的传播能力，无论是选择比赛的资讯，还是宣传比赛的资讯，都可以促进中国传媒在全球范围内的发展与竞争。[3]张业安等人（2013）将影响大型体育赛事媒介传播效果的因素分为宏观、中观和微观三个层面：从宏观上看，我国的体育管理体制、运作机制、媒体传播的管理体制与运作机制等，都为大型体育赛事的媒体传播创造了一定的制度环境，而相应的制度安排则对大型体育赛事的媒体传播产生了较大的影响；从中观层面来看，体育媒体公信力、大型体育赛事的竞技水平、大型赛事的沟通协调、媒体的相互竞争等，都会对大型体育赛事的媒体传播产生不同的影响；在微观层面上，体育赛事的传播媒介素养、传播目标定位、传播内容、受众媒介素养、体育赛事的选择等都会对体育赛事的传播产生一定的影响。[4]王瑜（2013）分析与探讨国内体育赛事传播的发展沿革后提

---

[1] 李金宝. 多重视野下的奥运体育展示传播——兼议大型综合赛事体育展示传播的特点[J]. 成都体育学院学报, 2016, 42（1）: 7—23.

[2] 曾静平, 王若斯. 奥运赛事网络传播催生出"针孔媒介场"[J]. 电视研究, 2016（10）: 8—16.

[3] 黄黎新. 体育赛事电视现场报道的本体研究[J]. 新闻爱好者, 2011（2）: 1—100.

[4] 张业安, 肖焕禹, 冉强辉. 大型体育赛事媒介传播效果影响因素的多维考察[J]. 体育学刊, 2013, 20（1）: 38—43.

到,经过长时间的发展,我国的体育赛事传播已经具备了多种媒介,比赛直播不断演变以及新媒体的融合已经有了一些成绩,但目前的研究还比较单一,主要是从大众媒体的角度来分析体育活动的传播战略。[1]

体育赛事传播与文化传播关系密切,也有学者从该角度进行研究。如罗璇(2015)对体育赛事的信息告知、表达与宣传、矫正与塑形等功能进行分析[2];邱婷等人(2016)从规模、形态、效果、生态、传承五个视角分析大型体育赛事在与城市体育文化双向驱动过程中应承担的责任和义务。[3]

此外,还有关于体育赛事转播权的研究,主要在法学方面进行分析。如张立等人的《体育赛事电视转播权的研究》(1999)[4]和康益豪等人的《我国体育赛事的新媒体转播权开发研究——以腾讯体育、爱奇艺体育、PP体育为例》(2020)[5]等。

随媒体技术不断发展,有学者在技术视角对体育赛事传播发展趋势进行分析和展望。如黄河等人(2020)认为,在5G的推动下,体育赛事与视觉技术、人工智能和物联网的结合,有效增强了体育赛事移动传播的在场感、交互感和信息实时互通感。[6]王华等人(2020)认为,5G时代推动体育文化传播呈现"泛视频化"发展的同时,将引发"科学技术嵌入"背后的伦理审思,利用数字体育文化传播的新模式和新业态。[7]

---

[1] 王瑜. 我国体育赛事传播的发展历程及特点解析[J]. 新闻界,2013(10):67—71.

[2] 罗璇. 大型国际体育赛事与跨文化传播[J]. 体育文化导刊,2015(10):30—126.

[3] 邱婷,柳鸣毅,姜韩. 大型体育赛事与城市文化传承的关系研究[J]. 广州体育学院学报,2016,36(3):39—44.

[4] 张立,石磊,黄文卉. 体育赛事电视转播权的研究[J]. 体育科学,1999(6):5—8+12.

[5] 康益豪,王相飞,延怡冉. 我国体育赛事的新媒体转播权开发研究——以腾讯体育、爱奇艺体育、PP体育为例[J]. 天津体育学院学报,2020,35(4):9—474.

[6] 黄河,刘琳琳,李政. 5G时代体育赛事移动传播的技术变革与内容创新——兼论对北京2022年冬奥会的启示[J]. 上海体育学院学报,2020,44(5):16—23.

[7] 王华,邹佳辰. 沉浸体验与全时空"泛在":5G时代体育文化传播的新趋向[J]. 体育与科学,2020,41(5):29—35.

国外学者对体育赛事传播的研究视角涉及对体育赛事传播的媒体主体分析和内容分析，如Kolotouchkina等人（2021）以探索性案例研究方法为指导，以2020年东京残奥会为背景，评估残疾人叙述内容，同时对关于残疾人运动员的创新传播战略进行研究。[1]针对社交媒体上的体育赛事传播的研究较多。如Christoph G.Grimmer等人（2018）对2014岁索契冬奥会期间的推特上的体育新闻传播进行了分析，探讨了推特在体育领域者的潜力，并评估了记者的Twitter活动以及他们在2014年冬奥会期间的变化。[2]José María Lamirán—Palomares（2020）对社交媒体上的体育意见领袖进行研究。[3]Snezhana Ristevska—Jovanovska（2021）分析了社交媒体与体育产业的关系。[4]此外，还有在体育传媒产业视角对体育赛事传播的研究，如Stanislav Dadelo在《创意产业背景下的体育赛事及其传播分析》（2021）等。[5]

（四）小结

奥运赛事是体育界的最高级别赛事，对于体育新闻业界和学界来说，也是最具备研究价值的研究对象。同时，从微观上看，奥运赛事作为一项大型体育赛事，并不只是多个体育项目和表演的叠加或者串联，而是一个复杂且具备整体性的综合体。同理，总体的媒体对奥运赛事的报道也不是单纯地"分项目""分节目"式报道后拼接在一起，而是建立在赛事整体上进行并成为赛事

---

[1] KOLOTOUCHKINA O, LLORENTE BARROSO C, GARCíA GUARDIA M L, et al. Disability narratives in sports communication: Tokyo 2020 Paralympic games' best practices and implications[J]. Media and Communication, 2021, 9(3): 101—111.

[2] GRIMMER C G, HORKY T. Twitter and sports journalism in Germany: Application and networks during the Sochi 2014 Winter Olympics[J]. Journal of Media and Communication Studies, 2018, 10(6): 65—77.

[3] LAMIRáN—PALOMARES J M, BAVIERA T, BAVIERA-PUIG A.Sports influencers on twitter.analysis and comparative study of track cycling world cups 2016 and 2018[J]. Social Sciences, 2020, 9(10): 169.

[4] RISTEVSKA-JOVANOVSKA S.THE IMPACT OF SOCIAL MEDIA ON SPORTS EVENTS[J]. Research in Physical Education, Sport&Health. 2021, 10(1): 17—25.

[5] DADELO S. The analysis of sports and their communication in the context of creative industries[J]. Creativity Studies, 2020, 13(2): 56—246.

构成的一部分，对赛事运行的本身产生重要作用。

通过梳理国内外关于体育赛事传播策略的研究，可以发现在对奥运赛事传播策略的研究中，学者们往往选取的是媒体在赛事报道的微观切面，如在本质上研究了赛事品牌宣传策略或者赛事内容转播策略，而媒体整体对赛事传播的影响的观察往往受到了忽视。以本研究为例，研究奥运赛事传播过程中"现场性"的营造策略，是在整体视角下对不同案例下的媒体行为对赛事传播产生影响的方式进行的研究。

由此，本文认为在研究奥运赛事传播的各个角度中，关注媒体如何在奥运赛事传播中营造"现场性"，需要在把握媒体对赛事的整体性、全局性影响的基础上，结合当下全媒体的赛事传播形态，通过在时间维度、空间维度、技术维度和感官维度中对媒体在赛事传播中进行的行为和产生的影响，进行全面观察和具体分析。

第二章　奥运赛事传播的主体概述

一、奥运赛事的基本特点

奥运赛事，即奥林匹克运动会（Olympic Games），是国际奥林匹克委员会（International Olympics Committee）主办的世界规模最大的综合性运动会，每四年一届，会期不超过16日，是世界上影响力最大的综合体育赛事。主要类型分为夏季奥运会、冬季奥运会、夏季残疾人奥运会、冬季残疾人奥运会、夏季青年奥运会和冬季青年奥运会。本文所研究的奥运赛事主要是指夏季奥运会。

1896年，第一届现代奥林匹克运动会在雅典举办，共有13个国家的311名运动员参加。主要项目涵盖田径、游泳和举重等9个大项，比赛前后举办开幕式和闭幕式活动。[1]在赛事发展过程中，奥运会在赛事项目外增添了许多标志性的仪式与特色活动，除了体育赛事主体项目和开闭幕式的举办，在与电视转播的结合中，奥运赛事进程还涵盖了申奥活动、圣火传递仪式、吉祥物宣传、各项测试赛、颁奖仪式等各类仪式化的、与媒体连接密切的文化宣传、展示和交流活动。

作为国际性和跨文化的综合体育赛事，每场奥运会都能成为面向全球的大型媒介事件。通过与媒体的紧密联系，世界各地观众的注意力都会聚焦到这十几天的赛事时间中，在举办现场和媒体之中，都会有竞赛、表演与观众的互动、狂欢，这也让奥运会具备的内涵超越了一般的体育赛事活动。

---

[1] KITROEFF A. Olympics in Athens 1896: The Invention of the Modern Olympic Games[J]. Journal of Modern Greek Studies, 2005, 23(1): 12—209.

二、奥运与媒体的紧密联系

奥林匹克运动的影响力已超出了体育的范围，对当今世界的政治、经济、文化、娱乐和艺术等领域都有重要的影响。奥运会要借助媒体的力量来满足自己的发展需要，争取更广泛的受众市场。同时，媒体需要奥运会，这样的体育盛会是新闻机构的重要传播内容，也是收入来源之一。在电视转播出现后，出售电视转播权成为奥运会发展和国际奥委会最重要的收入来源。这意味着，受众消费是其主要经济来源。同时，除了门票、纪念品周边等相关产品的宣传与营收外，媒体为奥运赛事带来的高曝光度也增加了对企业赞助的吸引力。现代奥运逐渐形成了媒体主导建构的传播发展路径，其发展脉络也是奥运赛事传播的演进过程。在奥运赛事传播的实践中，表现出媒体技术的升级、媒介生态的改变和受众媒介消费行为的转向。由此，奥运赛事在与媒体的双向关系逐渐实现发展。

第三章 奥运赛事传播"现场性"的内涵

一、还原：技术再现现场

在全媒体背景下的体育赛事传播领域，突出了媒体机构和赛事受众的技术实践在"现场性"营造中的主体作用，奥运赛事传播营造"现场性"，指的是媒体在奥运赛事传播中的塑造的实践行为属性，即对奥运赛事现场信息进行的还原和再传播的实现。从媒体演进情况看，奥运赛事传播历经纸媒传播、广播、电视传播和全媒体传播。赛事现场信息是经过媒体实现外延的，以奥运赛事主体内容为内容源，可以衍生出新闻报道和各类外延产品。如早期的报刊报道，媒体传递赛事新闻讯息，通过文本语言营造"现场性"；广播报道则通过声音信号的现场传输实现即时的"现场性"营造。而技术对奥运赛事现场信息的进一步还原，最主要的渠道就是赛事转播。举办于1936年的柏林奥运会首次使用电视媒体向市民进行转播，奥运赛事传播在商业电视媒体启动运营的同一年迈入电视媒体时代。[1]在一定程度上，赛事转播就是对奥运赛事主体内容产生的信息进行的复制传播，摄像机和电视达到的高水平赛事情况还原即实现了赛事现场的另一种再现。在全媒体背景下，体育赛事在具备媒介事件性质的同时，体育赛事现场逐渐演变为多种复合形式和多种传播行为下的媒体产品，如与赛事相关的图片和视频内容、不同主体的参与和受众互动行为等信息共同实现了体育赛事的全媒体传播，体育赛事传播的场景得以构建。媒体对奥运赛事场景信息进行传播的行为过程，即是媒体营造"现场性"的活动过程。

---

[1] WENN S R. A history of the International Olympic Committee and television, 1936—1980 [M]. The Pennsylvania State University, 1993.

二、再传播：多主体延伸现场

在全媒体背景下，由于媒体技术发展和传受关系的模糊，包括专业体育新闻机构和媒体用户在内的媒体全程介入了赛事现场信息的还原和再传播过程，奥运赛事传播的"现场性"的含义逐渐延展。赛事场景不仅通过媒体进行现场信息的还原，而是在"再传播"中被赋予了更多的意义。除了以视听觉为基础进行赛事现场信息的传播外，还包含着营造赛场之外的体育氛围、多种受众感官的体验延伸等。对"现场性"营造策略进行研究，需要关注媒体在以给受众带来"身临其境"的体验的目标下对于赛事现场信息的还原方式和再传播方式。

自2012年伦敦奥运会首次在推广中应用社交媒体，再到2020年东京奥运会"空场举办"，则使奥运赛事传播走向数字化、智能化、互动化。在奥运赛事传播新模式的孕育中，受众形态也由被动接受的大众传播转变为主动吸收信息的分众化表达。受众经过媒体赋能，转变为能动的用户，通过自媒体和互动行为参与了奥运赛事传播，成为"现场性"的营造主体之一。在持权转播商进行单一的电视转播为主的赛事传播模式之外，通过网络新媒体，奥运赛事传播形成的多主体传播形态，实现了赛事场景信息的衍生与扩展，也让"现场性"具备更丰富的内涵。

第四章　东京奥运会赛事传播"现场性"的表征概述

一、媒体覆盖赛事

在奥运赛事全程，媒体进行了贯穿赛前、赛中、赛后的赛事传播活动。奥林匹克运动会的组织和开展过程，同时也是奥运赛事和各种媒体和各种传播活动相互交错、相互影响的过程。奥运会赛事进程主要包含了火炬传递仪式、测试赛、开幕式、正赛和闭幕式等。在赛事预热启动阶段，传播活动将主要围绕以奥委会或政府为信源的权威讯息、与圣火传递、测试赛、开幕式、正赛项目等相关的赛事内容信息和国家队和运动员备战情况等进行。

在此期间，各类专业媒体通过多种渠道进行不同的内容展现，为受众设置各类以奥运赛事为主要内容的议题，并吸引受众进行互动和讨论，将受众的注意力逐渐聚焦到赛事内容上，为营造赛事传播过程中的"现场性"进行铺垫，实现对赛事传播场景的预设。同时，专业媒体也能通过受众互动来调整不同内容的展现以应对受众需求，受众由此在一定程度上实现了议题的双向设置。

个别专业媒体机构作为持权转播商，对奥运赛事进行赛事转播，为受众提供欣赏主体奥运赛事内容的服务。与此同时，媒体在赛事内容的基础上创作新闻讯息，制作外延产品，如在赛事转播和赛事新闻报道之外，通过策划相关的传播活动烘托出热烈的赛事氛围，提高赛事的观看体验，促进受众关注、增加受众对媒体与赛事的兴趣和黏性。

体育赛事所产生的成绩、运动员的成绩等数据，可以在赛后的总结分析和公开讨论中，充分利用其"余热"，从而达到"现场性"的传播。网络媒体为观众带来了比赛的回顾与剪辑，同时也吸引了受众对比赛的全程关注。媒体在对赛事的全程覆盖中，营造出"现场性"。

二、多元主体交互

网络社交媒体模糊了传受身份，从主体上看，媒体机构和受众实现的跨时空互动传播与共享成为典型特征。全媒体背景下的奥运赛事传播不仅可以让受众多维、立体地观赏到各种体育场景的内容，而且还可以让彼此在同一时空下，以同样的视角进行探讨与沟通。在电视媒体时代，赛事观众们只能够在特定的情境下进行"第二现场"的集体观赛，比如与家人和朋友们一起在家里或在酒吧里观赛。而在新媒体的应用下，场景跨空间实现了连接，观众们可以通过网络媒体直接集合，一起出现，从而突破时间和空间之间的限制。社交媒体可以让用户在观看比赛的同时，也可以和其他受众进行交流。因为网络不受时空限制，使受众可以分时在场进行交互，在媒体覆盖赛事全程之外，多元主体能够实现全时空的参与。现场逐渐连通，观众可以通过线上媒体直接聚集、共同在场，从而打破时空交互的限制，促进用户与赛事传播内容互动仪式。以社交媒体为例，微信用户可以在观看赛事的同时，与其他用户进行互动交流，由此"现场性"的内涵也在时空维度上得以延伸，奥运赛事传播通过网络媒体进行的场景信息还原和再传播，能在受众主体的驱动下跨时空进行。

三、技术实践驱动

体育转播是运动员在比赛过程中进行比赛表演的主要内容。体育转播产品既是体育赛事内容的主体，又是媒体营造体育赛事"现场性"的基础。在全媒体环境中，除了体育转播产品之外，媒体也会传播各种新闻、服务、娱乐和功能性信息，实现"现场性"的营造。

过往的赛事转播技术在对于场景信息进行还原的过程中往往存在缺失。如运动员动作呈现出的矫健姿态、队员之间的配合展现出的精妙战术和巧妙配合等，都因为传播技术实践不足以提供足够的支撑，从而无法生动而全面地向受众呈现出来。观众难以感知足够的体育赛事内容和运动员表现，比赛的观赏性在技术制约下面临发展的局限。直到各类先进的媒体技术实践逐渐填补了这一缺陷，在实现赛事覆盖的基础上，进一步突出了体育赛事的中心内容及其表现力。在技术加持下，赛事现场有更多信息得以传播，同时扩充了受众端的感知范围，使体育赛事的文本得以解构与重组，新的空间和符号被引入到赛事传播中，让受众能够从收获更丰富的内容与体验。

同时，由于受众被媒体赋权，能够在多样的信息传播画幅和图像中进行个性化的选择，并在自我端口集合成个性化的赛事内容。体育赛事的内容和渠道与赛事受众之间建立了互构关系。在内容的自由聚合过程中，受众成为掌控的主体，而以受众中心的"现场性"在技术实践中进一步体现。"现场性"表现为源于现场而超越现场的场景信息传播状态，新兴媒体技术实践构筑了一个超真实的媒介空间，体育赛事受众作为主体置身于媒介空间呈现的特定场景中，获得"身临其境"的观赏体验。

四、视听体验丰富

体育赛事作为竞赛表演，需要受众通过观赏行为来获得感受，进行赛事观赏的基本感官是视觉和听觉。体育赛事信息传播的重点在于刺激眼睛对真实场景信息信号进行感知和反馈，"现场性"的指向通过还原赛场场景信息并影响人类感官的自然感受。但纵观印刷媒体和广播电视的普及之后，人类的视觉感知不再是单纯的自然感觉，而是与视觉信号构成的文化有关。人类基本感官认知框架由视觉和听觉共同构成，一直支配着其他形式的人类感知。"现场性"体现为现代媒介技术为载体的视觉表现构架与视觉感知构架，通过丰富视听感官体验，以推动受众接受、反馈与赛事传播。

五、小结

传统的媒体虽然在体育赛事传播中显得主动，但并不以追求营造"现场性"为目的，仅以赛事报道、赛事预测、赛事评论等方式进行基础的信息传播；到广播时期，真正在声音媒介的层次上营造了"现场性"。电视的出现是体育赛事的一大革新，也真正实现了媒介体育，声画同时传播，媒体营造的"现场性"又上升到一个新的维度。但相对于新媒体时代，电视媒体配合报刊、广播等媒体形成的整体体育传播的"现场性"仍是"有限现场"，而非在社交媒体和超高清技术结合下造就的新媒介环境所形成的沉浸式、互动式传播生态。在全媒体背景下，在时间维度上观察奥运赛事传播营造"现场性"的表征，能够发现媒体通过覆盖赛事全程，实现了对赛事的完全介入与影响；在空间维度上，能够发现多元主体在赛事传播中实现交互。从技术维度上看，新媒体技术的应用实践驱动了"现场性"的营造；从感官维度上看，营造"现场性"仍以优化视听体验为基本框架。

第五章　全媒体背景下东京奥运会赛事传播"现场性"的营造策略

一、时间维度：全流程覆盖

在奥运赛事全程，媒体进行了贯穿赛前、赛中、赛后的赛事传播活动。奥运赛事的举办和进行，也是体育竞赛和各类媒体、各类传播活动交织互动的过程。从时间维度上看，如图38所示，媒体在赛事传播对奥运赛事进程的全程参与和覆盖中，通过赛事转播、传播赛事讯息和外延产品，通过对赛事现场的再造，营造出了"现场性"。麦克卢汉提出的"媒介即讯息"，指出了媒介并不单纯是一种传播渠道，而是环境本身，信息依靠环境进行传播。在此视域下，媒体通过对体育赛事传播的全流程覆盖实现了赛事环境的营造，体育赛事信息在媒体环境中传播，媒体对现场赛事场景信息进行了全程还原，并实现了再传播，由此塑造出"现场性"。

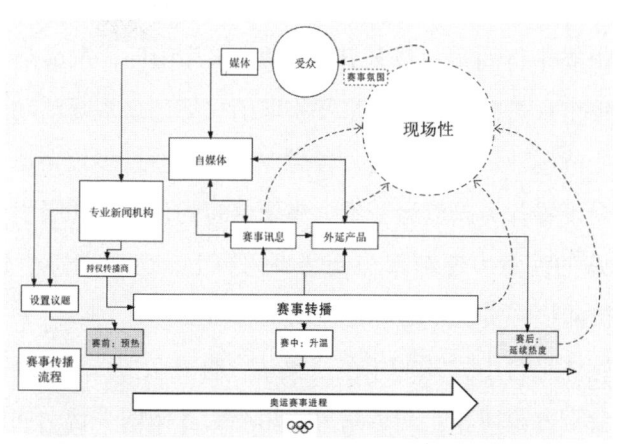

图38　奥运赛事传播中的"现场性"营造流程图

（一）赛前：预热赛事，预设现场

议程设置理论认为，媒介加大或突出对于某些议题的报道，能够在一定程度上对受众对此类议题的重要性认知的程度产生影响。在奥运会开幕之前，以专业新闻机构为主的媒体主动设置议题，传播赛事相关信息，为赛事预热，吸引受众，营造相应的狂欢氛围，是奥运赛事传播过程中营造"现场性"的首要环节。在社交媒体普及之前，大众媒体承担了体育赛事主要的预热和推广职能，通过集中报道奥运赛事的相关信息，能够很好地唤起受众对赛事的关注程度。随着媒体生态的变化，特别是网络和社交媒体的普及与发展，媒体传播的信息数量和丰富度前所未有地提高，赛事预热的主体和方式以及在赛事传播过程中"现场性"的营造策略也更加多样和立体。

奥运会赛事进程主要包含了火炬传递仪式、测试赛、开幕式、正赛和闭幕式，预热阶段媒体的传播活动将主要围绕以奥委会或政府为信源的权威讯息、与圣火传递、测试赛、开幕式、正赛项目等相关的赛事内容信息和国家队和运动员备战情况等进行。

在赛事时间线上，本届东京奥运会原定于2020年举办，但受疫情影响，国际奥委会、东京奥组委、日本政府于2020年3月30日联合宣布该次奥运会延期，将于2021年7月23日至8月8日举行。直至2020年7月17日，东京奥组委公布东京奥运会新比赛日程，具体比赛日程和比赛场地得以全部确定。2021年4月22日，东京奥运会七人制橄榄球测试赛在东京体育场举行，这是自新冠疫情发生后，东京奥组委举行的第一场公开测试赛；6月19日，东京都知事小池百合子宣布，2020年东京奥运会期间东京都将取消一切公众观赛活动，部分活动场馆将用于新冠疫苗接种。在此期间，各类专业媒体通过多种渠道进行不同的内容展现，为受众设置各类以奥运赛事为主要内容的议题，并吸引受众进行互动和讨论，将受众的注意力逐渐聚焦到赛事内容上，为营造赛事传播过程中的"现场性"进行铺垫，实现对赛事传播场景的预设。

如在社交媒体平台中，2020年东京奥运会官方微博账号"@2020年东京奥运会及残奥运会官方微博"，是东京奥运组委会在微博平台上向中国受众传播新近的东京奥运会信息、宣传东京奥运会的官方微博渠道。对该账号自2021年

4月23日至2021年7月23日发送的微博内容进行观察，可以发现其在赛事预热阶段主要设置并凸显了以下几类议题：（1）圣火传递情况与文化传播；（2）赛事举办倒计时；（3）运动员专访；（4）赛程信息公布；（5）参赛运动员名单公布；（6）历史信息回顾；（7）赛事筹备现场信息；（8）明星推广；（9）特定节日互动等。（如附录A）其中，该账号通过在圣火传递情况和测试赛及选拔赛等赛程相关的议题中选用现场视频或图片的方式，为受众展现出赛事相关的现场图景，由此营造出"现场性"，并通过除了赛事本身之外的多类元素，如通过发布和中国的奥运历史相关的内容，引发中国受众的家国热情和对国家代表队的关注，或是展现日本各地的特色文化、当地的特有景象等引发受众对举办地的关注。如在2021年6月9日该账号发布的一条关于秋田县的微博视频，以简单的镜头展现了一只秋田犬，配合下方评论中还有日本秋田县观光局的官方微博账号与网友们进行评论互动，营造出一种与受众非常贴近的"现场性"。而受众通过在平台上的点赞、评论和转发，整体上提高了对奥运事件的话题曝光度，反复出现的议题更容易获取大众的关注。在全媒体背景下，多种传播类型相互补充，在权威信源如奥委会、持权转播商和官方媒体等主体进行大众传播和主要的议题设置后，网络媒体中的用户和意见领袖则在此议题基础上实现了人际传播、组织传播和群体传播，在补充大众传播的同时，利于增加受众对赛事主体的关注。

在新闻机构方面，在新华社客户端上以"东京奥运会"为关键词进行搜索，可以发现新华社对东京奥运会的媒体预热过程与疫情信息相交错，在报道奥运会赛程前主要环节，如奥运门票选拔赛赛况、运动员备战情况、奥委会消息等赛事举办相关情况的同时，报道疫情情况，表现出疫情情况变动给赛事举办带来的不确定性。（如附录B）

但随着赛事举办时间的临近，新华社关于疫情的报道比重逐渐降低，进入6月和7月后，针对东京奥运会的报道重心已转移至国家队备战情况和赛事前瞻等各类信息，进一步聚焦至赛事信息本身。而上文提及的东京奥运会赛事官方微博中并未体现出任何有关疫情的不确定性对赛事举办产生的影响的内容，也不会引导受众对此议题进行互动。

（二）赛中：升温赛事，烘托现场

比赛进行时，媒体有效展现出以运动竞赛和运动员精彩表现为主的赛事内容，是媒体赢取受众关注的最主要途径。作为持权转播商的专业媒体机构对奥运赛事进行赛事转播，为受众提供欣赏主体奥运赛事内容的功能。与此同时，媒体在赛事内容的基础上创作新闻讯息，制作外延产品，如在赛事转播和赛事新闻报道之外，通过策划相关的传播活动烘托出热烈的赛事氛围，提高赛事的观看体验，促进受众关注、增加受众对媒体与赛事的兴趣和黏性。

以中央广播电视总台为例，其作为持权转播商在进行了全程的赛事转播之外，截至8月8日，央视体育频道策划《滚动新闻》《奥运新闻》和《全景奥运》等新闻专题节目，共制作新闻专题节目900余条，逾1800分钟。央视频平台全程直播超7000场、3500小时精彩比赛内容，总观看量近39亿次。[①]

新华通讯社于2019年被国际奥委会认可为五大奥林匹克官方通讯社之一。新华社摄影部记者在接受笔者访谈时分享了自己在东京奥运会赛事现场进行报道的工作实践经历，他指出，因为新华社作为国际奥委会认可的国际通讯社，在承担更多信息传播职能的同时，在奥运赛事报道中享有更多的权利和便利条件。以体育摄影为例，由于现场照片富有生动性和冲击力，直接地展现了赛事和运动员情况，能够受到受众更多的关注。新华社体育部融发中心编辑则指出，现场照片是赛事内容基础上的新闻讯息，现场摄影照片从记者传回编辑部，经过挑选后进入稿库，再由融媒体编辑部选用发出，并在社交媒体上引发受众的关注和互动，在一定意义上便是对赛事场景信息的还原和再传播，作为一种媒体手段，实现了对"现场性"的营造。受众不断地通过媒体平台接触到赛事现场的新闻讯息，并以此为基础进行互动，也达到了赛事升温和烘托现场目的。

本届东京奥运会转播过程中，咪咕作为被授权的转播商之一，通过咪咕视频客户端转播奥运赛事内容之外，还邀请了专业嘉宾解说团队为赛事转播"升温"。在东京奥运会的每场比赛，咪咕都设置了"专业解说员+奥运冠军"的

[①] 孙楠. 中央广播电视总台圆满完成东京奥运会转播报道[J]. 电视研究，2021（8）：6+1.

搭档形式为赛事进行评论解说，旨在以专业和观众两种视角提供赛事外延产品，并丰富受众的观赛感受。据报道，共有多位体育界知名嘉宾在咪咕参与赛事解说，其中包含了宋世雄、韩乔生、焦研峰、丁宁、蔡猛等一批具有较高知名度的体育评论员、奥运冠军，[①]在提高内容专业度和赛事精彩程度的同时，通过此类知名人士增加了赛事内容产品中的受众关注点。还有一些青年演员也受邀加盟第二现场，以进一步吸引观众的兴趣，满足不同受众的需求。

此外，在紧跟奥运赛程的基础上，咪咕视频客户端推出了与赛事热点相呼应的"玩梗"互动话题，并在各个社交媒体平台通过多元的互动形式制造热点内容，为受众提供了更多的信息接收和观点交互空间，以引发受众的关注与互动，升温观赛的氛围，通过传受双方的相互议程设置，营造出奥运赛事传播过程中的"现场性"。

图39 咪咕出品的奥运脱口秀综艺《奥运叨叨叨》

咪咕在实现了全体赛事内容的高清直播和点播之外，还设计出品了丰富的自制内容。自制节目建立在赛事转播内容上，具备多元的形式，包括体育纪录片、娱乐脱口秀、独家采访和连线直播等。总共有七档独家自制节目上线咪咕视频奥运专题页面。它们分别是开闭幕式特别节目以及《奥运早新闻》《决

---

① 新华网. 东京奥运会开幕 中国移动咪咕解说团队显实力[EB/OL]. 北京，2021，[09—23]. http://sports.xinhuanet.com/c/2021—07/23/c_1127688998.htm.

战东京奥运》、中国队夺金回看、前方直击等内容，为受众提供了丰富的赛事外延产品，使受众在观看赛事转播的主体内容之外，能够接收到更多的赛事信息。此外，咪咕还推出了中国国家队奥运会助威曲《准备好》，奥运备战纪录片《逐梦东京》、奥运脱口秀综艺《奥运叨叨叨》（如图39）、体育文化访谈节目《金牌之上》等综艺节目内容，打造出一个"奥运内容生态圈"，让受众们能够以不同的视角走近奥运，观看奥运和参与奥运。

（三）赛后：延续热度，延伸现场

体育赛事产生的比赛结果和运动员表现等数据还能够在赛后的总结分析与公众讨论环节中发挥"余热"，进而实现媒体营造的"现场性"的延续。网络媒体为受众提供了赛事回看和剪辑，也延续了受众对赛事的关注。如抖音平台上的央视新闻官方账号（如图40所示），在2021年8月8号发布了视频回顾东京奥运会中"团结真情的瞬间"，取得了19.5万的点赞量；同日新华社官方账号发布的"回顾38个夺金瞬间"视频，取得了65.5万的点赞量。新华社体育部融发编辑指出，在对"夺金瞬间"的策划上，该视频突出了运动项目的瞬间画面，通过有冲击力的画面还原赛事过程中的中国运动员的优异表现，让受众在观看的时候能够进行观赏和审美的同时，收获国家和民族的自豪感。

受众对该项赛事产生关注，必然在一定程度上倾向于去了解赛事背后鲜为人知的各类细节。根据公众以及新闻宣传的需要适当地将这些数据予以公布，也能够在较长的时间跨度上延伸赛事传播的时效。如体育新闻报道中对于运动员表现的复盘，或是对于运动员赛后的访谈等，都能给观众带来更多赛事背后的信息，进而激发受众更多的了解欲。如奥林匹克运动会抖音官方账号在2021年12月1日发布了"苏炳添回头望月"的短视频，复盘了短跑选手苏炳添在东京奥运会预赛上的突出表现，并且配上"共同强大"的话题标签，取得了149.3万的点赞量。在维持受众的赛事的兴趣和关注度的过程中，媒体营造的"现场性"也具备持续性和延展性。

现场篇 全媒体背景下奥运赛事传播"现场性"的营造策略研究

图40 抖音平台上在东京奥运会结束后发布的视频内容

二、空间维度：跨时空参与

根据代表国际奥委会（IOC）进行的独立研究，2020年东京奥运会覆盖了超过30亿人的全球广播观众。共有30.5亿独立观众收看了线性电视和数字平台的报道。[①]据统计，国际奥委会社交媒体总共产生了61亿次互动。正如国际奥委会主席托马斯·巴赫所说："作为有史以来在数字平台上收视率最高的奥运会，东京奥运会真的成为第一届流媒体奥运。"[②]

从"空间"的角度上看，现今的媒体令受众实现了赛事的全流程参与，覆盖了赛事传播的全部空间。可以说，"场景"这一最初应用于戏剧或者影视领域的概念，在如今的全媒体背景和媒介技术条件下具备了更多的含义。在体

---

① IOC. Olympic Games Tokyo 2020 watched by more than 3 billion people[EB/OL]. International Olymipics Committee, 2021, [2021—12—10], https://olympics.com/ioc/news/olympic-games-tokyo-2020-watched-by-more-than-3-billion-people#:~:text=The%20Olympic%20Games%20Tokyo%202020，International%20Olympic%20Committee%20(IOC).&text=A%20total%20of%203.05%20billion,linear%20TV%20and%20digital%20platforms.

② 产研资讯. 研究显示：东京奥运会全球累计观众人数破30亿[EB/OL]. aroundtherings 2021，[2021—12—09]. http://www.sportsmoney.cn/article/106727.html.

· 213 ·

育赛事传播中，观众与媒体、用户与时空的连接更加紧密，受众在场与否边界更加模糊。受众通过媒体参与了赛事，通过媒体与赛事实现了融合。从微观的空间上看，大部分体育赛事观众，本身就是不在场内的，仅通过媒体实现"在场"。在赛事传播中，即使没有观众处于赛事现场，也通过媒体技术，如云包厢等，实现了观众间的互动和意识的在场；如网络点播功能，则令受众能实现跨时间的"在场"。

对空间的含义进行更多的解读，可以发现奥运赛事受众所在的媒体空间是一种具体的体育赛事传播情境。在柯林斯的互动仪式链理论视域下，奥运赛事传播显现出一种仪式过程，通过媒体进行的互动使赛事受众被置入到一种具体的赛事情境中，呈现出清晰的互动脉络：奥林匹克运动的传递也是活动的观众在特定的环境下进行的一种仪式的交互，并且观众可以通过媒体的方式来进行跨越时间和空间的介入。在这个仪式中，有关比赛的媒介内容的创作、评论或分享都成为受众或用户进行交流的基础手段。通过对同一主题的关注，可以让他们感到相互之间的情绪共振，从而为体育赛事传播增加更多的情感内涵。

（一）跨时空传播实现共同在场

全媒体背景下媒体内容形式丰富，媒体传播渠道多样，新媒体平台统合了文字、图片、声音、视频等内容，通过不同主体，从不同角度对奥运赛事主题进行了多方面的全景式展示。观众通过与媒体内容的交互交流，获得了现场的观赛体验，并形成相应的集体，促进了观众在观赛时与彼此之间产生互动仪式。与此同时，网络媒体的跨时间和空间的传播特征也为体育赛事观众的虚拟共现创造了可能性。全媒体背景下的奥运赛事传播除了使受众能够在立体、多维地观看视频内容之外，同时也为观众提供了在不同的时间和空间根据相同的关注进行讨论和交流的环境。电视媒体时代的受众只能通过特定场景实现"第二现场"的共同在场，如在家庭或者酒吧与亲友共同观看赛事。而在新媒体条件下，现场逐渐连通，受众能够通过线上媒体直接实现聚集和共同在场，由此打破时空交互的条条框框，促进用户与赛事传播内容的互动仪式达到更高的水平。以社交媒体为例，微信用户能够一边观看赛事，一边与其他用户进行评论

现场篇 全媒体背景下奥运赛事传播"现场性"的营造策略研究 ▶▶▶

等互动行为，且由于网络媒体不受到时间限制，受众不需处在共同的时空内就实现了共同在场。在受众参与中，奥运赛事传播营造出了跨时空的拥有体育狂欢氛围的"现场性"。

如图41所示，东京奥运会期间，咪咕将"5G云技术"应用到赛事直播中，创建XR/AR演播室，能够使用户在线邀请好友进入"5G云包厢"，实现亲友一同在线观赛。同时，还能运用"5G云呐喊""5G云打Call"技术对喜欢的运动员表达支持。此外，设置的弹幕功能也为观众提供了互动的渠道。

图41　东京奥运会射击项目期间的咪咕云包厢截图

（二）群体符号唤起情感共享

柯林斯提出，互动仪式链中存在四个基本条件，分别是群体共同聚集、对局外人设限、群体拥有共同关注的焦点以及情感状态的共享。以此为视角观察奥运赛事受众，符合上述四种条件。全媒体背景下，群体群聚呈现跨时空特征；体育赛事受众身份和国家、民族立场在促进群聚与共鸣的同时，也对局外人设置了限制；受众以赛事过程与结果为焦点，并以国家和民族认同为群体符号唤起群体的情感共享，进而推动了奥运赛事传播"现场性"的营造。

奥运会作为国际性赛事，具有显著的国别划分和政治性。在奥运会当中，赛事受众将国家和民族身份的认同视作共同维护的群体符号。奥运赛事传播中常常带有特定传播内涵，特别是国内持权转播商或其他媒体在赛事传播中进行外延产品的加工中会突出赛事背后的家国情怀或民族精神，从而建构赛事受众群体中的民族认同感；以奥运精神、价值符号和国家精神，激发观众的情绪分享，使观众在同一焦点上进行沟通和互动，增强比赛的传播效果。

图42 东京奥运会射击项目颁奖环节上杨倩"比心"

如图42所示，中国射击运动员杨倩在夺取东京奥运会首枚金牌后在领奖台上摆出"比心"的姿势，俨然成为一个具有鲜明代表性的群体符号。伴随运动员夺取首金的消息，相关的图片和视频内容获得了媒体和受众的大量转发。媒体正是通过抓住这一契机，将杨倩在赛前赛中赛后的相关内容进行多样化、多渠道的传播，并在赛后及时进行专题采访等，让国内的受众在奥运赛事传播中共享这一荣耀的时刻，并唤起人们的国家认同感和民族自豪感。在实现情感共享的过程中，"现场性"得以营造。在此之外，媒体挖掘了杨倩相关的衍生内容，在家国认同感之外，有关她的小黄鸭发卡配饰等信息，引起了赛事受众的热烈讨论和媒体的积极创作，甚至链接到品牌营销等商业行为，如"杨倩同款发卡"等成为网络"爆款"等。不同的媒体参与进一步唤起群体多重的情感共享，在信息大量覆盖和传播过程中，奥运赛事传播亦实现了"现场性"的营造。

三、技术维度：全场景建构

据上文，奥运赛事受众处在的媒体空间是一种具体的体育赛事传播情境，在此基础上对奥运赛事传播进行场景传播的分析能够发现，奥运赛事传播中的

现场篇 全媒体背景下奥运赛事传播"现场性"的营造策略研究 ▶▶▶

"现场性"是对赛事全现场的一种还原与再传播，除了在时间维度在有媒体的全程覆盖和空间维度上有受众的全面参与之外，在技术维度上对观察"现场性"的营造，主要是分析媒体技术如何对奥运赛事场景信息进行还原和重塑，并进行再传播。

体育转播以展现赛事过程中运动员的竞赛表演为主要内容，是媒体在体育赛事传播过程中主要传播的产品。体育转播产品，就是受众观看的赛事内容主体，也是媒体营造体育赛事"现场性"的基底。在全媒体背景下，媒体还会传播除了体育转播产品之外的各类新闻信息、服务信息、娱乐信息及功能性信息等。

奥运转播是目前全球范围内商业影响和社会影响最大的赛事转播之一。从流程上看，奥运赛事转播可分为两大部分：1. 奥林匹克广播服务公司（Olympic Broadcasting Services；简称OBS）提供基础的赛事直播内容，这是以转播权为交易协议的有偿服务。2. 持权转播商在OBS提供内容服务基础上，进行本土化创作，并通过营销获得收益。[①]2020年东京奥运会，我国本土的持权转播商是中央广播电视总台，咪咕、快手、腾讯获央视总台2020东京奥运会分授权。[②]

在基本的赛事内容方面，除了开闭幕式之外，本届东京奥运会共有33个大项、50个分项、339个小项，新增加5个大项、16个小项，新增大项分别是滑板、冲浪、攀岩、空手道和棒垒球，[③]有许多首次亮相奥运会的新项目，赛事内容新鲜。同时，能够参与奥运赛事的运动员，大部分都是世界级的高水平运动员和著名的体育明星，因此赛事竞争激烈、极富观赏度，使得奥运赛事产品在提高受众关注度，产生较大的商业影响和社会影响等方面具备天然优势。而

---

① 毕雪梅，黄芦雷娅. 媒介实践与技术创新驱动下的观赏体育崛起及影响——首届体育赛事传播国际论坛综述[J]. 北京体育大学学报，2020，43（6）：35—44.

② 中央广播电视总台关于第32届夏季奥林匹克运动会版权保护的声明[EB/OL]. 北京，央视网，2021，[2021—09—20]. https://sports.cctv.com/2021/07/20/ARTIPjXgPIfND94VimXEA0Uq210720.shtml.

③ 2020: Tokyo 2020 Olympic Games[EB/OL]. Tokyo, International Olympics Committee 2021, [2021—09—20]. https://olympics.com/ioc/tokyo—2020.

覆盖了所有项目的赛事转播则是对场景信息进行还原的基础。故探讨"现场性",需要对于基本的媒体赛事产品进行观察,也就是赛事转播内容的研究。而转播质量在更大程度上取决于各类转播技术条件之高低,从技术维度分析"现场性"的营造策略具有显著意义。

(一)转播技术还原赛事现场

从赛事转播技术看媒体营造"现场性"的路径:一方面,面向大屏电视的内容制作,从标清发展到高清,现在又进阶到超高清;另一方面,面向数字媒体小屏幕的内容制作,采用更好的技术方法进行图像压缩和编码传输,针对网络端和移动端客户在线观看及流媒体直播。在技术维度上,东京奥运会的赛事转播呈现以下特征:

1. 转播技术应用丰富

赛事转播是赛事内容的核心产品,要求凸显"现场性"。而超高清技术是最能营造"现场性"的方式之一。东京奥运会上,OBS提供了4K+HDR的公共信号服务,这些视频信号同时结合来自42个奥运会比赛场馆的沉浸式音频信号(即5.1.4声道)。只有7个室外网球场馆的制作仍将采用高清标准制作信号。日本NHK还以8K超高清标准制作东京奥运会主要赛事的公共信号。同时,赛事中各类特种机位的广泛使用使画面内容更加丰富,观众们能够以更多元的视角观看比赛,获取更多的赛事现场信息,甚至享有现场观赛所不具备的另一种媒体观赛体验。如在田径项目和体操项目中使用的子弹时间镜头,如图43所示,通过全景环绕镜头画面,全视角展现了男子百米短跑比赛中运动员的起跑过程,使画面更具视觉冲击力,在男子短跑这样的短时爆发项目中能够极快地吸引受众注意,丰富观众视觉体验;乒乓球项目和羽毛球项目中运用了全景镜头和慢动作回放等,运用更加细腻的镜头语言,展示出更多项目中运动员的动作细节和比赛环节。这些画面和镜头技术均指向于通过丰富的技术应用提升赛事转播产品对于赛事现场信息的还原与再传播。

而国内的转播商咪咕,也是通过4K超高清技术,第一次在奥运现场使用HDR Vivid技术,实现了超清、超流畅的奥运赛场画面。同时,通过咪咕奥运

现场篇　全媒体背景下奥运赛事传播"现场性"的营造策略研究

直播,可以实现4个不同比赛的转播或者节目,并且可以实时切换,在同一时间内,一个App内最多可以看到四场比赛,为用户和观众提供更多元的观赛选择。

　　对东京奥运会的赛事报道是画面、声音的直接转播,画面语言是体育赛事直播中的最重要的元素,摄影师通过对运动员、比赛场地的拍摄角度、远近、大小,构成不同的画面,每一帧的画面都由不同的运动员、现场环境以及现场观众和解说员组成,每一帧不同画面按照观众不同的需求进行组合连接,以连续记录的方式向电视机前的观众展示现场的体育赛事状况,让观众感受比赛现场的氛围,了解比赛的变化过程,及时得知比赛信息,是营造赛事传播中"现场性"的基本手段。

图43　东京奥运会上运用子弹时间技术的男子百米短跑比赛转播画面

2. 受众端选择多元

　　在东京奥运会期间,多个画面的传输,让全世界的观众都能欣赏到每一幅精彩的画面,同时还能满足8K、4K、高清、流媒体、手机和平板电脑的信号制作与分发。此外，大屏幕互动应用扩展了用户的观赛场景，实现了高质量的高自由度观赛。用户不仅可以在手机或平板端的咪咕视频软件实时观看比赛，其带有的大小屏互动功能使用户不仅可以在客户端收看比赛，还可以投屏至电视端同步观赛。

在手机端，大小屏互动、多屏同看、多路解说，多视角观赛等功能成为亮点。如图44所示，咪咕视频可以在多个画面之间进行自由切换，同时也能让用户在同一比赛中切换解说，其中有咪咕嘉宾、CCTV-5解说、原声解说。除此之外，还在一些赛事上提供了"专宠视角"等多个角度，马龙的粉丝可以在第一时间看到他"比心"等。

在各类新技术的影响下，体育赛事传播得以打破传统的统一和无差别的媒介传播形式，进一步靠近个性化、定制化的体育赛事传播模式逐步呈现。当下的奥运赛事逐渐突破了原有的固定的表演式框架，受众在自主参与和情感共鸣中实现了在赛事观赏与互动，进而促进奥运赛事传播中"现场性"的营造。

图44 咪咕视频东京奥运会赛事转播中多屏同看、多路解说的界面截图

（二）其他科技丰富赛事内容

在技术维度下以场景传播视角观察奥运赛事传播，可以发现技术在赛事传播中对赛事场景的塑造和影响是非常丰富的。除了对现场信息的还原之外，还通过其他的科技手段，如传感器等丰富了赛事传播的信息内容。

1. 心率表现：传感器的新应用

罗伯特·斯考伯和谢尔·伊斯雷尔在《即将到来的场景时代》一书中提出

了"场景五力"的概念。作者指出，场景时代的来临，依赖于五种科技力量的发展，分别是移动设备、社交媒体、大数据、传感器和定位系统五大技术。全媒体背景下，奥运赛事进一步具备进行场景传播的条件，而"场景五力"也在媒体实践中对赛事传播的"现场性"营造提供了支持。

以传感器的应用为例，生物科技特别是可穿戴设备的发展，使体育比赛的直播内容得到了延伸和丰富。专用的耳机和运动员的特制服装可以实时监测运动员的状态。东京奥运会首次将运动员的心跳显示在电视屏幕上，以此来显示选手的心情和紧张程度，以此来增加比赛的精彩和精彩。如图45所示，在东京奥运会射箭项目的转播画面左下方，显示出运动员的实时心率。

图45 东京奥运会射箭项目转播镜头画面

这套生物识别数据系统通过场地上的高速摄像机捕捉运动员脸上的所有细微表情，使用贴身的传感器监测并记录了血液上涌的情况，并且进行一系列数据分析，远程确定最终的心率。

此外，传感器数据还能够在赛后的总结分析与公众讨论环节中发挥"余热"：受众关注该项赛事，必然在一定程度上倾向于了解赛事背后鲜为人知的细节，尤其是有关运动员本身的细节。数据是体育赛事内容的重要组成部分，根据公众以及新闻宣传的需要适当地将这些数据予以公布，也能够延长"场景时效"，媒体通过引用数据进行外延内容的生产，能够激活受众的"二次沉浸"。

2. 数据可视化：多维的画面表达

同时，体育赛事传播、体育报道与数据的联系日益紧密。通过大量的数据分析和图像处理，使观众能够从各个方面全面地了解比赛和选手的情况。同时，借助大数据技术的支持，新闻报道能够准确地预测赛事的结果，提高了新闻报道的可读性和趣味性，还能提高赛事观赏内容的多样性，令画面表达更加多维。如图46所示，东京奥运会中田径短跑比赛进行的数据可视化展示，通过对本次赛事的数据进行可视化的动态分析，并结合高速摄像机拍摄到的选手行进轨迹，以数据化的方式呈现出选手的跑步速度，给观众以直观的数据展示，营造出即时的沉浸式观赛体验。

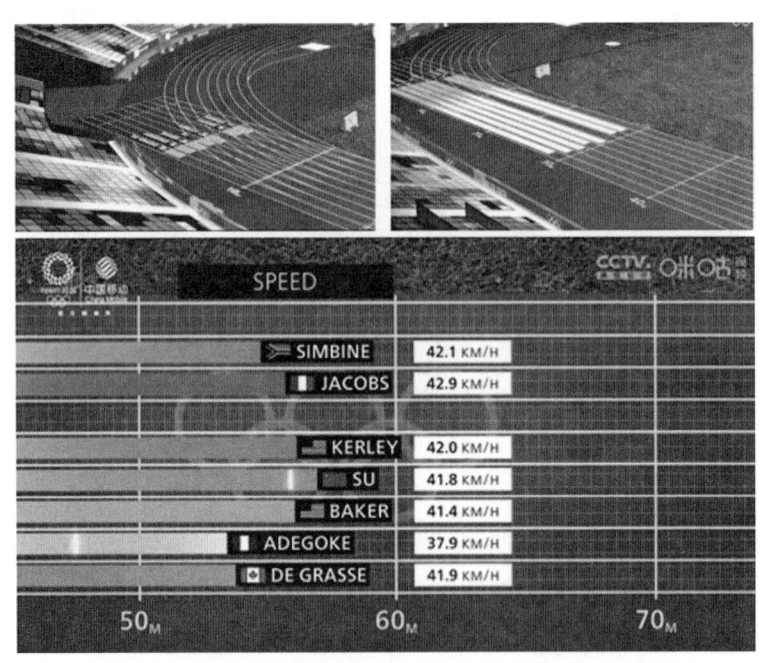

图46 东京奥运会男子百米短跑比赛转播镜头画面截图

四、感官维度：视听觉主导

从受众的感官维度上，对奥运赛事传播过程中媒体产生的影响进行观察能够发现，与以视觉和听觉为主要条件的体育审美的基本原理接近，现阶段赛事传播中的"现场性"的营造是建立在以视觉、听觉为主的感官体验之上的。在全媒体时代，在各种媒体科技的发展趋势下，媒体在赛事传播中能够有效增强对受众感官的影响。如加强和优化受众在视听方面的感受，同时，提供给受众能够调动多类感官的沉浸式体验。在更多的成熟技术条件加持下，通过对场景信息再传播的介入，奥运赛事传播的"现场性"得以全效营造。

（一）高清视觉的观赏体验

人们主要依靠视觉和听觉产生美感并进行审美判断。[①]对受众而言，观看体育赛事是以视觉和听觉感知为基础的观赏审美活动。体育赛事传播与身体形体动作表现密不可分。在一定意义上，体育赛事是一项集力量、速度、悬念、激情、美感等集合于身体的艺术表现形式，也是观众对"身临其境"的沉浸感要求最高的形式之一。随着现代传媒技术诞生，体育赛事传播的表现和内涵大幅扩展，体育赛事直播打破了身体在场的限制，观众们通过屏幕即可一览比赛现场的情况，即时感受竞技现场的氛围。即使受众身体缺席，媒体也能通过提供视觉和听觉信息，进而营造出"现场性"，帮助受众实现在场般的观赏、交流与互动。

本届东京奥运会转播采用的超高清等各类丰富观感的新兴技术，是在视觉上为观众们营造现场的主要动力源。在赛事内容转播中，OBS在前端技术上积极运用了各类摄制技术，如4K+HDR的公共信号服务、360度全景拍摄技术、无人机摄像和飞猫索道摄像系统等，成为本届奥运赛事传播过程中较为显著的技术标志。

高动态范围成像技术（High Dynamic Range Imaging，HDR），能够在分辨率、帧率、比特精度和色域综合提升画面效果。[②]4K技术提升的是画面的分辨率，但并没有对色域和对比度提出要求。此外，HDR技术还可以提供更加丰富的光影细节，以及更加细致的细节呈现，让观众在观看时更加真切。作为第一届以4K+HDR信号进行本地制作的奥运会，东京奥运会的赛事转播画面在

[①] 赵歌. 作为"身体化"审美活动的体育健身的文化哲学研究——基于莫里斯·梅洛—庞蒂和理查德·舒斯特曼身体思想[J]. 体育科学，2019，39（1）：85—97.

[②] 单子健，郑科鹏，赵良福，等. HDR高动态范围图像技术及发展解读[J]. 广播电视信息，2018（4）：27—30.

具备更大范围的光和色彩保真度的同时，能够使转播画面具备更接近真实的细节水平。同时，配合许多的慢动作回放、全景和子弹时间镜头等，本次赛事为观众提供了更加丰富的观看视角和更优的观赏体验，在视觉上营造出"现场性"。

（二）视听融合的沉浸体验

随着媒体技术发展，"沉浸"的概念被逐渐引入信息传播领域。该概念的定义与发展主要源于以虚拟现实技术为主的显示设备的发展基础上，对应了英文中"Immersion"的概念，强调在信息传播过程中营造出独特的媒介环境和受众体验。匈牙利籍心理学家米哈里·契克森米哈伊（Mihaly Csikszentmihalyi）于1990年提出了"沉浸理论"（Flow theory），"Flow"原在积极心理学领域中指代"心流"，指向一种心理状态。而"沉浸式"描述的是人们"深深沉浸于某种活动中，忽略了时间流逝，且意识不到自己存在的体验感受"的一种心理状态。在追求"沉浸式体验"的基础上，学界和业界构想出"沉浸传播"（Immersion communication）这一带有明显技术色彩的新传播形态和传播方式。该定义建立在虚拟现实技术基础之上，强调一种"作用于人类身体，并使其产生各种感知和肢体反映"的环境建立，这种传播作用于人的感官，通过技术手段让观众产生具身在场的感受，从而实现更高质量的信息传播。

"沉浸"的核心是围绕"沉浸"的主体，即人的身体展开的。"沉浸感"建立在身体对于信息空间产生的具象感知，其更强调沉浸对于身体状态的改变和延伸感官后获得的感受。以东京奥运会为游泳项目准备的AR（Augmented Reality）技术为例，如图47所示，赛方为特定座位的观众提供可穿戴AR设备，能够透过AR技术呈现水道中的选手的姓名和国籍，并即时更新其运动的速率。[①]观众也就不需要一边看着游泳池，一边看着现场的显示屏进行观赛，而是能直接获取现场的数据，结合视听觉感官信息的获取，强化了观赛的沉浸式体验。

---

① KERSCHBAUMER K. Demos are slated for sailing, swimming, golf events[EB/OL]. Sports Video Group 2021, [2021—09—20]. https://www.sportsvideo.org/2021/07/01/5g-ar-set-to-transform-tokyo-olympics-fan-experience/.

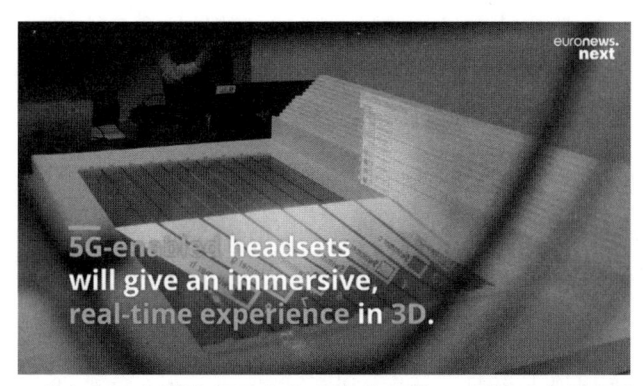

现场篇 全媒体背景下奥运赛事传播"现场性"的营造策略研究 ▶▶▶

图47 东京奥运会游泳项目上为观众准备的AR眼镜设备效果演示图

在听觉方面,OBS通过5.1.4音频配置捕捉东京奥运会的现场声音,力求为观众提供更逼真、更立体的音频体验,配合画面效果,通过视听结合的方式营造"现场性",为观众带来"身临其境"的感觉。东京奥运会期间,中央广播电视总台在东京设立了田径、水上两个电视节目综合制作区(TV Compound,TVC),不同于IBC(International Broadcast Centre)强大的信号枢纽及整合功能,TVC的功能更突出了时效性和个性化。[1]此次央广总台的田径场TVC在OBS提供的公共信号基础之上,在体育场馆中设立了出镜平台、评论席、混合区三个注入点,通过这三个点的不同功能来丰富比赛信号。单边机位4路机头话筒的声音,用于收集热身区、起跑线、终点等地的声音,作为公共信号的补充,可以帮助运动员捕捉到我国运动员的反应和声音,制作出更符合中国观众品味的视听内容。此外,央广总台的奥运转播团队依照OBS的制作标准,虽然面临着没有现场观众的情况,仍然进行了环绕声制作,在羽毛球、乒乓球、攀岩赛事的现场设置了观效话筒(如图48所示);在体操项目中,不仅需要常见位置的话筒布置,针对自由体操运动员的许多效果声都要由安装在地台下的话筒拾取。[2]配合现场负责现场扩声的体育展示团队在比赛现场播放的特殊效果声,为的是提供给观众有"空间感"的声音。可以说,现有的奥运赛事传播,

---

[1] 刘思婷. 传递奥运的声音——东京奥运会田径TV Compound音频系统介绍[J]. 现代电视技术,2021(09):5—41.

[2] 总台音频奥运团队. 奥运前方速递[EB/OL]. 总台音频,2021,[2021—07—23]. https://mp.weixin.qq.com/s/SaqAnPX2_3AXnc5_jAgFig.

已超越了受众的物质身体在场的范畴，顶尖运动员技术身体的展示与高精科技和赛事传播体系合二为一后营造的"现场性"，实现观众的技术身体的另一种"在场"。

　　同时，视听感官基础上的"沉浸"并不是局限在单一技术视域中的概念。打造在体育赛事传播中的沉浸式体验，不应仅涉及新的转播技术对"现场观赛体验"的还原，也不止于对于视觉和听觉感受的刺激，还需要通过整体、综合的媒体信息环境来为赛事受众打造与他人互动的空间。如传统观赛模式中的受众将集聚在客厅或者酒吧进行集体观赛和互动，在一种共享观赛的氛围中感知与享受赛事。而全媒体下的赛事传播，结合了社交媒体等新媒体形式，为受众打造了线上的互动和共享空间。受众即使独自一人观赛，但通过移动设备和社交媒体提供的第二屏幕，也能在线上交互过程中与他人共享赛事氛围，媒体传播的赛事逐渐突破视听限制和在场限制，营造出跨时空的"现场性"和情感共鸣。

图48　中央广播电视总台声音团队工作人员正为东京奥运会体操和乒乓球项目赛场安装话筒的现场图片

第六章 东京奥运会赛事传播中"现场性"营造面临的局限

一、赛事内容局限

虽然奥运赛事通过与媒体的紧密结合已经实现了全球化、跨地域、跨文化的传播，为全球的观众共同构筑出一个共享的体育赛事场景。但在传播过程中，媒体所进行的"现场性"营造仍然受到具体赛事的本体内容的限制。以作为奥运赛事重要组成部分和特色仪式的开幕式为例，原本有望10000人入场的东京奥运会开幕式，人数缩减到950人，且此次因为紧急事态下的东京新冠疫情依然严峻，最终参加东京奥运会的首脑级政要只有约15人，为近年奥运会最少。由于疫情产生的各种影响造成的萧条和冷清气氛，缺少了作为重要的赛事元素的观众，使奥运会空场举办，赛事内容就存在着不完满，而可能导致赛事传播过程中营造的"现场性"受限。

此外，奥运赛事经典内容的长久存留或导致观众的审美疲劳。虽然有新增项目，如附录C中总结的，东京奥运会增加了棒垒球、攀岩、空手道、冲浪和滑板共5个新项目，已经是面向丰富赛事所增设的内容，但作为一项总共具备33个大项综合性赛事仍然面临着体育赛事内容本身的局限，传统体育可能产生的观众审美疲劳在近年来风靡全球的电竞比赛映照下逐渐显现，电竞赛事与传统的身体体育赛事形成了鲜明的对照——在获取受众关注度方面，电竞似乎因为其独特性与新鲜度，唤起了更多年轻人的关注。奥运赛事虽然是四年举办一次，但由于当下的媒体信息量与接触便捷度之高，受众可以通过网络收看到接近任何时间和地点的赛事内容，可能使其对奥运赛事的关注度和期待程度进一步降低。

二、参与主体受限

互联网使信息的即时性和不可存储性得到了修正，不同于传统媒体，具备记录并且存储时间的互联网衍生出全新的媒体产品和媒体传播环境，例如很多的节目可以回看并用于搜索，对于内容的记录和传播突破了传统的线性、完整的特点，由此让内容的呈现更碎片化，个性化了。受众触媒时间的碎片化，可能在一定程度上阻碍了共享场景的生成与场景信息的传播，不同的用户主体不再完全束缚在相同的时间框架下，体育赛事传播也不再像过去的电视转播那样用"媒介事件"限定了收看活动。由此，参与主体所用时间的碎片化可能导致赛事传播中"现场性"营造的碎片化，或不利于共享场景的生成与传播。

同时，由于本届奥运赛事没有现场观众，所以在媒体传播的内容中，缺失了参与主体，也就缺失了一部分与赛事相关的本体信息。东京奥运会没有现场观众的参与，对社交媒体的传播内容丰富度可能造成负面的影响。在硬件条件无法替代肉体在场带来的感官感受的前提下，没有真正到达现场的观众，也就没有真正从受众视角的源于现场的信息，如社交媒体上不会出现观众在自己座位上拍摄的短视频、vlog等，也就不会出现在此内容链条上的互动。媒体尽可能地营造了"现场性"，但受众是否能获得真正的在场感觉是未能确认的。

同时，自媒体带来的负面影响也不可忽视。全媒体时代的主流媒体话语权受到极大分化的同时，一些网络媒体、自媒体的捕风捉影很大程度上污染了本应有的传播环境。在体育赛事传播与体育资讯报道领域，也存在着众多一些游走在"市场边缘"的自媒体，其多数信息来源于臆想、捏造甚至是无中生有，为了获取流量不惜将良好的场景生态平衡打破，容易引起负面舆论，为赛事传播生态造成消极影响。参与主体存在的各类问题，可能限制了赛事传播"现场性"的营造。

三、技术应用局限

虽然每届奥运会在传播技术的应用上均有创新，如附录D所示，OBS在东京奥运会上首次全部采用云技术支撑全球转播，且全赛事均采用高质量的4K HDR全景声制作等。力求对赛事现场的信息进行更有效的还原。但是奥运会作为一项标准的，具备特定运行细则的大型赛事，其转播并不会应用最新技术，而为了赛事转播的程序化和可靠度，往往选用的转播技术都是足够成熟，具备相当实用期的，由此奥运会所应用的转播技术应用可能存在着一定的滞后性，受众若已接触过更新的媒体技术产品，就会产生更多的需求和期待。奥运赛事内容产品存在的技术应用局限，也是奥运赛事传播"现场性"营造的技术局限，场景信息的还原和再传播上仍有提升空间。

四、感官体验有限

在受众体验方面，"现场性"营造的局限主要源于受众条件，如屏幕或音响的限制；以及个人情况，如时间分配、社交活动等。尽管虚拟现实技术也在此次东京奥运会得以应用，但仍在诸多环节显得力不从心。首先，虚拟现实观看硬件尚未大规模普及，收看方式五花八门，虚拟现实信号并未物尽其用。如一些项目虽然实现了VR信号的转播，但由于受众缺少设备感应系统，就无法获得穿戴设备后的体验；其次，技术尚未成熟，体验感有待改进。奥林匹克广播公司OBS提供的VR公共信号通常只能提供一个观察点的视角，与传统分切镜头的电视语言相比，画面角度的丰富性和画面内容质量并未有显著提升，如东京奥运会的高尔夫项目使用了VR转播，但是相关反响并不强烈。海外媒体的VR眼镜、虚拟现实App在直播中还暴露出易眩晕、带宽有限、清晰度欠佳等问题。原是致力于为受众提供一种能够带来身临其境的感和视觉感官极大冲击的VR技术，仍有较大的发展和应用空间。目前以视听觉为主的传播总是有局限的，随着技术发展，应该向具身传播发展。

第七章 对奥运赛事传播"现场性"营造策略的优化建议

一、把握全程：打造无缝传播

奥运赛事传播中，营造"现场性"的水平高低，由媒体对赛事场景信息的还原和再传播的水准决定。场景的还原程度和再传播情况均受到非常多的因素影响，既涉及媒体技术因素、媒体环境、受众个体因素等的影响，还受到赛事项目、举办地条件、主办方支持度、赛事影响力等客观因素的影响。

而在赛事传播的过程中，媒体正逐步实现传播焦点的变化，赛事转播不再是体育赛事传播的唯一焦点，而更像是传播活动的中心与发起点，众多场景信息和相关元素的传播和延伸以赛事实况为参照进而进行策划与呈现。不管是赛事内容的直播，还是赛前报道还是赛后分析与访谈，又或是比赛的精彩集锦短视频等，它们始终处在同一传播线程上，每个环节、栏目、元素都是赛事转播内容之外的"焦点"，再通过移动输出与大小屏呈现，实现比较完备的传播架构与内容脉络。

在全媒联动上，电视端和移动端之间仍然存在隔阂。同时，媒体平台的多方推送特点和各媒体的功能立场将对"现场性"的营造产生影响和限制。如东京奥运会赛前的报道往往和疫情报道相联系，可能导致受众在关注赛事的过程中受到疫情信息的干扰，由此产生了期待值和关注度的改变。而在社交媒体方面，值得注意的是，随着新媒体社会化的逐渐形成，仅以"两微"为核心的体育新闻账号的优势正被逐渐削弱。一方面，由于微信作为一种信息交换工具，其传播范围仅局限在小范围的人际传播或是组织传播。在受到传播范围限制的同时，其也不具备高清、超高清与大容量视频呈现功能，即使是刚刚投入应用的微信"视频号"板块，也无法达到较完整的体育赛事传播所要求的基本配置；而微博的功能则主要集中在信息发布层面，且信息发布作为微博账号的一个传播活动发起点，才产生了随后的点赞、评论和转发等互动传播活动。因此，在现场性的营造过程中，"两微一端"逐渐成为"入口"，它必须要与其他媒体相结合，产生联动和叠加效果，才能为受众带来更丰富的体验。

同时，"二次沉浸"环节也是引发议论、引导舆论与提升受众认知的关键。将赛事的场景得以延续，把受众合理安置于后台场景之中，一方面要维持赛事场景的基本传播情境，即以赛场焦点为中心、以细节表现为发散，将专业抽象的场上动向经过后台解码形成让受众能够理解的正确认知；另一方面，在传播技巧层面继续以最直观的可视化视角、以最具说服力的数据作为主要手段，进行专题栏目的包装，在赛事的前中后期进一步丰富赛事外延产品的内容及其可能带来的受众体验。

此外，从产业角度来看，媒体与平台之间缺乏整合，呈现出各自为战的态势，对不同受众群进行争夺的同时，容易导致造成了场景间传播断裂、场景构造模块化的特征。而另一方面，媒体为了打造自身品牌，在追求品牌效应的背后，受到成本与收益等各方面条件的限制，在体育赛事领域，版权成本问题及连带效应产生的影响亦特别显著。在体育赛事传播领域，持权转播商拥有绝对的内容主导权，央视和咪咕拥有了最主要的内容发布权和受众吸引力，但从另外角度上看，其内容也是有偏向的，受到了创作主体性质的规制。如部分自媒体虽有创意，但由于无法承担高昂的版权费用，便只能将相关创意束之高阁，无法发挥出更高的影响力。在版权方面存在的矛盾，各媒体机构仍有待探索解决之道，以让受众能够全链条、无滞后无延时观看体育赛事，由此营造出更好的"现场性"。

二、受众中心，促进全员互动

由于本届奥运赛事没有现场观众，所以在媒体传播的内容中，缺失了一部分有关赛事的本真信息。东京奥运会没有现场观众的参与，对社交媒体的传播内容丰富度可能造成负面的影响。在硬件条件无法替代肉体在场带来的感官感受的前提下，没有真正到达现场的观众，也就没有真正从受众视角的源于现场的信息，如社交媒体上不会出现观众在自己座位上拍摄的短视频、vlog等，也就不会出现在此内容链条上的互动。媒体尽可能地营造了"现场性"，但受众是否能获得真正的在场的感觉是未能确认的。

在一方面，观众特别是青年观众的主体性逐渐增强，使他们更加注重自身的需要。与此同时，注重个性化的年轻人观众数量也在不断增加，观众的需求也出现了长尾趋势。另一方面，科技的发展也为受众的个性化、多样化提供了条件和可能性，使许多传统的电视节目无法实现的目标成为现实。面对多样的受众需求，体育媒体积极应用诸多先进新媒体技术，拓宽用户观赛情景，赋能更多更优体验的观赛自由和参与赛事传播的自由空间。随着观众日益精炼、多元化的要求，观众对体育赛事的转播也从单一的比赛形式转向了更广泛的内容和外延。许多看起来和比赛本身没有关系的东西，也许更会吸引观众的注意力。而推进全员互动，将激发出赛事传播中的内容创造力，进一步提高"现场性"的营造质量。

三、技术创新，实现全息营造

贯彻技术逻辑，先进的前沿传播技术是营造现场感最核心的驱动力。笔者在新华社体育部实习期间曾切身感受到其体育新闻传播仍然存在的局限：技术、产品不足，好观点没有好技术作支撑。两种主要困难使体育赛事相关内容难以获得在传播上的新的突破。在这样较为严峻的生存环境下，为实现资源优势互补，媒体不仅要积极进行创新优质内容生产，更重要的是如何与新媒体进行技术性成分更高、更深入的协同共享、合作共赢。

一方面，做到全方位、多视角地采集赛事现场的信息，做到采集真实；另一方面能够全面、完整地向受众展示、传播采集到的信息，做到传播真实，从而降低现场失真、失实的程度，有效提高对空间的仿真程度和效果。

据前文，营造"现场性"是对场景信息的还原和再传播。在场景传播相关的技术应用上应做到全方位、全视角采集体育赛事场景和现场的信息,做到采集真实;另一方面能够全面、完整地向赛事受众展示、传播采集到的信息,做到传播真实,从而降低现场失真、失实的程度,有效提高对空间的仿真程度和效果,促进"现场性"的营造。

坚持跨平台、跨媒体的内容生产。首先是依靠自身融合媒体平台,实现内容生产的全覆盖。正如奥运会报道,央视、央视网、央视移动客户端同时启动,只有这样,才能让节目的受众和使用者,都能接触到不同的终端。在这一过程中,要考虑到不同平台的传播特点、不同平台的目标受众特点,合理地进行内容的制作。与此同时,各媒体之间也达成了协同,相互借力,达到双赢目的,在用户参与、赛事推广、报道等多个层面上进行更高品质的跨媒介交流。

另外,媒体应善于利用大数据等技术以生产更多的增值内容,通过完善用户画像,进一步提高用户的参与度和匹配度,强化对象化的传播和信息服务。在体育赛事传播领域,实现更全面的传播。

在体育比赛的传播环境下,媒体正在逐渐转变信息传播方式,比赛现场已经不是单纯的传播的唯一焦点,而是一个传播的核心和起点,许多场景元素都是通过比赛现场来进行策划和展示,各项要素在比赛直播环节中拥有平等的地位。故实现赛事现场的全息建构,将是媒体在体育赛事传播中营造"现场性"的应有之义。

四、效能扩张:推动具身传播

体育赛事传播中建设新的视听构架不再仅仅局限于增加摄影场地、提供更多的观看视角,而是突破现有框架的局限,建立触及全感官的具身传播场景。

所在场景即有限的信息环境。从场景传播的角度上观察,人是一个多感官主体,通过视觉、听觉、触觉、嗅觉等感官,综合地接收外部来源的信息并进行反应。虽然理论上信源应该是无限的,特别是新媒体为人体扩充了可接触信源的广度。但由于人体感官接收的信息也是有限的,所以对人来说,外部信源数量是有限的。两者统合在一定范围内就构成有限的信息传播、接收和处理环境,即场景。受众在场与不在场的区别,本质上是受众(特别是身体)对于信息的接收和反馈程度的差别。从某种程度上说，受众的在场感受，就是通过身体接收到了足够多的现场信息之后产生的反应。那么当媒体复制了特定的信息，并对受众进行传播后，就有可能让受众形成同样的反应。随着技术发展，身体传播的重要性进一步突显，加强具身传播逐渐成为媒体技术发展所遵循的方向。比如虚拟现实制造出的"元宇宙"，就是一种复制并传播特定场景内的所有信息，对受众的全感官进行影响。但现实中一般媒体无法实现对所有信息的复制，于是就对几个能令受众产生反馈的关键位置（如视听感官等）进行了信息传播。受众接收后，便能够产生在场的感受。如遮住眼睛，人们通过听声音，在一定程度上感受在场的感觉。在人体具备整体感官和综合感受能力的条件下，媒体提供听觉和视觉之后，加上触觉就更能令人感觉到"在场"。同时，一种感官的缺失，或能够通过放大另一种感官去弥补。是否实现弥补则以受众的需求为标准，比如看比赛，受众视听满足后，想要坐在沙发上观赛，而不是坐在体育场内硬质的塑料凳上。所以媒体在追求营造"现场性"上并不追求对场景信息完全的还原，而是实现一种再传播，即并非完全的还原或复制，而是一种改造，实现了更多外延的变化，对信息和信息环境造成了改变。媒体应积极生产能够促进人体各个感官互通联动的奥运赛事具身性信息，促进人与自身的渗透与交互，由此营造"现场性"。

第八章 结 语

本研究以媒介分析的视角聚焦奥运赛事传播过程中的技术特征，结合理论和案例对奥运赛事传播营造"现场性"的策略进行了研究和分析。首先，本研究从本体论角度探析了全媒体背景下"现场性"的概念与特征。在前人研究的基础上，本研究将"现场性"指向一种从技术视角和传播者主体视角出发的传播行为特点。"现场性"指代的是一种媒体的技术实践特征，即媒体对场景信息进行的还原和再传播行为。在全媒体背景下的体育赛事传播领域，突出了媒体机构和赛事受众的技术实践在"现场性"营造中的主体作用。奥运赛事传播营造"现场性"，指的是媒体在奥运赛事传播中的塑造的实践行为属性，即进行对奥运赛事现场信息进行的还原和再传播的行为。媒体对赛场信息进行"还原"和"再传播"导致"现场性"含义实现延展，如通过体育转播对赛事信息进行"还原"之外，受众在社交媒体上的互动实现的赛事信息的"再传播"，营造出了赛事氛围，丰富了"现场性"的内涵。可以说，"现场性"实现的基础是媒体技术条件，发展目标则是受众需求。对于体育赛事传播来说，营造的"现场性"的差别，即媒体传播的赛事现场信息，能否令受众通过媒体接收到足够的信息并进行足够的反馈。

接着，本研究从认识论角度，以动态视角分析奥运赛事传播中媒体营造"现场性"的技术实践过程与营造策略。本研究发现，在时间维度上，奥运赛事传播通过媒体对赛事全程的覆盖实现"现场性"的营造，媒体对现场赛事场景信息进行了全程还原，并在奥运会与媒体的深入结合中实现了再传播。在空间维度上，受众实现了对赛事的全流程参与，覆盖了赛事传播的全部空间。受众通过媒体互动，与赛事实现了融合。在技术维度上，赛事转播技术对赛场信息进行了高程度的还原；同时其他外延技术的应用丰富了赛事传播内容，进行了更多元的再传播。在感官维度上的赛事特征以视觉体验为主，同时以视听融合向沉浸式传播靠近。综上，奥运赛事传播从上述四个维度营造了"现场性"。

最后，本研究从方法论角度，以影响视角解析赛事"现场性"营造过程中出现的问题并提出针对性的建议。从主体方面看，赛事传播不论在媒体机构还是受众，均面临着硬件和软件的技术限制，由此带来的场景信息还原及再传播行为的能效不足、受众体验不足，如感官体验不完全，真正的沉浸式体验难以实现等。在此基础上，本研究提出了媒体需要更加重视打造无缝传播、促进全员互动、实现全息营造、推动具身传播的优化建议。等优化建议，为未来的体育赛事传播，特别是奥运赛事传播提供可借鉴的理论和实证参考。

附 录

附录A 2021年3月25日至7月23日东京奥运会官方微博账号的部分微博主题

编　号	发布时间	主　题
1	21—03—25	东京奥运圣火传递出发仪式
2	21—03—25	东京奥运圣火传递
3	21—03—30	东京奥运圣火传递
4	21—04—05	池江璃花子获东京奥运参赛权
5	21—04—08	中国女足　韩国女足
6	21—04—12	中国攀岩选手宋懿玲的专访回顾
7	21—04—14	东京2020奥运会倒计时100天
8	21—04—14	猜猜看，Miraitowa这是在哪里呢？
9	21—04—20	日本邮政日：东京2020发布以圣火为主题的纪念邮票
10	21—04—21	专访：赛场上下的王霜和吴海燕
11	21—04—21	东京奥运会男子足球比赛进行抽签分组
12	21—04—21	奥运女足：中国和荷兰、巴西、赞比亚同组
13	21—04—23	东京2020日本文化庆典wassai向你发出邀请
14	21—04—26	东京奥运特许商品
15	21—04—26	中国举重选手在亚锦赛破三项世界纪录
16	21—04—29	中国射箭队东京奥运会参赛阵容出炉

续表

编　号	发布时间	主　题
17	21—04—29	东京奥运场地自行车测试赛
18	21—04—30	第二版疫情应对措施手册发布
19	21—05—01	东京奥运排球测试赛：中国男排 vs 日本男排
20	21—05—02	东京奥运会举办的意义
21	21—05—04	东京2020奥运观赛指南：水球
22	21—05—06	东京奥运赛场最亮的星：朱婷
23	21—05—19	中国乒乓球队公布东京奥运会参赛名单
24	21—05—22	体操名将西蒙·拜尔斯将重返赛场
25	21—05—26	通往东京奥运之路：专访法国篮球运动员戈贝尔
26	21—05—28	奥运会领奖台
27	21—05—31	关于东京奥运选手，你需要知道的 # 中国女子三人篮球队
28	21—06—02	东京2020年奥运会和残奥会领奖台设计即将于明日公布
29	21—06—04	东京奥运参赛选手专访：杨家玉
30	21—06—05	关于东京奥运选手你需要知道的：中国男乒队长马龙，
31	21—06—07	高考加油
32	21—06—08	东京奥运冲浪最终参赛名单出炉
33	21—06—09	东京奥运圣火传递：秋田县的圣火传递专用车
34	21—06—09	东京奥运圣火传递：偶遇一只叫做 Arashi 的秋田犬
35	21—06—13	东京成田机场已换"日式盛装"来迎接各国运动员
36	21—06—14	端午节：Miraitowa 和 Someity 给大家送粽子啦
37	21—06—18	东京奥运三人篮球赛程
38	21—06—20	东京奥运会和残奥运会选手村首次公开
39	21—06—23	倒计时30天：Miraitowa 在这里和你一起倒计时
40	21—06—26	关于中国女子举重运动员李雯雯，你需要知道的五件事
41	21—06—29	为迎奥运横滨设置奥运五环标志

续表

编 号	发布时间	主 题
42	21—07—01	首个奥林匹克广场文化中心在日本桥设立
43	21—07—03	北京 2008 奥运会开幕式精彩回顾
44	21—07—06	中国女排东京奥运会名单出炉
45	21—07—10	欢迎首支中国奥运代表团抵达东京
46	21—07—13	东京奥运会倒计时 10 天
47	21—07—13	北京申奥成功 20 周年
48	21—07—14	东京奥运会倒计时 9 天：今天，带来一些奥运史上的催泪弹
49	21—07—14	东京奥运会中国体育代表团正式成立
50	21—07—15	演员许凯助力东京奥运
51	21—07—17	中国体育代表团第二批抵达日本
52	21—07—18	朱婷赵帅担任奥运开幕式旗手
53	21—07—19	东京奥运会上的志愿者
54	21—07—19	中国奥运选手集锦
55	21—07—21	东京奥运会首场比赛：女子垒球揭幕 奥运首战完工
56	21—07—21	中国女足对巴西女足：前瞻
57	21—07—21	东京奥运会即将开始
58	21—07—21	东京奥运会乒乓球抽签：混双签表出炉
59	21—07—22	东京奥运会奖牌设计
60	21—07—22	比赛间歇，来一杯 Miraitowa 拿铁吧
61	21—07—22	东京奥运会＃幕式倒计时，20 小时
62	21—07—23	东京奥运会今天开幕：奥运圣火已抵达东京市民广场
63	21—07—23	大家准备好了吗？
64	21—07—23	7 月 23 日，天气晴，宜相见
65	21—07—23	东京奥运开幕式，倒计时 1 分钟

附录B 2021年3月25日至7月22日新华社报道东京奥运会的部分新闻标题

编号	发布时间	标　题
1	21—03—25	《东京奥运会火炬传递出发仪式在福岛举行》
2	21—03—31	《马龙对东京奥运会有什么期待？》
3	21—04—08	《为国而战 不惧挑战——中国女子橄榄球队全力备战东京奥运会》
4	21—04—14	《东京多地"亮灯"纪念奥运会倒计时100天》
5	21—04—16	《东京奥组委否认考虑取消奥运会》
6	21—04—30	《东京奥运会防疫再出新规：领奖戴口罩 每天做检测》
7	21—05—02	《东京奥运会测试赛获好评 日本疫情持续恶化》
8	21—05—17	《民调显示近六成日本人支持取消东京奥运会》
9	21—05—23	《倒计时两个月！东京奥运会面对两个考验》
10	21—06—04	《东京奥组委基本排除推迟或取消奥运会可能性》
11	21—06—07	《最新调查显示：日本民众对东京奥运会信心增加》
12	21—06—21	《突发！东京奥运会，取消所有公众观赛活动》
13	21—06—23	《东京奥运会疫情防控任务艰巨》
14	21—06—27	《东京奥运会7万志愿者将有疫苗可打》

续表

编号	发布时间	标题
15	21—07—03	《步步为赢——中国体操队东京奥运会大名单诞生记》
16	21—07—07	《东京疫情反弹 奥运会可能在"紧急状态"中举行》
17	21—07—11	《速速收藏！东京奥运会热门项目观赛日历来了》
18	21—07—14	《东京奥运会中国体育代表团名单公布！》
19	21—07—16	《或许是"最难猜"的一届奥运——东京奥运会奖牌榜前瞻》
20	21—07—17	《东京奥运会：关于空中运马，你想知道的一切》
21	21—07—17	《吸引年轻人 惠及东道主——东京奥运会新项目前瞻》
22	21—07—17	《巴赫：数字化手段将令奥运选手空场比赛不孤单》
23	21—07—17	《朱婷、赵帅担任东京奥运会开幕式中国代表团旗手》
24	21—07—18	《疫情下，中国军团这样抵达》
25	21—07—20	《综述：东京奥运会安全可控》
26	21—07—20	《郎平：我们是来冲冠军的》
27	21—07—21	《女足，打巴西，就在这！》
28	21—07—22	《开幕在即，东京奥运会大家都在关注什么？》

附录C 第30届、第31届、第32届夏季奥运会赛事传播—基本信息

届数	年份	举办地	举办天数	大项数量	小项数量	增设项目	国内持权方
30	2012	伦敦	16	26	302	无	央视独家持权
31	2016	里约	16	28	306	七人制橄榄球、高尔夫球	央视、腾讯、乐视
32	2021	东京	17	33	339	棒垒球、攀岩、空手道、冲浪、滑板	央视、咪咕、腾讯、快手

附录D 第30届、第31届、第32届夏季奥运会赛事传播转播情况及创新点汇总

届数	年份	举办地	转播情况	创新点
30	2012	伦敦	中央电视台市场份额达36.41%；体育频道收视份额为10.2%。	奥运历史上首次采用3D技术全程进行比赛直播。涉及开幕式、闭幕式、游泳、跳水、体操、田径等53场比赛。
31	2016	里约	体育频道平均收视份额达9.17%，单天最高收视份额达11.46%。 网络端：体育频道客户端累计用户超过500万，累计直播时长1150万小时；央视网多终端奥运报道累计独立访问用户达6.5亿人，视频直点播收视次数为14.6亿次。	1. 首次采用全光纤信号传输的方式进行公共信号和单边信号的传输。 2. 采用8K技术在部分赛事进行转播尝试（游泳、柔道）。 3. 设置8K剧场：大屏幕投影观看开幕式大场景时临场感极强，配以全景声系统，很是震撼。 4. 提供了实验性VR直播信号。目前VR缝合技术已较为成熟。 5. OBS的OVP服务为互联网和手机平台提供了每个项目的直播和点播。
32	2021	东京	体育频道单日最高份额达到13.03%，创下2005年以来频道最高纪录；平均收视份额高达10.5%，较2016年的里约奥运会提升20% 网络端： 央视频赛事视频观看量累计达25.8亿人次；单日视频观看量突破3亿人次；单日人均观看时长超过60分钟。多平台累计播放量达到39亿，互动量2.6亿。	1. OBS首次全部采用云技术支撑全球转播。 2. 全赛事均采用高质量的4K HDR全景声制作。 3. NHK提供4套8K转播系统，负责开闭幕式以及7个单项赛事的8K转播，通过卫星向全球提供8K HDR信号。 4. MCF多画面素材的传送。同时满足8K、4K、高清、流媒体，以及手机、平板端的信号制作和分发。 5. 广泛使用特种机位，数量占总机位数一半以上，均具备统一的操作界面、统一的颜色控制和颜色调整等。

附录E 《奥运赛事传播中"现场性"营造策略》访谈提纲

访谈对象：

1. 新华通讯社体育新闻编辑部融发中心编辑
2. 新华通讯社新闻摄影部（文字报道组）记者
3. 新华通讯社新闻摄影部（体育摄影组）记者

1. 以为受众营造"在现场的感觉"为定义，请问您如何看待奥运赛事传播中的"现场性"？

2. 您认为奥运赛事传播过程中媒体是否营造了"现场性"？它是如何营造的？

3. 媒体在奥运赛事传播中是否刻意迎合受众需求？对赛事传播效果是否有预期？

4. 请您谈一谈在工作实践中营造"现场性"的经验吧。结合文字、图片、视频等作品或相关经历。

5. 在奥运赛事传播方面，现在的媒体是否有什么创新点？在理念和形式等方面？

6. 在赛事传播过程中，是否有吸引受众互动的需求？存在硬性要求吗？

7. 奥运赛事传播与其他媒介事件的传播有什么样的区别？请围绕媒体参与过程中营造的"现场性"展开。

8. 在新技术的应用上，您持什么样的态度？

9. 在奥运赛事传播方面，如何抓住年轻受众的心？

10. 您如何看待"沉浸式传播"？这是奥运/体育赛事传播发展的方向吗？

参考文献

[1]McLuhan M. Understanding media: The extensions of man[M]. MIT press, 1994.

[2]Thompson J B. The media and modernity: A social theory of the media[M]. America: Stanford University Press, 1995.

[3]Hjarvard S. The mediatization of society[J]. Nordicom review, 2008, 29(2): 105—134.

[4]Couldry N, Hepp A. Conceptualizing mediatization: Contexts, traditions, arguments[J]. Communication theory, 2013, 23(3): 191—202.

[5]Wenner L A. At the Buzzer: Parting Shots on Communication and Sport[J]. Communication&Sport, 2021, 9(6): 859—864.

[6]Wenner L A. Reflections on communication and sport: On reading sport and narrative ethics[J]. Communication&Sport, 2013, 1(1—2): 188—199.

[7]Schulz W. Reconstructing Mediatization as an Analytical Concept[J]. European Journal of Communication, 2004, 19(1): 87—101.

[8]Baudrillard J. Simulacra and simulation[M]. America: University of Michiga press, 1994.

[9]Hepp A, Hjarvard S, Lundby K. Mediatization: theorizing the interplay between media, culture and society[J]. Media Culture&Society, 2015, 32(2): 314—324.

[10]Carwile A M. Book Review: Media Edge: Media Logic and Social Reality, by David L. Altheide[J]. Journalism&Mass Communication Quarterly, 2015, 92(4):

1068.

[11]Asp, Kent. News media logic in a New Institutional perspective[J]. London: Journalism Studies, 2014, 15(3): 256—270.

[12]Lvheim M, Hjarvard S. The Mediatized Conditions of Contemporary Religion: Critical Status and Future Directions[J]. Journal of Religion Media and Digital Culture, 2019, 8(2): 206—225.

[13]Gureeva A N. Transformation of Mediacommunication between the State and Youth in Russia in the Context of Mediatization of Politics[J]. Moscow: Vestnik Moskovskogo Universiteta. Seriya, 2020, 12(1): 160—181.

[14]Gureeva A, Kuznetsova V. Key Theoretical Approaches to Conceptualizing Mediatization of Politics[J]. Theoretical and Practical Issues of Journalism, 2021, 10(1): 191—205.

[15]Raswell H. The structure and function of social communication[J]. L, 2013.

[16]Bellamy R V. Sports media: A modern institution[M]. Handbook of sports and media.Routledge, 2009: 66—79.

[17]Ramon Xavier, Rojas Torrijos José Luis. Public service media, sports and cultural citizenship in the age of social media: An analysis of BBC Sport agenda diversity on Twitter[J]. International Review for the Sociology of Sport, 2022, 57(6).

[18]이익주. Research on Media Sports in Sports Sociology Field in Korea: Establishment of Concept and Classification of Research[J]. Korean Society for the Sociology of Sport, 2009, 22(4).

[19]Brett Hutchins, David Rowe.Sport Beyond Television[M]. Taylor and Francis: 2012—04—27.

[20]Rowe. Media and culture: Movement across the decades[J]. International Journal of Media&Cultural Politics, 2014, 10(2).

[21]David Rowe. Afterword: Media Sport-Coming to a Screen near and on You[J]. Media International Australia, 2015, 155(1).

[22]Hibai Lopez-Gonzalez, Christopher D. Tulloch.Enhancing Media Sport

Consumption: Online Gambling in European Football[J]. Media International Australia, 2015, 155(1).

[23]Shon, Jae-Hyun. Sports Excess Society: Discourse Formation of Media Sports[J]. Korean Journal of Sports Science, 2016, 25(6).

[24]Rodek, Jelena. Sport and Media[J]. Školski vjesnik: časopis za pedagogijsku teoriju i praksu, 2018.

[25]Brett Hutchins. Mobile Media Sport: The Case for Building a Mobile Media and Communications Research Agenda[J]. Communication&Sport, 2019, 7(4).

[26]D A, Marcus N. Sports for sale: Television, money, and the fans[M]. 1988.

[27]Altheide D L, Snow R.P. Media Logic[M]. America: Society/SAGE Publications, 1979: 210—216.

[28]Wenner, L.A. MediaSport[M]. America: Society/SAGE Publications, 1998: 221—231.

[29]Hutchins B, Rowe D. Sport Beyond Television: The Internet, Digital Media and the Rise of Networked Media Sport[J]. International Review for the Sociology of Sport, 2012, 7(2): 279—281.

[30]Wenner, L.A. Sport, Communication, and the Culture of Consumption: On Evolving and Emerging Markets[J]. American Behavioral Scientist, 2010, 53(10): 1451—1453.

[31]Rowe D. Stages of the global: Media, sport, racialization and the last temptation of Zinedine Zidane[J]. International Review for the Sociology of Sport, 2010, 45(3): 355—371.

[32]Bailey K, Oliver R, Gaffney C, et al. Negotiating "new" narratives: Rio de Janeiro and the "media geography" of the 2014 FIFA World Cup[J]. Journal of Sport and Social Issues, 2017, 41(1): 70—93.

[33]Devlin M B, Brown K A, Brown-Devlin N, et al. "My Country is Better Than Yours": Delineating Differences Between Six Countries' National Identity, Fan Identity, and Media Consumption During the 2018 Olympic Games[J]. Sociology

of Sport Journal, 2020, 37(3): 254—263.

[34]Geurin A N, Naraine M L. 20 years of Olympic media research: trends and future directions[J]. Frontiers in Sports and Active Living, 2020, 27(3): 129.

[35]Ahmad N, Thorpe H.Muslim sportswomen as digital space invaders: Hashtag politics and everyday visibilities[J]. Communication&Sport, 2020, 8(4—5): 668—691.

[36]Kovacs A, Doczi T, Antunovic D.Social media use among Olympians and sport journalists in Hungary[J].International Journal of Sport Communication, 2020, 13(2): 181—199.

[37]Hepp A, Alpen S, Simon P.Beyond empowerment, experimentation and reasoning: The public discourse around the Quantified Self movement[J]. Communications, 2021, 46(1): 27—51.

[38]Lewis N, Gantz W, Wenner L A.What we do when we watch live sports: An Analysis of concurrent viewing behaviors[J]. International Journal of Sport Communication, 2021, 14(2): 153—167.

[39]Burton N, Naraine M, Scott O. Exploring Paralympic Digital Sponsorship Strategy: An Analysis of Social Media Activation[J]. Managing Sport and Leisure, 2021, 29(1): 135—140.

[40]Devlin M B, Brown K A, Brown—Devlin N, et al. "My Country is Better Than Yours": Delineating Differences Between Six Countries' National Identity, Fan Identity, and Media Consumption During the 2018 Olympic Games[J]. Sociology of Sport Journal, 2020, 37(3): 254—263.

[41]Johnson R G, Romney M, Hull K, etc. Shared Space: How North American Olympic Broadcasters Framed Gender on Instagram[J]. Communication&Sport, 2022, 10(1): 6—29.

[42]Wenner L A, Andrew C. Billings, etc.Sport, media and mega—events[M]. London: Routledge, 2017: 77—79.

[43]Hepp A, Alpen S, Simon P. Beyond empowerment, experimentation

and reasoning: The public discourse around the Quantified Self movement[J]. Communications, 2021, 46(1): 27—51.

[44]Burton N, Naraine M L, Scott O. Exploring Paralympic digital sponsorship strategy: an analysis of social media activation[J]. Managing Sport and Leisure, 2021, 25(1): 1—17.

[45]Johnson R G, Romney M, Hull K, etc. Shared Space: How North American Olympic Broadcasters Framed Gender on Instagram[J]. Communication&Sport, 2022, 10(1): 6—29.

[46]Wenner L A. At the Buzzer: Parting Shots on Communication and Sport[J]. Communication&Sport, 2021, 9(6): 859—864.

[47]Carwile A M. Media Edge: Media Logic and Social Reality[J]. Journalism and Mass Communication Quarterly, 2015, 92(4): 1068.

[48]石义彬，熊慧. 媒介仪式，空间与文化认同：符号权力的批判性观照与诠释[J]. 湖北社会科学，2008（2）：171—174.

[49]利萨，泰勒，吴靖，等. 媒介研究：文本，机构与受众[J]. 新闻与写作，2005（8）：18—18.

[50]闫慧. 列维—斯特劳斯的人类学结构主义[J]. 大众文艺，2010（17）：99—100.

[51]陈卫星. 从漂浮的能指到符号的资本——论符号学的方法论演变[J]. 中外文化与文论，2015（3）：20—28.

[52]李彬，关琮严. 空间媒介化与媒介空间化——论媒介进化及其研究的空间转向[J]. 国际新闻界，2012，34（5）：38—42.

[53]唐士哲（Shih-Che Tang）. 重构媒介？"中介"與"媒介化"概念爬梳[J]. 新闻学研究，2014（121）：1—39.

[54]潘忠党. "玩转我的iPhone，搞掂我的世界！"——探讨新传媒技术应用中的"中介化"和"驯化"[J]. 苏州大学学报（哲学社会科学版），2014，35（4）：153—162.

[55]黄旦. 重造新闻学——网络化关系的视角[J]. 国际新闻界，2015，37

（1）：14.

[56]戴宇辰. 走向媒介中心的社会本体论？——对欧洲"媒介化学派"的一个批判性考察[J]. 新闻与传播研究，2016（5）：11.

[57]姜红，印心悦. "讲故事"：一种政治传播的媒介化实践[J]. 现代传播（中国传媒大学学报），2019，41（1）：37—41.

[58]束晓舒. 媒介化的"健康"——以马拉松运动为例[J]. 当代传播，2019（2）：4.

[59]袁星洁，赵曌. "再造地方性"：媒介化理论视角下地方媒体的传播创新[J]. 湖南师范大学社会科学学报，2021，50（6）：7.

[60]苏涛，彭兰. 热点与趋势：技术逻辑导向下的媒介生态变革——2019年新媒体研究述评[J]. 国际新闻界，2020，42（1）：21.

[61]苏涛，彭兰. 热点与趋势：技术逻辑导向下的媒介生态变革——2019年新媒体研究述评[J]. 国际新闻界，2020，42（1）：21.

[62]胡翼青，李璟. "第四堵墙"：媒介化视角下的传统媒体媒介融合进程[J]. 新闻界，2020（4）：57—64.

[63]周敏，郅慧，喻国明，等. 共振，融通，调试：媒介化视阈下国际传播能力体系构建与创新[J]. 对外传播，2021（8）：62—67.

[64]陈杏兰. 传播学研究"媒介化"转向的"元"思考[J]. 中国出版，2021（24）：39—42.

[65]朱婧雯. 建构主义视域下媒介化知识传播与社会认知[J]. 中州学刊，2022（1）：7.

[66]卢元镇. 中国体育社会学进展及其基本特征[J]. 体育科研，1996（3）：1—9.

[67]程绍同. 美国运动产业探实[J]. 国际广告，1999（11）：31—36.

[68]张立. 体育媒介市场研究[J]. 中国体育市场研究[EC].国家体育，2000，96：65—83.

[69]郝勤. 从体育媒介到媒介体育——对体育新闻传播发展的思考[J]. 体育科学，2018，38（7）：22—24.

[70]魏伟. 解构当代媒介体育赛事的权力迷思：基于约翰·费斯克的视角[J]. 上海体育学院学报，2019，43（1）：72—79+102.

[71]樊水科. 从"传播的仪式观"到"仪式传播"：詹姆斯·凯瑞如何被误读[J]. 国际新闻界，2011，33（11）：32—36+48.

[72]左官春. "镜像自由"与"仪式体育"：体育媒介化及其后果[J]. 体育研究与教育，2021，36（1）：5.

[73]刘海平. CUBA品牌运营现状及科学发展对策研究[J]. 山西师大体育学院学报，2008（3）：56—58.

[74]陈维维. "互联网+"背景下阿里体育运营CUBA的SWOT分析研究[J]. 当代体育科技，2020，10（5）：111—112.

[75]宋振镇. 从CUBA与NCAA的比较谈高校高水平运动队的发展对策[J]. 上海体育学院学报，2003（5）：59—60+62.

[76]杨亚玲，王江. CUBA后备人才培养现状及发展对策[J]. 山西师大体育学院学报，2005（2）：107—109.

[77]王牡娣. CUBA裁判员现状调查与对策研究[J]. 山东体育科技，2006（2）：26—27.

[78]王胜涛. CBA人才来源对策研究——从CUBA与CBA接轨有利于CBA持续发展的角度[J]. 湖北体育科技，2009，28（5）：517—518+528.

[79]张义定，李燕领，许月辉，张展博. CUBA球员进军CBA的制约因素与发展对策研究[J]. 劳动保障世界，2016（36）：55—56+58.

[80]申忠华. 浅谈大学生篮球联赛CUBA的赛制及其发展对策[J]. 湖北经济学院学报（人文社会科学版），2009，6（5）：76—77.

[81]陈鹏程. 影响CUBA中国大学生篮球联赛发展的若干问题及其对策建议[J]. 体育科技文献通报，2020，28（4）：168—170.

[82]王振涛，单清华，刘莹. CUBA营销传播策略及面临问题[J]. 体育与科学，2008（1）：71—72+93.

[83]王联聪. 中国大学生篮球联赛营销传播策略的研究[J]. 哈尔滨体育学院学报，2005（1）：86—88.

[84]邢金明,张志成,孙凤龙. 中国大学生篮球联赛的市场开发与营销[J]. 体育学刊,2010,17(6):113—116.

[85]许传宝. 中国大学生篮球联赛市场开发的若干建议[J]. 体育学刊,2004(6):116—118.

[86]扈伟,张剑珍. 论中国大学生篮球联赛目标的价值取向[J]. 山东体育学院学报,2006(6):32—33.

[87]白莉,杨海涛. CUBA文化的内涵与构成研究[J]. 体育文化导刊,2006(7):60—62.

[88]褚翔,胡启良. CUBA的特色与发展方略[J]. 体育成人教育学刊,2004(3):35—36.

[89]李希水. 论CUBA赛事体现的文化内涵与校园篮球文化建设[J]. 长春师范学院学报,2007(10):121—123.

[90]王朝军,曹原,孟成,张洁. 我国大学生顶级篮球赛赛事文化研究[J]. 首都体育学院学报,2014,26(6):518—521.

[91]于基晓. CUBA大众传播媒介研究[J]. 运动,2013(2):15—16.

[92]李林. 媒介化现象探析——从盲目到自觉[J]. 科技传播,2011(1):3.

[93]周敏,郅慧,喻国明,等. 共振,融通,调试:媒介化视阈下国际传播能力体系构建与创新[J]. 对外传播,2021(8):62—67.

[94]刘婷,张卓. 身体—媒介/技术:麦克卢汉思想被忽视的维度[J]. 新闻与传播研究,2018,25(5):46—68+126—127.

[95]张承毅,崔鑫. CUBA组织架构再造研究[J]. 沈阳体育学院学报,2015(6):6.

[96]王晶. "去时间化":媒介时代的共享观念[J]. 东南传播,2011(6):47—49.

[97]郭建斌. 如何理解"媒介事件"和"传播的仪式观"——兼评《媒介事件》和《作为文化的传播》[J]. 国际新闻界,2014,36(4):14.

[98]李玉鑫. 中国媒介化抗争的兴起[D]. 江苏:南京大学,2020:36—37.

[99]尹金凤. 大众媒介偶像塑造的伦理问题研究[D]. 湖南:湖南师范大

学，2010：17—18.

[100]纪宁. 体育赛事与城市品牌营销新时代[D]. 2008.

[101]陈明祥. CUBA与NCAA竞赛管理体制的比较研究[D]. 福建：福建师范大学，2008.

[102]刘超. 我国大学生篮球联赛的运营模式研究[D]. 武汉：武汉体育学院，2018.

[103]侯昀昀. 中国大学生篮球联赛（CUBA）品牌价值提升策略研究[D]. 北京：北京体育大学，2018.

[104]靳瑞昆. CUBA组织传播现状及其困境分析[D]. 北京：北京体育大学，2018.

[105]邢颖. 大众传播媒介与CUBA的互动现状及对策研究[D]. 吉林：延边大学，2011.

[106]张睿. 中国大学生篮球联赛的媒体传播研究[D]. 湖南：湖南大学，2014.

[107]李振义. 高校篮球赛事文化的媒体传播研究[D]. 河南：河南大学，2009.

[108]前瞻产业研究院. 2021年中国移动媒体产业市场现状与发展趋势分析[EB/OL].（2021.05.16）. https：//baijiahao.baidu.com/s？id=1699895067403323574&wfr=spider&for=pc.

[109]微博. 校园篮球资讯[EB/OL].（2015.03.31）.https：//weibo.com/3815118129/Cb8bUFfnr#comment.

[110]齐鲁壹点. 工资帽让球员注册变博弈场 CBA商业化运作还有多远的路要走[EB/OL].（2020.09.19）. https：//baijiahao.baidu.com/s？id=1678270204253972181&wfr=spider&for=pc.

[111]人民网. 2021—2022赛季CBA联赛国内球员白皮书发布[EB/OL].（2022.02.22）.https：//baijiahao.baidu.com/s？id=1725448314052262877&wfr=spider&for=pc.

[112]腾讯网. CBA本季注册球员中有43人由CUBA输送其中首次注册时最小

19岁[EB/OL].（2022.02.22）.https：//new.qq.com/omn/20220222/20220222A0787D00.html.

[113]中国网.2021Q3中国移动互联网11.67亿人每天6.6小时[EB/OL].（2021.11.02）.https：//baijiahao.baidu.com/s？id=1715292616935575782&wfr=spider&for=pc.

[114]新华社.国家体育总局、教育部联合印发《关于深化体教融合，促进青少年健康发展的意见》[EB/OL].（2020.09.21）.http：//www.gov.cn/xinwen/2020—09/21/content_5545376.htm.

[115]新华社.国务院办公厅印发《关于以新业态新模式引领新型消费加快发展的意见》[EB/OL].（2020.09.21）.http：//www.gov.cn/xinwen/2020—09/21/content_5545432.htm.

[116]青海省体育局.中国体育品牌商业价值百强榜单发布[EB/OL].（2010.11.26）.https：//www.sport.gov.cn/n14471/n14500/n14538/c681694/content.html.

[117]体育总局.体育总局关于印发《"十四五"体育发展规划》的通知[EB/OL].（2021.10.08）.http：//www.gov.cn/zhengce/zhengceku/2021—10/26/content_5644891.htm.

[118]国务院办公厅.国务院办公厅关于印发体育强国建设纲要的通知[EB/OL].（2019.09.02）.http：//www.gov.cn/zhengce/content/2019—09/02/content_5426485.htm.

[119]界面新闻.继续进军校园，校园体育超10亿元拿下未来七季CUBA独家运营权[EB/OL].（2018.08.06）.https：//baijiahao.baidu.com/s？id=1608035224040984293&wfr=spider&for=pc.

[120]国务院办公厅.国务院办公厅关于印发体育强国建设纲要的通[R/OL].（2019—08—10）[2022—03—10].http：//www.gov.cn/zhengce/content/2019—09/02/content_5426485.htm.

[121]［美］唐·伊德.技术与生活世界：从伊甸园到尘世[M].韩连庆，译.北京：北京大学出版社，2012：22.

[122]于松明. 广播电视新闻实务[M]. 北京：国防工业出版社，2016.

[123]王瑜. 我国体育赛事传播的发展历程及特点解析[J]. 新闻界，2013，（10）：67—71，76.

[124]谷延辉，李靖. "鹰眼"在体育赛事转播中的作用[J]. 青年记者，2015（23）：57—58.

[125]毕雪梅，黄芦雷娅. 媒介实践与技术创新驱动下的观赏体育崛起及影响——首届体育赛事传播国际论坛综述[J]. 北京体育大学学报，2020，43（6）：35—44.

[126]Neumann, D.L., Moffitt, R.L., Thomas, P.R., Loveday, K., Watling, D.P., Lombard, C.L., Tremeer, M. A. A systematic review of the Application of interactive virtual reality to sport[J]. Virtual Reality, 2018, 22(3): 183—198.

[127]Housel K. Virtual Reality and the Role of Sports Content[J]. Entertainment&Sports Lawyer. Accessed December 29, 2017, 33(2): 83—88.

[128]Kim, D., & Ko, Y. J. The impact of virtual reality (VR) technology on sport spectators' flow experience and satisfaction[J]. Computers in Human Behavior, 2019, 93: 346—356.

[129]Cavallaro, R., et al. Augmenting Live Broadcast Sports with 3D Tracking Information[J]. Ieee Multimedia. 2011, 18(4): 38—47.

[130]Ayranci, Zehra Betual. Use of Drones in Sports Broadcasting[J]. Entertainment&Sports Lawyer. 2017, 33(3): 79—93.

[131]陈月华. 传播：从身体的界面到界面的身体[J]. 自然辩证法研究，2005（3）：23—27.

[132]刘海龙. 传播中的身体问题与传播研究的未来[J]. 国际新闻界，2018，40（2）：37—46.

[133]孙玮. 交流者的身体：传播与在场——意识主体、身体—主体、智能主体的演变[J]. 国际新闻界，2018，40（12）：83—103.

[134]赵建国. 身体在场与不在场的传播意义[J]. 现代传播（中国传媒大学学报），2015，37（8）：58—62.

[135]周逵. 沉浸式传播中的身体经验：以虚拟现实游戏的玩家研究为例[J]. 国际新闻界，2018，40（5）：6—26.

[136]王建磊. 如何满足受众：日常化网络直播的技术与内容考察[J]. 国际新闻界，2018，40（12）：19—31.

[137]王妍，吴斯一. 触觉传感：从触觉意象到虚拟触觉[J]. 哈尔滨工业大学学报（社会科学版），2011，13（5）：93—98.

[138]Attwood, Emily. Virtually Endless Possibilities[J]. Athletic Business 2016, 40(5): 10—11.

[139]Kyongmin Lee, and Ae-Rang Kim.A Study on the Relationship of the Motivation to Use Individual Internet Sports Broadcasting, Social Media Engagement, and Social Presence[J]. Sport Mont. 2020, 18(3): 101—7.

[140]Ludwig, Mark, and Christoph Bertling. The Effect of Cutting Rates on the Liking of Live Sports Broadcasts[J]. International Journal of Sport Communication 2017, 10(3): 359—70.

[141]彭兰. 人—机文明：充满"不确定性"的新文明[J]. 探索与争鸣，2020（6）：18—20+157.

[142]郑夏育，王文磊. 从人机关系看社交媒体智能传播风险[J]. 青年记者，2021，699（7）：44—45.

[143]张灿. 技术化身体的伦理反思[J]. 中州学刊，2018，260（8）：91—97.

[144]Neumann, David L., and Robyn L.Moffitt.Affective and Attentional States When Running in a Virtual Reality Environment[J]. Sports 2018, 6(3): 71.

[145]郝晓岑. 多维视野中体育赛事传播受众的取向研究[J]. 安徽体育科技，2008，29（6）：14—16.

[146]李宏义，杜俊凯. 媒介形态变迁下的体育传播特征、受众诉求与文化表达[J]. 体育与科学，2016，37（6）：61—66+101.

[147]周勇，黄雅兰. 从"受众"到"使用者"：网络环境下视听信息接收者的变迁[J]. 国际新闻界，2013，35（2）：29—37.

[148]胡翼青. 超越作为实体的受众与作为话语的受众——论基于技术视角

的受众观的兴起[J]. 南京师大学报（社会科学版），2018，219（5）：115—122.

[149]张盛. 生态、渠道、内容：电视体育传播的迭代与创新[J]. 上海体育学院学报，2019，43（6）：23—28.

[150]郑卫平，王庆军. "互联网+"时代体育赛事传播的特征及发展趋向[J]. 山东体育学院学报，2016，32（6）：32—36.

[151]葛自发. 新媒体对"积极受众"的建构与解构[J]. 当代传播，2014，174（1）：71—73.

[152]李岭涛. 未来图景：虚拟世界与现实社会的融合[J]. 现代传播（中国传媒大学学报），2020，42（6）：6—10，16.

[153]魏伟. 体育赛事电视转播的受众收视动机分析[J]. 北京体育大学学报，2011，34（5）：26—29，77.

[154]张业安，肖焕禹，冉强辉. 大型体育赛事媒介传播的相关利益主体分析[J]. 体育科学，2013，33（3）：71—80.

[155]喻国明，付佳. 多通道感知下的用户体验：研究逻辑与评价体系[J]. 新闻与写作，2020（8）：68—74.

[156]雷晓艳，胡建秋，程洁. 沉浸式传播：5G时代体育赛事传播新范式[J]. 当代传播，2020，215（6）：66—70.

[157]Weimann-Saks, Dana, Yaron Ariel, and Vered Elishar-Malka. Social Second Screen: WhatsApp and Watching the World Cup[J]. Communication&Sport 2020, 8(1): 123—41.

[158]Turner, Paul, and David Shilbury. The Impact of Emerging Technology in Sport Broadcasting on the Preconditions for Interorganizational Relationship (IOR) Formation in Professional Football[J]. Journal of Sport Management 2010, 24(1): 10—44.

[159]Westmattelmann, D., et al. The show must go on-virtualisation of sport events during the COVID-19 pandemic[J].European Journal of Information Systems. 2021, 30(2): 119—136.

[160]Goldman, Michael M., and David P.Hedlund.Rebooting Content: Broadcasting Sport and Esports to Homes During COVID-19[J]. International Journal of Sport Communication 2020, 13(3): 370—80.

[161]［美］布莱恩·阿瑟. 技术的本质[M]. 曹东溟，王健，译. 浙江：浙江人民出版社，2014.

[162]［美］哈罗德·伊尼斯，帝国与传播[M]. 何道宽，译. 北京：中国人民大学出版社，2003：55—56.

[163]赵玉明，王福顺. 中国广播电视百科全书[M]. 北京：中国广播电视出版社，1995：3.

[164]希利亚德，基思. 美国广播电视史[M]. 秦珊，邱一江，译. 北京：清华大学出版社，2012：7.

[165]中国互联网络信息中心. 第47次《中国互联网络发展状况统计报告》[R/OL].（2021—02—03）[2022—03—10]. http://www.cnnic.cn/hlwfzyj/hlwxzbg/hlwtjbg/202102/t20210203_71361.htm.

[166]瑞腾国际体育科技ABSG. 全球体育科技资讯|与电子竞技和虚拟运动携手发展的创新科技公司[R/OL].（2021—12—30）[2022—03—10].https://mp.weixin.qq.com/s/Y5DtDP37297Nz0rWvYDYCg.

[167]THU体育科技评论. True View指明赛事直播的未来：将体育竞技与电子竞技体验相融合[R/OL].（2019—10—25）[2022—03—10].https://mp.weixin.qq.com/s/ukr6rfv3x6QzbKoEivc_2w.

[168]THU体育科技评论. 英国电信基于5G打造全新观赛体验，里奥·费迪南德上阵介绍[R/OL].（2020—11—26）[2022—03—10].https://mp.weixin.qq.com/s/66nEZre79vEDk6JuBylMWw.

[169]THU体育科技评论. 金州勇士发布Dub Hub，让球迷在大通中心的虚拟观众席上欢呼[R/OL].（2020—01—04）[2022—03—10].https://mp.weixin.qq.com/s/xGPTKLgSwTwQStGQBn22CQ.

[170]环球网.德甲再添"黑科技"：用数据分析来辅助"比赛"[R/OL].（2021—02—20）[2022—03—10].https://baijiahao.baidu.com/s? id=16921753262

59996054&wfr=spider&for=pc.

[171]张敏. 云转播"黑科技"引领制播技术变革——访北京国际云转播科技有限公司产品和解决方案部产品总监郭真[J]. 广播电视信息，2021，28（5）：14—15.

[172]Kenneth Roberts. The Leisure Industries[M]. London: Palgrave, 2004: 108.

[173]McGillivray, David.Platform politics: sport events and the affordances of digital and social media[J]. SPORT IN SOCIETY, 2017, (20): 12.

[174]Emery. Bidding to host a major sports event[J]. International Journal of Public Sector Management, 2002, 15(4): 316—335.

[175]Chris Gratton, Nigel Dobson,Simon Shibli. The econom-ic importance of major sports events:a case-study of six events[J]. Managing Leisure, 2000, 5(1): 17—28.

[176]Luck Chitwood. Social video success for brands on Vine and Instagram: your 6-to-15seconds of fame[J]. Back Stage, 2013, 2(1): 13—22.

[177]Gibbs, Colin. Short-form may be long-tail for mobile video[J]. Rcr Wireless News, 2007(26): 12—13.

[178]郭庆光. 传播学教程[M]. 北京：中国人民大学出版社，2011：27.

[179]易剑东. 大型赛事报道与媒体运行[M]. 杭州：浙江大学出版社，2008：9—10.

[180]［美］马修·利伯曼. 社交天性：人类社交的三大驱动力[M]. 贾拥民，译.杭州：浙江人民出版社，2016：1.

[181]［美］兰德尔·柯林斯. 互动仪式链[M]. 北京：商务印书馆，2017.

[182]［美］詹姆斯·凯瑞. 作为文化的传播[M]. 丁未，译. 北京：中国人民大学出版社，2019.

[183]臧文茜，蔡俊杰. 门户网站大型体育赛事微传播特征解析[J]. 当代传播，2017（3）：86—89+93.

[184]陈朝辉. 网络的力量：社交媒体重塑体育生态[J]. 西南交通大学学报（社会科学版），2019，20（2）：48—54.

[185]王长潇，刘瑞一. 网络短视频的走红机理及其双面效应[J]. 当代传播，2019（3）：51—55.

[186]曾静平，曾曦. 中国体育电视发展沿革研究[J]. 天津体育学院学报，2009，24（5）：375—378.

[187]罗艳. 奥运赛事电视转播的多元内涵与社会功能[J]. 新闻天地（论文版），2008（8）：105—106.

[188]张晓俭. 大数据背景下大型体育赛事的传播探析[J]. 记者摇篮，2021（12）：38—39.

[189]方霁，刚睿鹏，刘晨鸣，叶志强，秦贝贝. 人工智能在体育赛事转播中的应用浅析[J]. 广播电视信息，2021，28（12）：16—18.

[190]陈天然. 虚拟现实技术在大型体育赛事传播中的应用微探[J]. 东南传播，2021（11）：12—13.

[191]万勃. 基于区块链技术的体育赛事IP创新发展研究[J]. 四川体育科学，2021，40（5）：20—23+33.

[192]罗坤瑾，许嘉馨. 国际性共同媒介仪式：体育精神与国家形象的建构[J]. 现代传播（中国传媒大学学报），2022，44（1）：82—90.

[193]韩凤月，宋宗佩. 国际大型体育赛事与中国国家形象的时代特征及发展机遇[J]. 广州体育学院学报，2018，38（6）：5—8.

[194]宋宗佩，白亮，王菁. 国际大型体育赛事提升国家形象策略研究[J]. 体育文化导刊，2018（12）：6—10.

[195]张业安，肖焕禹，冉强辉. 大型体育赛事媒介传播效果影响因素的多维考察[J]. 体育学刊，2013，20（1）：38—43.

[196]刘松炜. 符号学视角下体育赛事传播效果研究[J]. 新闻研究导刊，2020，11（13）：52—53.

[197]杨赫，杜友君. 试论体育赛事的跨媒介叙事与传播效果——以体育电子游戏叙事为例[J]. 出版广角，2017（3）：68—71.

[198]潘彩云，徐萌晟. 2018年中国移动短视频行业发展概述[J]. 新闻爱好者，2019（6）：31—35.

[199]周金钰，王相飞，崔琦瑶. 大型体育赛事短视频传播研究[J]. 体育文化导刊，2018（7）：154—158.

[200]杜莹莹. 体育短视频的传播现状与发展对策研究[J]. 记者摇篮，2019（8）：107—108.

[201]蔡平原. 抖音体育短视频的传播现状及对策[J]. 体育成人教育学刊，2021，37（5）：44—49.

[202]罗钰，田烨. 内容聚合下体育短视频的传播与突围[J]. 新闻前哨，2022（4）：48—49.

[203]刘斌，李芳. 趣味、沉浸与互动：微博体育短视频有效传播的实现路径[J]. 沈阳体育学院学报，2021，40（4）：66—72.

[204]张杰如. 新媒体时代体育短视频传播研究——以"NBA官方抖音号"为例[J]. 新闻研究导刊，2021，12（2）：250—251.

[205]王福秋. 5G时代体育短视频生产传播的媒介趋向与引导机制研究[J]. 体育与科学，2020，41（6）：55—59+87.

[206]赵红勋，黄伟. 体育盛典·媒介仪式·身份建构——"媒体奇观"视域下的体育赛事解读[J]. 现代视听，2013（8）：24—28.

[207]俞湘华. 在线视频平台与短视频平台的比较研究——基于技术环境、用户发展与商业变现分析[J]. 传媒，2021（6）：61—63+65.

[208]喻国明. "破圈"：未来社会发展中至为关键的重大命题[J]. 新闻与写作，2021（6）：1.

[209]郑富锐，李俊良. 互动仪式与模仿创作：抖音短视频的大众影像实践[J]. 当代电视，2021（12）：10—14.

[210]李岭涛，王俊. 投屏技术对媒体生态的重塑[J]. 当代传播，2021（5）：94—96+104.

[211]樊传果，邓思思. 互动仪式链视角下bilibili网站的互动模式探究[J]. 传媒观察，2022（4）：80—86.

[212]邓昕. 被遮蔽的情感之维：兰德尔·柯林斯互动仪式链理论诠释[J]. 新闻界，2020（8）：40—47+95.

[213]毕雪梅，黄芦雷娅. 媒介实践与技术创新驱动下的观赏体育崛起及影响——首届体育赛事传播国际论坛综述[J]. 北京体育大学学报，2020，43（6）：35—44.

[214]刘鸣筝，张鹏霞. 短视频用户生产内容的需求及满意度研究[J]. 新闻与传播研究，2021，28（8）：77—94+127—128.

[215]赵娜，谭天. 中国短视频未来发展趋势和影响因素分析[J]. 视听界，2019（4）：5—9.

[216]雷晓艳，胡建秋，程洁. 沉浸式传播：5G时代体育赛事传播新范式[J]. 当代传播，2020，215（6）：66—70.

[217]喻国明，耿晓梦. "深度媒介化"：媒介业的生态格局、价值重心与核心资源[J]. 新闻与传播研究，2021，28（12）：76—91+127—128.

[218]赵京文. 中国视听内容国际传播的态势、挑战、机遇与发展路径[J]. 国际传播，2021（2）：10—21.

[219]吕鹏. 线上情感劳动与情动劳动的相遇：短视频/直播、网络主播与数字劳动[J]. 国际新闻界，2021，43（12）：53—76.

[220]陈昌凤. 社交时代传播语态的再变革[J]. 新闻与写作，2017（3）：46—50.

[221]鲁恒志，李金宝. 传播法学视域下短视频内容侵权认定及治理路径[J]. 视听界，2022（1）：56—59+36.

[222]陈志超. 认知主义视角下短视频对观众审美趋向的影响浅析[J]. 中国电视，2022（1）：107—112.

[223]张德胜，王德辉. 数字时代奥林匹克运动传播模式的迭代与创新[J]. 北京体育大学学报，2021，44（8）：9—18.

[224]谭小丰，宋名芳. 5G时刻：体育赛事直播的传播内容赋能与传播产业赋能[J]. 电视研究，2021（9）：67—69.

[225]张卓，王竞. 身体、场景与共情——体育赛事沉浸式传播[J]. 电视研究，2021（8）：24—29.

[226]王真真，王相飞，李进. 我国网络体育直播平台的发展现状及趋势[J].

体育文化导刊，2017（6）：21—24+30.

[227]张志安，徐昌睿. "史上最特殊"奥运会网络传播的三个特点[J]. 中国记者，2021（9）：13—16.

[228]袁梦倩. 短视频媒介技术、参与文化与赋权[N]. 中国社会科学报，2021—04—30.

[229]袁永军. 大型体育赛事微信传播研究[D]. 武汉体育学院，2016.

[230]李晶. 微信、微博中体育赛事的传播特征研究[D]. 宁波大学，2017.

[231]王智. 体育赛事类官方微博的传播策略研究[D]. 南京师范大学，2021.

[232]胡玲. 网易体育App大型体育赛事传播的困境与发展策略[D]. 武汉体育学院，2017.

[233]李霞. 基于"媒体奇观"视角的大型体育赛事内容聚合平台传播实践研究[D]. 苏州大学，2019.

[234]谢劲，孙南. 体育观众观赏运动竞赛动机研究[J]. 北京体育大学学报，2017，40（3）：27—32.

[235]张德胜，王德辉. 数字时代奥林匹克运动传播模式的迭代与创新[J]. 北京体育大学学报，2021，44（8）：9—18.

[236]林唯舟. 略说新闻语言的现场性和形象性[J]. 当代修辞学，1992（4）：4—23.

[237]刘树和. 现场性 现场感 现场气氛——新闻摄影不容忽视的特征[J]. 新闻知识，1992（9）：3—42.

[238]黄校庆. 浅谈电视报道的现场性[J]. 声屏世界，1994（11）：5—44.

[239]陈皓. 现场性，电视新闻记者的第一意识[J]. 中国广播电视学刊，1999（8）：8—47.

[240]师露漪. 现场性·参与感·兴奋点[J]. 中国电视，2000（7）：46—52.

[241]李茜. "现场性"与"媒介化"：媒介时代的剧场[J]. 文艺理论研究，2020，40（3）：70—162.

[242]周彦华. 从极简主义到介入性艺术——艺术的"现场性"及其历史变

迁[J]. 山东社会科学, 2021（1）: 7—60.

[243]COULDRY N. Liveness, "reality," and the mediated habitus from television to the mobile phone[J]. The communication review, 2004, 7(4): 61—353.

[244]SøRENSEN I E.The revival of live TV: liveness in a multiplatform context[J]. Media, Culture&Society, 2016, 38(3): 99—381.

[245]KROON Å, ERIKSSON G. The impact of the digital transformation on sports journalism talk online[J]. Journalism Practice, 2019, 13(7): 52—834.

[246]HAMMELBURG E. Stemfie: Reconceptualising liveness in the era of social media[J]. TMG Journal for Media History, 2015, 18(1).

[247]张旭光. 强化体育短新闻报道的现场感[J]. 新闻战线, 2011（8）: 4—83.

[248]黄黎新. 突出体育赛事电视现场报道的现场感[J]. 青年记者, 2010（26）: 2—41.

[249]HOOF F. Live sports, piracy and uncertainty: understanding illegal streaming aggregation platforms[M]. Geoblocking and Global Video Culture (edited collection), 2016: 86.

[250]夏宝君. 基于城市形象建构下的体育赛事传播策略——以2010年广州亚运会为例[J]. 新闻界, 2010（5）: 9—58.

[251]卢东升. 新媒体时代体育赛事的电视传播策略[J]. 新闻战线, 2015（24）: 4—163.

[252]杨琳. 新媒体体育赛事传播的优化对策——以微博为例[J]. 新闻战线, 2017（8）: 6—145.

[253]李智. 融合背景下重大体育赛事报道创新传播策略[J]. 传媒, 2020（8）: 2—60.

[254]雷晓艳, 胡建秋, 程洁. 沉浸式传播: 5G时代体育赛事传播新范式[J]. 当代传播, 2020（6）: 66—70.

[255]SCHIMMEL K E, CLARK J S, IRWIN R, et al. What communication methods work for sports events? An analysis of the FedEx St. Jude Classic[J].

International Journal of Sport Management and Marketing, 2007, 2(3): 15—301.

[256]肖恩忠. 奥运赛事的传播模式研究[J]. 当代传播, 2007（1）: 7—25.

[257]邹英, 刘红霞. 媒介融合背景下奥运传播的转向[J]. 沈阳体育学院学报, 2013, 32（3）: 7—24.

[258]李金宝. 多重视野下的奥运体育展示传播——兼议大型综合赛事体育展示传播的特点[J]. 成都体育学院学报, 2016, 42（1）: 7—23.

[259]曾静平, 王若斯. 奥运赛事网络传播催生出"针孔媒介场"[J]. 电视研究, 2016（10）: 8—16.

[260]黄黎新. 体育赛事电视现场报道的本体研究[J]. 新闻爱好者, 2011, （2）: 1—100.

[261]张业安, 肖焕禹, 冉强辉. 大型体育赛事媒介传播效果影响因素的多维考察[J]. 体育学刊, 2013, 20（1）: 38—43.

[262]王瑜. 我国体育赛事传播的发展历程及特点解析[J]. 新闻界, 2013, （10）: 67—71.

[263]罗璇. 大型国际体育赛事与跨文化传播[J]. 体育文化导刊, 2015, （10）: 30—126.

[264]邱婷, 柳鸣毅, 姜韩. 大型体育赛事与城市文化传承的关系研究[J]. 广州体育学院学报, 2016, 36（3）: 39—44.

[265]张立, 石磊, 黄文卉. 体育赛事电视转播权的研究[J]. 体育科学, 1999（6）: 5—8+12.

[266]邱大卫. 体育赛事电视转播权市场开发难在何处[J]. 体育文化导刊, 2003（6）: 8—37.

[267]王迁. 论体育赛事现场直播画面的著作权保护——兼评"凤凰网赛事转播案"[J]. 法律科学（西北政法大学学报）, 2016, 34（1）: 91—182.

[268]康益豪, 王相飞, 延怡冉. 我国体育赛事的新媒体转播权开发研究——以腾讯体育、爱奇艺体育、PP体育为例[J]. 天津体育学院学报, 2020, 35（4）: 9—474.

[269]黄河, 刘琳琳, 李政. 5G时代体育赛事移动传播的技术变革与内容

创新——兼论对北京2022年冬奥会的启示[J]. 上海体育学院学报，2020，44（5）：16—23.

[270]王华，邹佳辰. 沉浸体验与全时空"泛在"：5G时代体育文化传播的新趋向[J]. 体育与科学，2020，41（5）：29—35.

[271]KOLOTOUCHKINA O, LLORENTE BARROSO C, GARCíA GUARDIA M L, et al. Disability narratives in sports communication: Tokyo 2020 Paralympic games' best practices and implications[J]. Media and Communication, 2021, 9(3): 101—111.

[272]GRIMMER C G, HORKY T. Twitter and sports journalism in Germany: Application and networks during the Sochi 2014 Winter Olympics[J]. Journal of Media and Communication Studies, 2018, 10(6): 65—77.

[273]LAMIRáN—PALOMARES J M, BAVIERA T, BAVIERA-PUIG A. Sports influencers on twitter.analysis and comparative study of track cycling world cups 2016 and 2018[J]. Social Sciences, 2020, 9(10): 169.

[274]RISTEVSKA-JOVANOVSKA S. THE IMPACT OF SOCIAL MEDIA ON SPORTS EVENTS[J]. Research in Physical Education, Sport&Health. 2021, 10(1): 17—25.

[275]DADELO S. The analysis of sports and their communication in the context of creative industries[J]. Creativity Studies, 2020, 13(2): 56—246.

[276]毕雪梅，黄芦雷娅. 媒介实践与技术创新驱动下的观赏体育崛起及影响——首届体育赛事传播国际论坛综述 [J]. 北京体育大学学报，2020，43（6）：35—44.

[277]罗鑫. 什么是"全媒体"[J]. 中国记者，2010（3）：3—82.

[278]刘银蕊. 全媒体背景下体育新闻报道的特征 [J]. 新闻战线，2015，（20）：2—81.

[279]张咏华. 中国大陆的媒介分析之概况及特点[J]. 新闻记者，2001（12）：7—33.

[280]罗自文，熊庚彤，马娅萌. 智能媒体的概念、特征、发展阶段与未

来走向：一种媒介分析的视角[J]．新闻与传播研究，2021，28（S1）：59—75+127.

[281]蒋忠波，邓若伊．国外新媒体环境下的议程设置研究[J]．国际新闻界，2010，32（6）：39—45.

[282]张培培．互动仪式链视域下东京奥运短视频传播[J]．出版广角，2021（17）：7—85.

[283]梁旭艳．场景：一个传播学概念的界定——兼论与情境的比较[J]．新闻界，2018（9）：55—62.

[284]彭兰．场景：移动时代媒体的新要素[J]．新闻记者，2015（3）：7—20.

[285]李岭涛，李皓诺．全现场：场景转移趋势的诠释与展望[J]．现代传播（中国传媒大学学报），2021，43（3）：6—9.

[286]杭云，苏宝华．虚拟现实与沉浸式传播的形成[J]．现代传播（中国传媒大学学报），2007（6）：4—21.

[287]赵歌．作为"身体化"审美活动的体育健身的文化哲学研究——基于莫里斯·梅洛—庞蒂和理查德·舒斯特曼身体思想[J]．体育科学，2019，39（1）：85—97.

[288]单子健，郑科鹏，赵良福．HDR高动态范围图像技术及发展解读[J]．广播电视信息，2018（4）：27—30.

[289]刘思婷．传递奥运的声音——东京奥运会田径TV Compound音频系统介绍[J]．现代电视技术，2021（9）：5—41.

[290]刘成付．电视新闻频道的理念与运作[D]．复旦大学，2006.

[291]弓慧敏．电视体育赛事传播研究[D]．暨南大学，2006.

[292]张睿．中国大学生篮球联赛的媒体传播研究[D]．湖南大学，2014.

[293]陶冶．腾讯体育2014年索契冬奥会传播策略研究[D]．北京体育大学，2015.

[294]陈曦．中国体育赛事转播权市场的管制与竞争[D]．上海交通大学，2018.

[295]Csikszentmihalyi M, Csikzentmihaly M. Flow: The psychology of optimal experience.[M]. New York: Harper&Row, 1990.

[296]中央广播电视总台关于第32届夏季奥林匹克运动会版权保护的声明[EB/OL]. 北京，央视网，2021，[2021—09—20]，https://sports.cctv.com/2021/07/20/ARTIPjXgPIfND94VimXEA0Uq210720.shtml.

[297]IOC. Olympic Games Tokyo 2020 watched by more than 3 billion people[EB/OL]. International Olymipics Committee, 2021, [2021—12—10], https://olympics.com/ioc/news/olympic-games-tokyo-2020-watched-by-more-than-3-billion-people#:~:text=The%20Olympic%20Games%20Tokyo%202020,International%20Olympic%20Committee%20(IOC).&text=A%20total%20of%203.05%20billion,linear%20TV%20and%20digital%20platforms.

[298]产研资讯. 研究显示：东京奥运会全球累计观众人数破30亿[EB/OL]. aroundtherings2021，[2021—12—09]，http://www.sportsmoney.cn/article/106727.html.

[299]2020: Tokyo 2020 Olympic Games[EB/OL]. Tokyo, International Olympics Committee 2021, [2021—09—20]. https://olympics.com/ioc/tokyo—2020.

[300]KERSCHBAUMER K. Demos are slated for sailing, swimming, golf events[EB/OL]. Sports Video Group 2021, [2021—09—20]. https://www.sportsvideo.org/2021/07/01/5g-ar-set-to-transform-tokyo-olympics-fan-experience/.

[301]总台音频奥运团队. 奥运前方速递[EB/OL]. 总台音频，2021，[2021—07—23]. https://mp.weixin.qq.com/s/SaqAnPX2_3AXnc5_jAgFig.

后　记

　　王金慧、邢雨露、黄媛媛和林胜概都是我的硕士研究生，他们都很优秀。在读研期间，他们把体育赛事传播作为主要内容进行了深入研究。在我的指导下，他们在前期对体育赛事传播研究的基础上完成了自己的毕业论文。本书以四位同学的硕士论文为基础而写成，围绕当前体育赛事传播取得的突破和遇到的困境，对体育赛事传播的规律性进行了研究讨论。本书目的是让四位同学的研究成果有一个更广范围的传播和检验，让市场评判和实践验证他们的研究成果是否科学、是否有效。我相信，让更多的人对他们的研究成果评头论足，要比束之高阁更能给他们带来前进的压力和动力。而且，尽管四位同学都很年轻，研究上还较为稚嫩，但他们的研究仍然闪耀着年轻的思想火花，对实践有一定的借鉴意义。

　　第一篇《赛事篇·全媒时代中国校园体育赛事媒介推广路径研究》由王金慧完成，基于中国校园体育赛事媒介推广，聚焦CUBA赛事发展历程，分析了媒介内容选择和展示时所遵循的规则，从报道内容、报道选择、报道分类、社会文化塑造等方面为CUBA今后媒介推广提供了思路与建议。

　　第二篇《技术篇·技术创新驱动下体育赛事转播现状及趋势发展研究》由邢雨露完成，基于体育赛事转播领域的技术创新应用，对体育赛事转播、技术创新以及受众需求三者的研究现状进行梳理，研究了受众需求和技术创新之间的相互作用及体育赛事转播发展变化趋势。

　　第三篇《短视频篇·大型体育赛事在短视频平台的传播研究》由黄媛媛完成，通过对快手短视频平台中的大型体育赛事传播进行分析，从研究中窥见并审视了短视频及短视频平台在大型体育赛事传播中遇到的利好优势与落地难题，同时根据现有问题提供了优化建议。

第四篇《现场篇·全媒体背景下奥运赛事传播"现场性"的营造策略研究》由林胜概完成，以全媒体背景下东京奥运会赛事传播过程中营造"现场性"的主要媒体路径为研究内容，分别以时间维度、空间维度、技术维度和感官维度为基础，对媒体在奥运赛事传播营造"现场性"的策略进行了分析。

最后，期待各位专家批评指正！

李岭涛

2022年12月16日